更生保護学事典

日本更生保護学会 編

成文堂

はしがき

　この『更生保護学事典』は，日本更生保護学会設立10周年記念事業として出版されるものである。

　そもそも日本更生保護学会は，更生保護及び医療観察の諸問題について，実務家，篤志家，研究者が相集まって，学際的・学術的な立場から探究し，もって，犯罪者の社会内処遇及び医療観察対象者の地域処遇の充実と新たな発展に資する体系的な基盤を創生することを目的として設立されたものである。日本更生保護学会・設立記念大会は，平成24年12月8日と9日の両日にわたって，立教大学において開催されている。

　幸いにも，筆者は，第1回設立記念大会から今日に至るまで学会長を務め，日本更生保護学会の成り立ちから『更生保護学事典』の発刊に至るまでの長きにわたって，本学会の成長過程を見守ってきた。機関誌『更生保護学研究』が年2回の割合で，これまでに18号にわたって発刊されていることを見ても，日本更生保護学会がいかに堅実な歩みを辿っているかが分かるはずである。

　この『更生保護学事典』の刊行は，社会内処遇には必須のリソースの拡大の契機となるようにとの思いから出たものであり，我が国の更生保護の実践と理論について，学会員の総力を結集して編纂したものである。これから犯罪者の改善更生や社会復帰並びに社会内処遇の実践や理論について研究したいと考える者にとっては，必要不可欠なものとなるであろう。そしてまた，この『更生保護学事典』は，利用の仕方によっては，保護観察官や社会復帰調整官，さらには，社会福祉士や精神保健福祉士等の受験者の参考書やテキストとして活用することも期待できるであろう。

　昨今の更生保護全体の課題としては，官民協働態勢の根幹をなす保護司制度の持続的な発展と，満期出所者等に対する息の長い指導・支援による再犯防止と社会復帰の促進が考えられる。特に，令和3年3月に国立京都国際会館で開催された京都コングレスのレガシーとなった再犯防止の分野では，官民連携，マルチステークホルダー・パートナーシップによって再犯防止を進める我が国の知見が活かせることが証明された。

　我が国の再犯防止については，再犯防止推進法に地方公共団体が再犯防止施策の実施主体であることが明記され，更生保護が地域社会にどう貢献できるか

が問われていることを考えるとき，再犯防止国際準則の策定とともに，更生保護の地域社会への貢献等の問題の多くは，この『更生保護学事典』に記述されている多くの知見が，その道筋を示す手掛かりとなるのではないかと思われる。この『更生保護学事典』が，更生保護の認知度を高め，更生保護学の設立基盤となることができれば，それは望外の喜びである。

　最後になったが，今般，『更生保護学事典』を出版するにあたっては，執筆者があまりにも多く内容も多岐にわたるため，成文堂の編集部の皆様には大変ご苦労をおかけしたと思う。特に，絶えず執筆者との連絡を密にし，執筆者個々の問題を一手に聞き受けていただいた松田智香子氏には，心から感謝の意を表したい。

令和3年9月吉日
日本更生保護学会会長　藤本哲也

目　　次

保護観察

更生保護の近年の動向

更生保護学事典

日本更生保護学会編

2

法学（刑事政策）

　刑事司法制度は，警察，検察，裁判，矯正，更生保護の5段階から成り立っている。警察段階では「警察学」が，検察・裁判段階では「刑法学，刑事訴訟法学」が，矯正段階では「矯正教育学あるいは行刑学」が，そして更生保護段階では「更生保護学」が，刑事司法制度を支える理論的基盤である。これら刑事司法制度各段階での学問が有機的に関連し発展することが望まれることは言うまでもない。

　刑事政策学は，これら刑事司法制度全段階に関わる学問であり，警察段階においては犯罪原因論の分野が関連性を持ち，検察・裁判段階では刑罰論が関係し，矯正・更生保護段階では犯罪者処遇論が一定の役割を果たしている。また，憲法，刑法学，刑事訴訟法学等は，刑事政策学を支える基本法として機能することが期待されるのである。

　現実に目を向けてみると，警察学，刑法学，刑事訴訟法学と比べて，矯正教育学（行刑学）や更生保護学は，未だ発展途上にある学問であり，体系化や個別理論の展開が強く要請される分野である。

　更生保護学は，犯罪や非行に陥った者の改善更生を図るため，必要な指導監督，補導援護の措置を行い，また，一般社会における犯罪予防活動を助長することによって，犯罪や非行から社会を保護し，個人及び公共の福祉を増進することを目的とする施策を探求し，犯罪者の社会復帰を促進するための公共的な活動一般を体系化する学問であると言える。

　そして，そのための基盤となるのが基本法である「更生保護法」である。更生保護法は，1条において，「この法律は，犯罪をした者及び非行のある少年に対し，社会内において適切な処遇を行うことにより，再び犯罪をすることを防ぎ，又はその非行をなくし，これらの者が善良な社会の一員として自立し，改善更生することを助けるとともに，恩赦の適正な運用を図るほか，犯罪予防の活動の促進等を行い，もって，社会を保護し，個人及び公共の福祉を増進することを目的とする」と定めている。

　この基本法の目的規定からすると，犯罪者処遇において，施設内処遇の在り方を探求し，あるべき適正な犯罪者の改善更生・社会復帰を標榜するのが「矯正教育学（行刑学）」であるとすると，必要な指導監督・補導援護により再犯・

再非行を防止し，犯罪予防活動を推進することによって，社会を保護し個人及び公共の福祉を増進するための施策を展開するのが「更生保護学」であるということになろう。

　したがって，更生保護学においては，更生保護の歴史や沿革，更生保護の機構や組織の概説はもちろんのこととして，何よりもまず，社会内処遇の充実とその実務を支えるための社会内処遇理論の構築が期待されることになるし，基本法である更生保護法に従った仮釈放，保護観察，生活環境の調整，応急の救護や更生緊急保護，恩赦等の研究のほか，更生保護事業の主力である保護司と更生保護施設，更生保護事業法に基づく更生保護事業や更生保護法人，そして更生保護の担い手としてのBBS，更生保護女性会，協力雇用主，就労支援事業者機構等，さらには心神喪失者等医療観察法に基づく医療観察制度や精神保健観察，社会復帰調整官等，あるいは犯罪被害者等基本法や犯罪被害者等基本計画に基づく犯罪被害者等施策の在り方，「社会を明るくする運動」等の犯罪予防活動や，再犯防止推進法・再犯防止推進計画に基づく再犯防止の諸施策等について研究することも必要であろう。さらには，世界保護観察会議やアジア保護司会議，国連犯罪防止刑事司法会議（コングレス）等においての我が国の更生保護制度の国際社会への発信等について論じることも必要であろう。特に，第14回国連犯罪防止刑事司法会議（京都コングレス）で採択された「京都宣言」と「京都保護司宣言」について分析・検討することが望まれる。

　これまでにも，多くの更生保護制度に関する著書が公刊されているが，実務的な観点からの論述には優れているものの，理論的基盤に立った体系的な著書，いわば「更生保護学」という名にふさわしい著書は残念ながら見られないのが現状である。

　更生保護法に基盤を置いた，新しい課題を体系的に論述した更生保護学の基本書が一日も早く完成することが望まれるところである。そのためにも，日本更生保護学会の機関誌『更生保護学研究』がますます充実し，国際的な視点からの理論の積み重ねが期待される。　　　　　　　　　　　（藤本哲也）

参考文献

(1) 藤本哲也・生島浩・辰野文理編著（2020）『よくわかる更生保護（初版第4刷）』ミネルヴァ書房，1-221.

(2) 日本更生保護協会（編集協力・法務省保護局）（2019）『わかりやすい更生保護便覧'19』日本更生保護協会，1-150.

人間科学（処遇）

　実務家による刑事政策以外の人間科学に関わる実践研究を中心に『研究誌：更生保護と犯罪予防』から『更生保護学研究』に至る道程をたどる。

　1966年に創刊された『更生保護と犯罪予防』は，1950年創刊の『更生保護』が月刊の保護司の教養訓練を目的としていたのに対して，「研究誌」と長らく呼ばれていた唯一の定期刊行物で2012年に154号で終刊となった。その創刊号では，「初期観察の実験的研究」と題する，東京・大阪等の大都市で保護観察の初期に限定して保護観察官の直接担当数を限定して実施した報告で，保護司との協働態勢のなかで保護観察官の処遇能力を高めるという更生保護の最重要テーマが追求されている。この研修誌の集積の上に『保護観察のための処遇技法』が保護局から1983年に発刊された意義は大きい。総論として「保護観察とケースワーク」に始まり，個人及び集団処遇技法，そして「コミュニティオーガニゼーション」に至るまで全て保護観察官による執筆となっている。さらに，保護局編『新更生保護論集』（日本更生保護協会，1988）には，保護司・更生保護婦人会（当時）・BBS会員の論考も収載されている。

　実務家が寄稿する専門誌としては，1969年から季刊の『犯罪と非行』（青少年更生福祉センターほか．日立みらい財団）が創刊され，＜更生保護カウンセリング＞の創始者である前澤雅男「改善・更生のダイナミックス―ある保護観察青年との面接のやりとりから」がある。2016年に181号で終刊となったが，「在外研究員報告」という海外の更生保護制度に関する実地調査研究の意義も大きい。量的研究としては，『法務総合研究所研究部紀要』に多くの＜成り行きと再犯予測＞に関する報告がある。そのほか，保護観察の種別ごとの分類基準，仮出獄者の選択といった量的研究に加えて，仙田正夫・芥達郎「ファミリー・ケースワークの研究」（1970/1971，No. 13/14）といった先進的実践研究が特筆される。法務省法務総合研究所からは，『法務研究報告書』が刊行され，山田憲児（1988）『保護観察付刑執行猶予の取消し等に関する研究』（第75集第2号），西瀬戸伸子（1998）『保護観察における行動療法的技法等の実証的研究』（第85集第2号），今福章二『更生保護施設における処遇に関する研究』（第89集第3号）など実務に直結した実証研究が蓄積されている。

　保護観察官の論考が一冊にまとめられ，日本更生保護協会から，前澤雅男

(1983)『保護観察処遇の基礎的技法論（上）・（下）』に始まり，更生保護叢書として岩井敬介（1992）『社会内処遇論考』，伊福部舜児（1993）『社会内処遇の社会学』，鈴木昭一郎（1999）『更生保護の実践的展開』，安形静男（2005）『社会内処遇の形成と展開』は長い実務経験が結実したものである。

　更生保護の実務から生まれた非行・犯罪臨床に関わる研究書が一般出版社からも刊行され，萩原康生（1993）『岐路に立つ非行少年の処遇』（中央法規），北澤信次（2003）『犯罪者処遇の展開―保護観察を焦点として―』（成文堂），染田惠（2006）『犯罪者の社会内処遇の探求』（成文堂），小長井賀與（2013）『犯罪者の再統合とコミュニティ―司法福祉の視点から犯罪を考える―』（成文堂），生島浩（1993）『非行少年への対応と援助』（金剛出版），羽間京子（2009）『少年非行―保護観察官の処遇現場から』（批評社），生島浩（2016）『非行臨床における家族支援』（遠見書房），長尾和哉（2021）『非行・犯罪からの立ち直り：保護観察における支援の実際』（金剛出版）などがある。

　これらの研究誌・専門雑誌を引き継いだ『更生保護学研究』（創刊号, 2012）には，James Bonta 氏の RNR（Risk Need Responsivity）モデル，Tony Ward 氏のグッド・ライブス・モデル（GLM）など世界の立ち直り支援の基本的論説，生島浩「更生保護におけるシステムズ・アプローチの展開」という日本の更生保護システムに関する論考が掲載されている。本事典の基盤となる更生保護学会誌であるが，更生保護施設のスタッフ，新たに保護観察所に配置された社会復帰調整官による精神保健観察に関する論考，多機関多職種連携のパートナーである「地域生活定着支援センター」や医療観察制度の「指定入院・通院医療機関」関係者からの実践報告が幅広く集積されることが課題である。

　さらには，更生保護における有用性のエビデンス（科学的根拠）は，特定のプログラムの対費用効果や再犯率低下等の数字では十分に実証されない。立ち直り支援＝社会的包摂（ソーシャルインクルージョン）のための地域生活支援という本筋に立ち返って，保護観察官・社会復帰調整官に加えて保護司や更生保護女性会，BBS 等の民間篤志家による「立ち直りの物語」を実践研究として明示する更生保護学の意義を強調したい。　　　　　　　　　　　　（生島　浩）

参考文献
(1) 杉原紗千子・生島浩・久保貴（2011）「更生保護における犯罪心理臨床の歴史と展望」，『犯罪心理学研究』50 周年記念特集号，73-87.
(2) 安形静男編（1990）『更生保護関係文献目録』日本更生保護協会

更生保護制度の比較法制を含む制度研究

更生保護の目的

　更生保護法１条は「犯罪をした者及び非行のある少年に対し，社会内において適切な処遇を行うことにより，再び犯罪をすることを防ぎ，又はその非行をなくし，これらの者が善良な社会の一員として自立し，改善更生することを助けるとともに，恩赦の適正な運用を図るほか，犯罪予防の活動の促進等を行い，もって，社会を保護し，個人及び公共の福祉を増進すること」を目的としている。

明治から大正へ

　犯罪者や非行少年を社会の中で処遇し，改善更生させようとする取り組みは古くからあったが，日本では 1888（明治 22）年に金原明善や川村矯一郎が設立した静岡県出獄人保護会社がその起源とされる。その後も，民間団体や宗教団体がこの事業に取り組んでいった。1897（明治 30）年の英照皇太后大喪に伴う恩赦で出獄人が急増し，衣食住を提供する直接保護，訪問や手紙で指導する間接保護，旅費・衣料等を給貸与する一時保護などが必要になり，1898（明治 31）年には東京出獄人保護所が，1909（明治 42）年には福井福田会が設立された。

大正から昭和へ

　旧『少年法』（大正 11 年法律 42 号）の制定によって少年保護司制度が始まり，1939（昭和 14）年には『司法保護事業法』（昭和 14 年法律 42 号）が制定され，国もこの事業に積極的に取り組もうとした。しかし，依然として実施の主体は，民間団体と篤志家であった。

　保護観察が思想犯の弾圧に用いられた悲しい歴史がある。『思想犯保護観察法』（昭和 11 年法律 29 号）は，治安維持法によって逮捕・処罰された人たちの教育や監視にこの制度を利用した。もとより，保護観察は，アメリカで始まり，欧州に広まった犯罪者・非行少年の社会復帰支援のための制度である。1945（昭和 20）年の『ポツダム宣言ノ受諾ニ伴ヒ発スル命令ニ関スル件ニ基ク治安維持法廃止等ノ件』（昭和 20 年勅令 575 号）によって思想犯に対する保護観察制度は廃止された。

第二次世界大戦後

　戦後，刑事基本法が全面的に改正され，更生保護については，1949（昭和24）年に『犯罪者予防更生法』（昭和24年法律142号）が制定された。『更生緊急保護法』（昭和25年法律203号）と『保護司法』（昭和25年法律204号）によって民間の更生保護会と保護司が実施機関として認められた。犯予法33条は，1号で保護観察少年（少年法），2号で少年院仮退院者（少年院法），3号で仮出獄者（刑法）を保護観察に付するとしていたことから，それぞれ「1号観察」「2号観察」「3号観察」と呼ばれた。『刑法の一部を改正する法律』（昭和29年法律57号）によって執行猶予者にも保護観察を付すことができるようになったことから，執行猶予者に対する保護観察を「4号観察」，『売春防止法』（昭和31年法律118号）制定による婦人補導院仮退院者を「5号観察」と通称する。

プロベーションとパロール

　「プロベーション probation」は，19世紀後半，アメリカにおいて，有罪判決の言渡しを猶予して保護観察を行なった宣言猶予制度に起源を持つ。ヨーロッパ大陸では有罪と量刑を決定した上でその執行を猶予または免除する執行猶予制度が導入された。主たる目的は，受刑者の悪風感染を予防するための短期自由刑の回避であった。これに対し，「パロール parole」は，英国の流刑地アイルランドで考案され，流刑地オーストラリアで仮釈放と社会内での処遇を結びつけることで更に発展した。施設に収容しない社会内処遇がプロベーション（1号・4号観察），施設に収容した後の社会内処遇がパロール（2号・3号・5号観察）である。

更生保護法体制へ

　1996（平成8）年の『更生保護事業法』（平成7年法律86号）によって更生保護法人制度が新設された。1999（平成11）年には『保護司法』（昭和25年法律204号）が一部改正された。その後も関係法令が部分的に改定されていったが，2007（平成19）年ついに関係法令を全面改正し『更生保護法』（平成19年法律88号）が制定され，2008（平成20）年6月1日から施行された。同法の主な改正点は，遵守事項の整理拡充，生活環境調整の充実，犯罪被害者等の意見聴取などである。日本の更生保護の特徴は，国の制度でありながら，保護司，更生保護法人，更生保護女性会，BBSなどの民間団体が制度の根幹を担っていることである。更生保護は，英語では「リハビリテーション rehabilitation」，犯罪をおこなった人が社会で「甦る（よみがえる）」ことを意味している。（石塚伸一）

更生保護に関わる量的研究の方法

　更生保護に関する研究は，更生保護の構造や機能（プロセス），更生保護の目的や実践に関わる理論，更生保護の効果などを詳しく調べて明らかにすることである。様々な方法があるが，更生保護の機能や効果などの事実を明らかにするためには実証研究が必要になる。

　実証研究とは，直接的な観察や調査，実験などによってデータを集め，研究対象となっている現象に関する事実を明らかにする研究方法であり，質的研究と量的研究の二つに分けることができる。質的研究と量的研究の違いは，簡単に言うと数字で表せない事実を対象とするのが質的研究であり，数字で表せる事実を対象とするのが量的研究である。たとえば非行少年の立ち直りが研究対象だとすると，立ち直りのプロセスは，観察やインタビューといった質的研究の方法でデータを収集することが多く，結果を数字で表すことは難しい。ただし，質的研究で集めたデータは，特定の個人や場面（環境）に固有のものである可能性があるため一般化することはできない。

　これに対して，量的研究は，対象を測定してデータを数字として収集し，それを統計的に処理して結論を得るため一般化することができる。更生保護の現場で行われている認知行動療法に再犯防止の効果があるかどうかは量的研究でしか明らかにすることはできない。

　量的研究は，データの収集方法から公的データを活用した研究，社会調査研究，実験研究の3つに分けることができる。

　公的データを活用した研究には，『犯罪白書』などがある。『犯罪白書』は，特集部分で社会調査の結果を紹介する場合もあるが，基本的には刑事司法機関が収集した公的統計を集約したものであり，刑務所出所者の仮釈放率や保護観察対象者の特徴，専門的処遇プログラムの受講者数や不良措置件数などの推移がグラフ等で示されている。再犯防止において就労支援の重要性を示す根拠となっている「保護観察対象者における無職者の再犯率は，有職者の約4倍となっている。」という指摘も公的データの活用によって得られたものである。

　また，公的データを活用した研究には，公的データを加工して統計解析を行う研究も含まれる。たとえば，法務省が実施した「保護観察所における性犯罪者処遇プログラム受講者の再犯等に関する分析結果について」（2020年）では，

再犯が発生するまでの時間を複数の説明変数に基づいて予測する生存分析（Cox 回帰分析）の手法を用いることでプログラムの有効性が示されている。さらに，アセスメントツール（CFP：Case Formulation for Probation など）の開発においても公的データが活用されている。

　社会調査研究には，「保護司の活動実態と意識に関する調査（法務総合研究所研究部報告 26）」などがある。この研究では，全国の保護司から無作為抽出した3,000 人に対して質問紙調査が実施され，対象者との面接状況，面接態度，処遇困難な対象者への対応，地域とのつながりなど保護司の活動の実態や意識についての分析が行われている。その結果，多くの保護司が，保護司を続けることで「保護司活動を通じて人の輪が広がっている」，「対象者の更生に役立っている」という充実感を感じている一方で，相当数の者が，「保護観察がうまくいかず，難しい」，「精神的負担が大きすぎる」など負担を感じている実態が明らかとなっている。また，この研究でも統計解析（主成分分析）を行い，項目間の関係性を分析することで「他の人に保護司になってくれるよう依頼して断られたことがない」と回答した保護司ほど困惑や負担感の程度が相対的に低く，自己充実感や社会的有用感の程度が共に高いことなども明らかとなっている。

　実験研究（RCT：Randomized Controlled Trial）は残念ながら日本ではほとんど行われていないため，社会政策の分野においてエビデンスを作り出し，それを広く社会に普及させることを目的として活動しているキャンベル共同計画が行った研究を紹介する。この研究は，「スケアード・ストレイト」といって，非行少年を凶悪犯罪者が収容されている刑務所に連れて行き，非行の先にある過酷な現実に直面させることで自らの行いに対する反省を促す（反面教師）処遇プログラムの再犯防止効果を検証したものである。この実験では，非行少年を無作為に実験群と統制群の二つのグループに分けて，実験群にはプログラムを受けさせ，統制群には何もせず，数年後の再犯率を比較している。実験群の少年たちに対するインタビュー調査（質的研究）では，少年たちのほとんどが顔面蒼白となり「刑務所にはいきたくない。これからは，学校に行ってまじめに生活する。」と更生を誓っていた。しかし，実験結果は，プログラムを受けた少年の再犯率の方が何もしなかった統制群よりも高くなることを明らかにした。実験によって得られたエビデンスは，反省させただけでは再犯は防止できないことを証明したのである。　　　　　　　　　　　　　　　　　　　　（浜井浩一）

更生保護法成立まで

(1) 江戸時代

　更生保護の先駆として江戸時代の人足寄場（1790年）がある。これは，老中松平定信が江戸石川島に設けた施設であり，江戸近郊の無宿人などを収容し，職業訓練等を受けさせた。釈放時に監督者等に引き渡して耕地や店舗を与える等して生業援助をしており，更生を図ろうとした犯罪者対策といえる。

(2) 明治時代から昭和前期

　近代的な更生保護思想の源流は，慈善篤志家有志が監獄教誨と免囚（監獄からの釈放者）保護を目的として設立した「静岡県出獄人保護会社」（1888年）にあるとされる。同保護会社は，宿泊保護施設を設けて刑務所出所者に衣食住を提供したり（今日の更生保護施設の源流），県内に1,700人を超える保護委員を委嘱して各地域で生活する出獄人の保護を依頼するなどした（今日の保護司の源流）。その後，全国各地に免囚保護を目的とした団体の設立が進んだ。

　保護観察に当たる制度が導入されたのは，1922年に成立した旧少年法と矯正院法である。保護処分に少年保護司による観察が設けられ，矯正院から仮退院中の者も少年保護司の観察に付することとされた。成人に対する保護観察が導入されたのは，1936年に施行された思想犯保護観察法（1945年廃止）においてである。

(3) 第二次世界大戦後

　第二次世界大戦の終了後，刑事司法の分野において，刑事訴訟法，少年法等が全面的に改正されるなどの大きな改革が行われた。更生保護に関しても，「犯罪者予防更生法」，「執行猶予者保護観察法」，「更生緊急保護法」，「保護司法」及び「恩赦法」の制定によって，その基本的な枠組みが作られた。

　中でも犯罪者予防更生法（1949年）は，2007年に更生保護法が制定されるまで戦後の更生保護における基本法の役割を果たした。同法は「犯罪をした者の改善及び更生を助け，恩赦の適正な運用を図り，仮釈放その他の関係事項の管理について公正妥当な制度を定め，犯罪予防の活動を助長し，もって，社会を保護し，個人及び公共の福祉を増進すること」を目的とし，仮釈放，保護観察，犯罪予防活動等について規定した。同法では，保護処分を受けた者，少年院からの仮退院を許された者，仮出獄を許された者が保護観察の対象とされた。

続く「執行猶予者保護観察法」(1954年) により保護観察付執行猶予者が保護観察の対象とされ，さらに「売春防止法の一部改正」(1958年) により婦人補導院からの仮退院者も保護観察の対象となり，保護観察の対象が5種類となって現在に至っている。また，犯罪者予防更生法制定翌年の1950年には「更生緊急保護法」と「保護司法」が制定され，更生保護の民間における実施機関である更生保護会 (現在は更生保護施設) と保護司に関する規定が整備された。

更生保護行政に関する機関については，1952年の機構改革により，法務府が法務省となり，その内部部局として保護局が置かれ，付属機関として中央更生保護審査会が置かれた。また，法務省の地方支分部局である地方更生保護委員会と保護観察所が設置された。こうした経過をたどりながら，この時期に現在の更生保護制度が形作られた。しかし，予算も人員も乏しく，民間に大きく依存した体制での発足であった。

(4) その後の展開

更生保護制度は，その後，抜本的な法改正等を見ないまま，50年近くが経過した。この間，仮釈放準備調査制度の開始 (1966年)，保護観察官施設駐在制度，分類処遇制度の導入 (1971年)，直接処遇班の設置 (1974年)，交通事件少年対象者に対する短期の保護観察 (交通短期保護観察) の実施 (1977年)，短期保護観察の導入 (1994年) 等の施策により制度の充実が図られてきた。

関係法令の整備に関しては，1996年に，更生保護法人制度の創設等を内容とする「更生保護事業法」が施行されて更生緊急保護法は廃止された。また，1998年には，保護司法の一部が改正され，保護司組織である保護司会及び保護司会連合会の法定化がなされるなどの動きがあった。

さらに，2005年に施行された「心神喪失等の状態で重大な他害行為を行った者の医療及び観察等に関する法律」に基づき，医療観察制度が開始され，精神保健福祉の専門家である社会復帰調整官が保護観察所に配置された。

以上のとおり，近代の更生保護は民間の篤志家の力によって進められ，現在も保護司制度や更生保護法人，更生保護女性会，BBS会といった多数の民間団体に引き継がれている。一方，国の責任において実施する更生保護の制度が戦後につくられ，現在は官民協働により推進されている。　　　　(辰野文理)

参考文献

(1) 更生保護50年史編集委員会 (2000)『更生保護50年史 (第1編)』
(2) 内田博文 (2015)『更生保護の展開と課題』法律文化社

更生保護法成立後

(1) 更生保護法の施行

　2007年6月，犯罪者予防更生法と執行猶予者保護観察法の内容を整理統合し，新たに一つの法律とするとともに，再犯防止と改善更生を目的規定に明記した更生保護法（平成19年法律88号）が成立し，2008年6月に全面施行された。更生保護の実効性を高めることを目的として，以下のような施策が引き続き，又は新たに実施された。更生保護官署では，組織の機動性，柔軟性を高めて処遇部門の充実を図ることを目的として，専門官制が導入された。指導監督の一環として，専門的処遇プログラムが特別遵守事項として義務づけられて実施された。所在不明となっている保護観察対象者について，警察からその所在に関する情報の提供を受けて迅速な発見につなげる施策が引き続き実施された。適当な帰住先のない刑務所出所者等を対象として，保護観察所に併設した宿泊施設に宿泊させながら濃密な指導監督，充実した就労支援を行う国立の施設として，4か所の自立更生促進センターが設置された。

(2) 更生保護の新たな課題

　更生保護改革においては，保護観察の監督的側面ばかりが強調されたわけではない。保護観察の実効性を高めるためには，保護観察の援護・支援的側面の充実，福祉などの地域社会の資源との連携，変貌する地域社会における保護司制度の維持等が重要であることが改めて認識されたのである。更生保護法施行後，更生保護の課題として挙げられたのは，①刑務所出所者等の「出番」と「居場所」の確保，②高齢又は障害を抱える受刑者の再犯防止と社会復帰支援，③薬物事犯者の再犯防止と社会復帰支援，④保護司の活動基盤の整備である。

　住居の確保については，増加する高齢者，薬物・アルコール依存症者等を更生保護施設において受け入れるために，福祉や薬物の専門スタッフを配置して，専門的処遇を行うこととされた。2009年度から地域生活定着支援センターと連携して特別調整が始められた。また，2011年度からは緊急的住居確保・自立支援対策として，自立準備ホームの活用が進められた。

　就労支援については，2006年度から法務省と厚生労働省が連携した刑務所出所者等総合的就労支援対策等の取組を行っている。

　薬物依存症者に対しては，専門的処遇プログラムを受けさせるほか，2015年

に法務省と厚生労働省が共同で「薬物依存のある刑務所出所者等の支援に関する地域連携ガイドライン」を策定し，地域における支援体制を整備している。

　地域における人間関係の希薄化などにより保護司活動が困難になりつつあることが指摘されている中，更生保護を支える中心的人材である保護司の数は，2009 年以降減少傾向にある。そこで，2011 年に法務省保護局に設置された有識者会議の報告を踏まえて，保護司が保護観察対象者等から受けた物的損害等に対する補償制度の創設，保護司候補者検討協議会の設置，更生保護サポートセンターの設置等が進められた。

(3)　社会貢献活動と刑の一部執行猶予

　受刑者の増加等を背景に，2006 年 7 月，犯罪者の再犯防止及び社会復帰を促進するという観点から，刑事施設に収容しないで行う処遇等の在り方等について，法制審議会に諮問がなされた。その後，2010 年 2 月の答申を経て，2013 年 6 月，保護観察の特別遵守事項の類型に社会貢献活動を加えることと，刑の一部の執行猶予制度の導入を内容とする刑法等の一部を改正する法律（平成 25 年法律 49 号）及び薬物使用等の罪を犯した者に対する刑の一部の執行猶予に関する法律（平成 25 年法律 50 号）が成立し，2016 年 6 月までに施行された。

(4)　再犯防止推進法と再犯防止推進計画

　検挙人員に占める再犯者の割合が 1997 年以降一貫して上昇している。この状況を受け，刑務所出所者等の再犯防止は政府全体の課題であるという認識のもと，2016 年 12 月，議員立法により，再犯の防止等の推進に関する法律（平成 28 年法律 104 号）が成立，施行された。

　同法については，更生保護との関係では，国だけでなく地方公共団体も再犯防止施策の実施主体と位置づけたこと，犯罪をした者等の多くが，定職・住居を確保できないため円滑な社会復帰が困難な状況にあると認め，社会で孤立することがないよう支援するとしていることが重要である。同法に基づき，2017 年 12 月，国は，再犯防止推進計画を閣議決定し，「誰一人取り残さない」社会の実現に向け，国・地方公共団体・民間の緊密な連携協力を確保して再犯防止施策を総合的に推進するとした。　　　　　　　　　　　　（蛯原正敏）

参考文献

(1)　法務総合研究所編（2019）『令和元年版犯罪白書』
(2)　日本更生保護学会（2014）『更生保護研究』第 4 号

発達段階（developmental stage）

　発達段階とは，発達の連続的（量的）変化ではなく非連続的（質的）変化に注目したものであり，他の段階とは異なる構造を持つと考えられる一区切りの時期（相・フェイズ）を意味する。代表的なものとして，ピアジェ（J. Piaget）の認知の発達段階，コールバーグ（L. Kohlberg）の道徳的判断の発達段階，エリクソン（E.H. Erikson）のライフサイクルなどがある。

　更生保護では少年だけではなく成人も対象としているため，ここでは，人の一生を発達段階と捉え，人生をいくつかの段階に区分し，それぞれの段階における課題について論じたエリク・エリクソン（Erik H. Erikson）のライフサイクルについて説明する。

　エリク・エリクソン（1902-1994）は，人が生まれてから死ぬまでを次の8つの段階に区分し，それぞれの段階において達成すべき課題とそれが達成されない場合の心理・社会的危機について論じている。

1　乳児期（基本的信頼　対　基本的不信）

　母親（保護者）との愛着関係が形成される時期であり，愛着を基礎にして周囲に対する基本的な信頼感を持つことができるようになる。信頼感が得られない場合には不安を抱えるようになることがある。

2　幼児期初期（自律性　対　恥・疑惑）

　トイレットトレーニングの時期であり，自分で自分の体（排泄）をコントロールすることができるようになる。コントロールすることがうまくいかないと，恥ずかしいと感じたり自分に対してうまくできないのではないという疑いをもつようになることがある。

3　遊戯期（自主性　対　罪悪感）

　公園などで他の子どもたちと遊ぶようになる時期であり，いろいろなことに自ら挑戦するとともに，自己主張をするようになる。また，この時期は性差にも気付くようになり，同性の親に対する反発が見られることがある。

4　学童期／学齢期（勤勉性　対　劣等感）

　学校に行く時期であり，毎日決められたこと（通学，教室で授業を受ける等）ができるようになる。一方で，失敗する経験も多くなることから，自分はダメなのではないかという劣等感を持つようになることがある。

5　青年期（同一性　対　同一性の混乱）

　自分とは何かということを考える時期であり，自分のアイデンティティ（自己同一性）を模索するようになる。自分とは何か，自分はどのように生きていくのか等を考え，アイデンティティを獲得するようになるが，一方で，それがうまくいかず，対人不安を持つようになったり，無気力（模索すること自体を諦める）になったりすることがある。少年の非行や犯罪行動なども，この時期のアイデンティティの獲得の問題との関連で捉えることができよう。

6　前成人期／ヤングアダルト（親密　対　孤立）

　交際相手ができる時期であり，特定の相手と親密な関係や職場の同僚などとの良好な関係を築こうとするが，特定の相手が得られない場合には孤独感にさいなまれることがある。

7　成人期（生殖性　対　停滞性）

　結婚して子供ができる時期であり，次の世代を育成するようになる。この段階を通じて，次世代につながる（次世代への橋渡しができる）ことになるが，そうでない場合にはその場に停滞するという感覚にとらわれることがある。

8　老年期／成熟期（統合　対　絶望）

　人生を振り返る時期であり，あるがままの自分を受け入れるようになる。これまでの自分を肯定的にとらえることで自己の統合感・安心感を持つことになるが，そうでない場合にはもう後がないという絶望感を持つことがある。

　エリクソンのライフサイクルの考え方では，8つの発達段階のそれぞれに特有の課題があり，その課題を達成することが次の段階につながるという点が重要である。これは，ある段階における課題を解決しなければ次の段階に行くことができないということではないが，課題の達成がうまくいかない場合には，それ以降の段階に何らかの影響を及ぼす可能性があるということであり，その意味で人の一生を，各段階ごとに特徴を見い出すことはできるが，段階のつながりという連続体と捉えている。人の一生を複数の発達段階の積み重ねと捉えることが，ライフサイクルの考え方であり，保護観察対象者を理解する上で有効な考え方であると言える。　　　　　　　　　　　　　　　（久保　貴）

参考文献

(1) エリク・H・エリクソン（2011）『アイデンティティとライフサイクル』誠信書房
(2) エリク・H・エリクソン，J・M・エリクソン（2001）『ライフサイクル，その完結』みすず書房

16

達成動機（動機付け）

　成功や失敗といった結果や評価が生じるような状況で，できるだけ高いレベルで物事をやり遂げようとしたり目標を達成しようしたりする欲求を達成動機という。人は，一つの目標を達成すると，より高度な課題に挑戦したいという欲求が生じ，新たな目標を掲げて，それを達成しようとする傾向がある。例えば，クロールで25メートル泳げるようになったら，次は50メートル泳げるように練習したり，背泳ぎでも25メートル泳げるように練習したりする。このようなとき，人は高い達成動機を有していると考えられる。

　幼児の好奇心は，どのようなものに対しても区別なく向けられる。やがて学校に通い勉強を始めるようになると，達成動機は外的な評価基準に強く影響される。そして，年齢が上がるにつれて，親や先生，友人との関わりの中で，様々な課題を経験し，成功したり失敗したりする経験を通して，好き嫌いや得意不得意のように一人一人に異なった興味の方向性が現れるようになる。すなわち，何を好ましく思うか，何をしたいと感じるのかなどに関して，自分の中に内的な評価基準が確立され，それが行動を決定付けるようになるのである。活動の結果としての成功や失敗に焦点が当たるようになり，成功を求める意欲が発達する一方で，失敗を回避しようとする意欲も発達していくのである。

　もたらされた結果がどのような原因によって引き起こされたのかという，結果が生じた理由を何かに求めることを原因帰属という。原因を何に帰属させるかによって，その後に生起する感情や行動が異なるとされる。

　達成動機が強いとき，つまり，できるだけ高いレベルで目標を達成しようという欲求が強いときには，目標を達成したときの成功の原因を，「自分の能力が高かったからだ」とか「努力したからだ」といった内的な要因に帰属させることが多い。成功すれば自尊感情を高めて，より高い目標に向かって行動しようとする。たとえ失敗したとしても，自分でコントロールすることができる努力に原因帰属させるので，目標に向かう行動は持続されやすい。

　例えば，保護観察対象者が再非行をせず，遵守事項も漏れなく守り，なるべく早期に保護観察が終わることを強く望んでいるとする。良好な成績で保護観察が経過し，早期に良好解除等により保護観察が終了したとすると，その保護観察対象者は，「自分には立ち直る力があったからだ」とか「遵守事項を守るよ

うに努力したからだ」と自分の内にある能力や努力に帰属させるだろう。自尊感情は高まり、「非行などせずに生活していける」という意思はもとより、「より社会にとって有益な人間になろう」という高い目標を持つようになると考えられる。たとえ、何かうまくいかないことがあり、保護観察官や保護司に指導されたとしても、「それは自分の努力が足りなかったからだ」と考え、感情が大きく揺さぶられることはなく、再び改善更生に向けて努力を続けることができる。

　一方で、達成動機が弱いときには、成功してもそれは「課題が簡単だったからだ」とか「運が良かったからだ」といった外的な要因に帰属させがちである。自尊感情は高まらず、目標に向かう行動も勢いづかない。また、失敗したときにはそれを「自分の能力が足りないからだ」といった内的な要因に帰属させがちで、自尊感情が低下し、目標に向かって行動することも低調になる。

　例えば、保護観察対象者の中には、仕事で頑張ったことを周囲が褒めても、「仕事の内容が簡単だったからですよ」とか「たまたまできただけです」といった反応をする者もいるだろう。褒められることに慣れていないがゆえにそのような受け答えになっている可能性もあるが、見方を変えてみると、達成動機が弱いということを表しているかもしれない。つまり、目標を達成することに対する動機付けが弱く、成功することに対する欲求が低いことが考えられる。そのような保護観察対象者の場合、仕事でミスをしたりすると「自分の能力が足りない」とか「自分にはできない」という考えに陥り、「どうせうまくいかない」「やっても無駄だ」「自分はダメな人間だ」などと思うようになり、目標に向かって努力する意欲をなくしてしまいやすい。

　そのような保護観察対象者に対しては、できていることを評価し、たとえ失敗したとしてもそれはその人の能力が及ばないからではなく、たまたま（何らかの原因で）うまくいかなかっただけであり、これからも努力をすれば目標を達成することができるという働き掛けをするなどして、達成動機を高めることが有効であると考えられる。　　　　　　　　　　　　　　　　　（有野雄大）

参考文献
(1) 上淵寿（2012）『キーワード動機づけ心理学』金子書房
(2) 上淵寿・大芦治編著（2019）『新・動機づけ研究の最前線』北大路書房

知能

第1　知能の定義

　知能は時代，個々の専門家によって，様々に定義されてきた。中には，知能検査で得られた結果をもって知能とするという操作定義の立場もあるが，知能検査を開発したウェクスラー（Wechsler, D.）は，「知能とは，目的的に行動し，合理的に思考し，効率的に環境を処理する個人の総体的能力」としている。

第2　知能検査の歴史

　知能検査は，1905年，就学前の子どもに知的な遅れがあるか否かを判別するために，フランスのビネー（Binet, A.）らによって開発された。やがて，アメリカのターマン（Terman, L.M.）により知能指数（IQ）が実用化され，大人にも適用されて，徴兵検査でも一定の知能があるか否かの判別目的で用いられた。

　1939年，ウェクスラーは知能を分析的に測定し，その構造的な特徴を捉える検査を開発し，人を判別するものから支援のためのツールとした。さらに，1960年代にカーク（Kirk, S.A.）が，集団の中での「個人間差」ではなく，一人の人の中での「個人内差」の測定を目指し，検査は臨床目的のための効率的なツールという考え方が一層進められるようになった。その後，ウェクスラー式検査は改訂を重ね，21世紀に登場したWISC-Ⅳでは，指導や支援につながるアセスメント解釈方法が開発され，現在，全世界の様々な分野で広く使われている。

第3　知能検査の概要

1　検査の目的

　知能検査は，学習によって変動しないある恒常的な能力を測ろうとするもので，厳密に標準化され，客観的な信頼性の高いツールである。目的としては，知能の全体的水準の測定，知能の構造の把握，心理的援助や処遇の効果測定等があるが，とりわけ，近年，広汎性発達障害や学習障害等における知的構造の特徴やそれらを踏まえた臨床的活用への関心が高まっている。また，犯罪・非行臨床分野では，児童相談所，少年鑑別所，刑事施設等での検査結果が，検察庁，裁判所の判断や社会内処遇における資料の一つともなっている。

2　検査の種類

(1)　個別式

①田中ビネー式：「知能は他の能力には分割できない包括的な能力」との考え方

による。適用年齢は2歳から成人までで，知能発達の水準を簡便に把握できるので，1990年代から児童相談所の発達相談や療育手帳交付の目安として広く使われている。田中ビネーVでは，13歳以下では従来どおり［精神年齢÷生活年齢×100］によりIQを，14歳以上の場合は偏差知能指数を算出する。

②ウェクスラー式（WAIS成人用，WISC子ども用，WPPSI幼児用）：「知能は単一の能力ではなく質的に異なるいくつかの能力から構成される」との考え方による。WISC-IVでは，全知能というIQ相当の数値と，知能の4要素である「言語理解」，「知覚推理」，「ワーキングメモリー」，「処理速度」が平均を100とした数値（標準得点）で算出されるので，受検者の知能水準だけではなく知能構造が明らかになり，得意，不得意要素を踏まえた支援等を考えていく材料となり得る。また，合成得点の記述分類としては，90〜109を「平均」として，その上下は10点刻みで表記され，69以下の「非常に低い」から，130以上の「非常に高い」まである。そのほか標準偏差を用いた伝統的な記述分類もある。

(2) 集団式

　言語性，非言語性のものがあり，TK式田中A式，B式検査などが教育現場等でよく使われている。矯正施設では入所当初に集団式でスクリーニングを行い，その結果により必要な場合は個別式で詳細な検査を行うなどしている。また，知能検査とは異なるが，刑事施設では法務省矯正局が独自に開発した能力検査（CAPAS）を行い，それをIQ相当値に換算して用いている。

3　検査結果の活用

　検査結果は知的な発達状態を示す一つの指標，推測値に過ぎず，その時の数値だけでなく，検査中の行動観察や聞き取りなど他の情報も加味して解釈する。知的障害の有無の判断は，医師が検査結果や社会的適応状態などを勘案して行う。また，検査結果の活用に当たっては，知的水準や知的能力のプロフィールにより，短所改善型ではなくその強みを活かす長所活用型での支援を考え，受検者の今後の社会適応や自己実現に役立つよう，心理的所見からの具体的な見立てやアドバイスを行うことが望まれる。　　　　　　　　　　（西瀬戸伸子）

参考文献

(1) 願興寺礼子・吉住隆弘編（2011）『心理学基礎演習 Vol.5 心理検査の実施の初歩』ナカニシヤ出版

(2) 上野一彦・松田修・小林玄・木下智子（2015）『日本版WISC-IVによる発達障害のアセスメント』日本文化科学社

性格/パーソナリティ

(1) 基本概念

人間の個性や特徴を表す用語として，気質，性格，人格などがある。これらは多分に同義的又は多義的に使用されているが，以下に，この3つの用語のおおまかな概念を記述する。

気質（temperament）とは，先天的な体質に関係のある感情や性質を表している。性格（character）とは，ギリシャ語の「刻み込まれた」が語源で，ある対象（人間だけでなく動物や物質も含む。）が備えた恒常性・持続性のある知覚，認知，行動上の傾向とされ，先天的性質と後天的性質の双方から形成される。人格（personality）とは，ラテン語の「仮面（ペルソナ）」が語源で，性格をより広義な意味で使用したもので，社会的集団内におけるその人がもつ独自の役割という側面が強調される。

これら分野における研究や潮流をみると，性格と人格という用語に厳密な区別をせずに統一的に使用することが多くなったこと，人格という言葉には価値判断的な意味が含まれ偏見につながるという考え方が主流になったこと，我が国では「日本性格心理学会」が2003年「日本パーソナリティ心理学会」に名称変更されたことなどの変遷が認められ，これらを踏まえて本項では「性格/パーソナリティ」として説明していく。

(2) 性格/パーソナリティの検査

犯罪者等の性格/パーソナリティについては，古くから犯罪心理学の分野において研究が行われてきた。これら研究結果を踏まえて，我が国における検査ツールが法務省矯正局で研究・開発され，現在矯正施設（少年鑑別所，刑事施設等）で実施されている。その中には，性格/パーソナリティに関連するものも含まれており，代表的ツールとして，**MJPI（法務省式人格目録）**や**MJAT（法務省式態度検査）**がある。

MJPIは，質問紙法による性格検査で，犯罪や非行に関係の深い人格特性の測定を目的とし，130の質問項目，妥当性尺度3・臨床尺度10（心気症，自信欠如，抑うつ，不安定，爆発，自己顕示，過活動，軽躁，従属，偏狭）から構成される。MJATは，少年や若年成人を対象とした質問紙法による態度検査（態度とは，「特定の人格の中で，ある程度の安定性・持続性をもって将来の行動を規定する傾向

又はある行動の準備となるべき反応傾向」と定義される。）で，社会的態度や価値観等を測定することを目的とし，80 の質問項目，信頼性尺度及び臨床尺度 7（自己評価，社会規範，家庭，友人，不良，暴力・発散，安逸）から構成される。

(3) 更生保護における性格／パーソナリティに関連する事項

①検査結果の活用

　矯正施設で実施された検査結果は，少年簿等の帳簿に編てつされ，また，身上調査書中の「精神状況」欄に総括的に記載されるなどして，地方更生保護委員会や保護観察所の業務に資するものとなる。例えば，地方更生保護委員会による 25 条調査・36 条調査において，面接場面における供述内容の信ぴょう性を判断する一材料としたり，保護観察官や保護司による面接方法の在り方（指導的面接か受容的態度に徹するかなど）や処遇プログラムを実施する上での留意事項（怒りや不満をためやすい傾向があり，それが暴力的行動として出現しやすいかなど）を洗い出したりするなどの活用方法が考えられる。

②パーソナリティ障害

　パーソナリティ障害（Personality Disorders）とは，「その人の属する文化から期待されるものより著しく偏った，内的体験および行動の持続的様式」で，認知，感情性，対人関係機能，衝動の制御のうち 2 つ以上の領域に現れる（DSM-5 による。）。この一種である反社会性パーソナリティ障害（Antisocial Personality Disorders）は，社会的規範に適合しないこと，虚偽性，衝動性，攻撃性，無謀さ，無責任，良心の呵責の欠如など，犯罪行為に結び付きやすい特徴を有している。パーソナリティ障害の診断がなされた保護観察対象者は，類型別処遇の類型区分「精神障害」に区分され，その精神状況及び行動に特に注意を払った処遇が実施される。　　　　　　　　　　　　　　　（岡田和也）

参考文献

(1) 日本精神神経学会監修（2014）『DSM-5　精神疾患の分類と診断の手引』医学書院

(2) 日本犯罪心理学会編（2016）『犯罪心理学事典』丸善出版

対人認知/対人関係

(1) 基本概念

　人間は社会的動物であり，家庭，学校，職場，地域社会等において何らかの集団を形成して生活している。そのような状況の下，他者をどのようにとらえ（対人認知），またどのような関係を構築していくか（対人関係）によって，その個人の感情や行動，また集団内における関係性等が変わってくる。

　認知（cognition）とは，一般に，何かを認識・理解する高次の精神活動やその結果を指し，心理学の分野では幅広く使用されている。自分はどのような人間であると認識しているかを「自己認知」というのに対し，「対人認知」とは，人間関係の中で，他者をどのように認識し，どのような感情を抱いているかというものである。

　犯罪者等の対人認知についてみると，犯罪者全般にわたって問題性を有するというわけではないものの，それを罪種・犯罪ごとに見ると，比較的共通してみられる「**認知のゆがみ**」という現象が認められる。全国の刑事施設や保護観察所では，犯罪に至りやすい認知のゆがみを修正し，問題解決や適切な人間関係を構築することを手助けしていくことを目的として，**認知行動療法**を基盤とした処遇プログラム等が実施されている。

(2) 更生保護における対人認知/対人関係に焦点を当てた処遇

①性犯罪者処遇プログラム

　ここでは，保護観察所で実施している処遇プログラムのうち，性犯罪者処遇プログラムを例にして，対人認知/対人関係に焦点を当てた処遇についてみる。

　セッション「認知の歪み」では，性犯罪を是認するような誤った考え方や偏ったものの見方，自分に都合の良い思い込み等を自覚し，社会適応的な認知へと再構成させ，自己の事件に関する否認や正当化等を減少させることを目的とする。セッション「自己管理と対人関係スキル」では，事件のサイクル（性犯罪のプロセス）から抜け出す具体的な方法として，問題解決訓練やロールプレイング等の技法を用いて自己管理と対人関係のスキルを身に付けさせることにより，実際の生活場面において自己の衝動や感情をコントロールし，他者と良好な関係が構築できるようにすることを目的とする。セッション「被害者への共感」では，被害者が受ける精神的・身体的被害や生活面への影響等について，

被害者の立場に立って考えさせることにより，事件につながる認知のゆがみを修正させることを目的とする。

②社会貢献活動

社会貢献活動は，保護観察対象者に対して，地域社会の利益の増進に寄与する社会的活動を継続的に行わせることにより，善良な社会の一員としての意識の涵養及び規範意識の向上を図ることを目的とするものである。活動を行うことによって，例えば，コミュニケーション能力の向上，自己有用感の高まり，心理的安定，規範意識の強化等の活動効果が期待できる。

具体例としては，障害者施設で活動したことによって，ハンディキャップを有する人に対してあたたかい眼差しを向けられるようになるなど対人認知が変容した事案や，更生保護ボランティアなどの参加者間で適切なコミュニケーションが取れたという成功体験により，日常生活においても対人関係が改善された事案等相応の処遇効果が認められている。

③SST

SST（Social Skills Training）は，社会適応訓練，（社会）生活技能訓練等とよばれ，対人関係の改善を目的とした認知行動療法の一つに位置付けられている。特に更生保護施設においては，保護局長通達において，生活指導等の具体的方法として「継続的な面接，SST（社会適応訓練），酒害教育，薬害教育等の処遇方法」と規定されてSSTが一例として挙げられたことにより，集団処遇の一手段として拡大している。

具体例としては，同じ更生保護施設入所者との間で，些細なきっかけでトラブルを頻発していた者に対して，ロールプレイングを通して望ましい自己主張の仕方や適切な断り方を具体的に教示して練習を重ねた結果，入所者間の対人トラブルがなくなり，また，職場でも適切な人間関係が構築できるようになった事案があった。　　　　　　　　　　　　　　　　　　　　　　　（岡田和也）

参考文献

(1) 日本犯罪心理学会編著（2016）『犯罪心理学事典』丸善出版
(2) 藤本哲也・生島浩・辰野文理編著（2016）『よくわかる更生保護』ミネルヴァ書房

24

関連する領域・関連する理論◇心理学◇

心理的アセスメント（リスク・ニーズ）

(1) 心理的アセスメントとは

　心理的アセスメントとは，面接や観察，心理テスト等を通じてクライエントを様々な視点から捉えることにより，クライエントが抱えている問題を理解しようとするものである。その目的は，クライエントに対して適切な介入や支援を考えるとともに，支援の効果を測定したり，予後や見通しを判断したりすることにある。心理的アセスメントの実施に際しては，その目的や内容をクライエントに説明し（アカウンタビリティ），同意を得る（インフォームド・コンセント）などの倫理的配慮が必要とされる。また，心理的アセスメントの観点としては，明確なエビデンスに基づくアセスメントを実施すること（エビデンス・ベイスト・アプローチ），多次元的な視点から情報を収取すること（生物-心理-社会モデル），クライエントを取り巻く客観的事実とクライエントの主観的事実を見極めること（事実への適切なアプローチ）の重要性が指摘されている。犯罪者処遇における心理的アセスメントは，対象者の同意を得ることが困難な場合がある上，再犯防止という公共の福祉の観点からも実施されるため，対象者の同意なくても実施されることがあるが，アセスメントの実施とその目的等については説明するなどの配慮が必要であろう。

(2) リスク・ニーズアセスメント

　現在，犯罪者処遇における主要なアセスメントは，リスク・ニーズアセスメントである。これは，英語圏を始めとする先進国の多くで犯罪者の処遇モデルとして採用されている Risk-Need-Responsivity モデル（リスク・ニーズ・反応性モデル：RNR モデル）において不可欠なアセスメントであり，上記の心理的アセスメントの観点も満たしている。この場合のリスクとは，再犯リスクのことであり，通常は一定期間に再犯する確率を意味し，保険数理式のアセスメントツールにより，再犯と関連が強いリスク要因の数や大きさを評定することによって評価することが望ましいとされる。また，使用されるアセスメントツールには，再犯の予測妥当性があるべきだとされている。

　RNR モデルでは，再犯との相関が高いリスク要因として，①犯罪・非行歴，②反社会的交友（仲間），②反社会的な態度（考え方），④反社会的な人格パターン（衝動性，落ち着きのない攻撃性など）⑤配偶者や家族の問題（監督の乏しさ，

温かな関係性の欠如など），⑥就学・就労上の問題，⑦余暇の問題，⑧物質乱用（問題飲酒，薬物乱用）を特定しており，これらをセントラル・エイトと呼んでいる。このうち，①は過去の事実であり，処遇によって変化させることができないことから，静的リスク（要因）と呼ばれる。一方，②〜⑦は処遇によって改善させることが可能であり，状況によっては悪化する場合もあることから，動的リスク（要因）と呼ばれる。動的リスク（要因）は，再犯と関連が強く，再犯防止のために改善させる必要（ニーズ）があるという意味で，犯因性ニーズ（Criminogenic Needs）とも言われる。

　リスク・ニーズアセスメントの結果は，再犯防止を目的とした処遇の方法に直結する。高リスクと評定された対象者ほど高密度の処遇（高頻度／長期間の面接／プログラムなど）を実施した方が再犯が減ることが分かっているため，リスクの大きさと処遇の密度を一致させるべきだとだとされている（リスク原則）。また，犯因性ニーズ（動的リスク）が改善すれば再犯が減ることが分かっているため，処遇は犯因性ニーズを標的とすべきだとされている（ニーズ原則）。なお，再犯との相関は弱いものの，対象者にとって改善する必要がある要因は，非犯因性ニーズ（Non-criminogenic Needs）と呼ばれる。非犯因性ニーズは，犯因性ニーズに間接的な影響を及ぼすものではない限り，将来の犯罪を有意に変化させるものではないが，処遇への動機づけを高める目的や人道的な理由から，処遇介入の標的とすることがあるとされる。

　リスク・ニーズアセスメントの実施に際しては，客観的な情報の収集が重視されており，本人の供述だけではなく，関係者や関係機関からの情報を得ることが求められる。また，処遇の経過に伴い，動的リスク要因（犯因性ニーズ）の状況は変化し，再犯リスクの高さも変動していくと考えられていることから，定期的にリスク・ニーズアセスメントを行い，リスク・ニーズの状況の変化に応じて，介入の密度や標的を調整していくことが望ましいとされている。

（角田　亮）

参考文献
(1) 日本心理研修センター監修（2019）「公認心理師現任者講習会テキスト」改訂版，金剛出版
(2) J. Bonta & D.A. Andrews, 2017, *The Psychology of Criminal Conduct*（原田隆之訳（2018）『犯罪行動の心理学』北大路書房）

心理検査

　保護観察処遇は，まず，その対象者がどのような人物なのかを知るところから始まる。言うまでもなく，実際に本人や家族等関係者と面接をして話をすることで得ることができる情報は多い。面接を重ねる中で本人の人となりを知ることになる。しかし，対象者は保護観察官や保護司のもとに来るまでにいくつもの少年保護手続や刑事司法手続を経ており，その中で，数多くの専門家と会っている。そしてその中には，心理学を専門とする者もおり，心理アセスメント，特に心理検査を受けることも少なくない。その結果については，家庭裁判所であれば少年調査記録，少年鑑別所であれば少年簿，刑事施設であれば身上調査書に記載され，保護観察所に送付される。この情報こそ，再犯・再非行を防ぎ，改善更生を後押しする手がかりとなる。

　少年保護手続や刑事司法手続における心理アセスメントとは，対象者の性格やその特徴などに関する情報を収集して分析し，その結果を総合して，二度と犯罪や非行をしないよう，一人一人に適した処遇の方針を策定する作業をいう。少年保護手続であれば家庭裁判所調査官や少年鑑別所の法務技官が，刑事司法手続であれば刑事施設の法務技官が心理アセスメントを行うことが多い。保護観察処遇においては，これらの情報に保護観察官が初回面接で得た情報を付加して，アセスメントを行うことになる。

　心理アセスメントのための情報を収集する方法としては，主に面接法，観察法，心理検査が挙げられる。面接法や観察法は，面接者や観察者の見方の癖や偏りがアセスメントに影響しがちであるが，心理検査はそこから得られる客観的なデータによって，面接や行動観察を補い，対象者をより的確にアセスメントすることができる。

　心理検査は大別すると，知能検査，性格（人格）検査，適性検査などに分類される。実施方法は検査者が対象者と一対一で行う個別方式と，一人の検査者が複数の対象者に対して行う集団方式に分けられる。

　知能検査は知能を測定する検査である。知能検査には個別方式と集団方式がある。個別方式で代表的なものは田中Ｂ式知能検査である。一方，集団方式には，子どもから成人までを対象にするビネー式検査や，幼児用のWPPSI，学齢期用のWISC，成人用のWAISの3種類があるウェクスラー式検査などがあ

る。また，刑事施設では，CAPAS（Correctional Association Psychological As-sessment Series）能力検査が行われている。こちらは，IQ（知能指数）の推定値である IQ 相当値を得ることができるが，一般的な知能検査で得られる考え方とは異なる考え方で算出されている。

　性格や態度は，投影法，質問紙法，作業検査法などによって測定される。投影法は，インクの染みといった意味が曖昧な多義的な刺激を見せて，その刺激から連想するものを答えさせることで，質問紙法では得られない力動的な心の動きを探る方法である。質問紙法は，あらかじめ作られた質問項目について，対象者が自分に当てはまる選択肢を選んで答えていくものである。作業検査法は，例えば数字の連続加算を一定時間，休憩をはさみながら繰り返し行わせるようなものがある。加算の作業量とそこから得られる作業曲線は知能や学業成績と高い相関を示すといわれている。

　心理検査は，それぞれ目的や特徴が異なり，一長一短ある。そこで，各種の検査をいくつか組み合わせてテスト・バッテリーを組むことがある。これによって，その人物を立体的・多面的に理解することが可能になる。

　保護観察処遇においては初回面接までに心理検査の結果が記載された書類を受理して保護観察開始時のアセスメントに活用したり，運転態度検査や少年鑑別所に依頼して実施する各種心理検査などの結果を保護観察処遇に反映させたりすることが考えられる。検査の結果が記載された書類を熟読するほか，参考文献に挙げたような書籍を通じて心理検査について学び，当該心理検査の目的や分析結果をできる限り正確に読み取れるようにすることが望ましい。

　人はどうしても相手の長所よりも短所に目が行きやすい。心理検査の結果からもネガティブな面にばかり着眼して，対象者をそのような人だとラベリングしてしまうおそれがある。本人の短所となる特徴を再犯・再非行のリスクや処遇ニーズとして理解しつつも，それをどのように補うか，また，長所となる情報に同じくらい着目できるかが重要と考えられる。　　　　　　（有野雄大）

参考文献
(1) 法務省矯正研修所編（2020）『研修教材矯正心理学〔増補改訂版〕』矯正協会
(2) 下山晴彦編集主幹，伊藤絵美・黒田美保・鈴木伸一・松田修編集（2019）『公認心理師技法ガイド—臨床の場で役立つ実践のすべて』文光堂

心理療法

　心理療法とは，悩みや問題の解決のために来談した人に対して，専門的な訓練を受けた者が，主として心理的な接近法により，可能な限り来談者の全存在に対する配慮を持ちつつ，来談者が人生の過程を発見的に歩むことを援助するものである（河合，1991）。近代的な心理療法の起源は，19世紀に成立した催眠法であるとされるが，その後，心理療法は多様な学派を生み出しながら発展しており，学派の数は20世紀末には400以上に増大しているとされる。これらの心理療法の学派は，主に以下のようなグループに分けられる。

(1) 心理力動論的心理療法

　精神分析を起源とし，その考え方を基礎として発展してきた多様な心理療法群のことである。精神生活の大部分は無意識であり，幼少期の経験は，遺伝的な要因とあいまって成人期を決定すると考える。また，問題発生の重要要因である幼少期における養育者との関係の在り方が，面接室における治療者との間にも認められる（転移）と考え，セラピストは，問題の背景にある心理力動（早期に端を発する対人相互作用のパターンや体験回避パターン）を理解し，解釈や修正情動体験を通じて患者の心理力動を変容させようとする。

(2) 認知行動論的心理療法

　認知行動療法は，行動科学と認知科学を臨床の問題へ応用したものであり，複数の理論とそこから生まれた多数の技法を包含した広範な治療法へと発展してきている。その起源は，1950年代に学習理論の応用として誕生した行動療法にある。その後，認知療法や論理療法（論理情動行動療法）など，歪んだ認知的解釈が否定的な感情や非機能的な行動をもたらすと考える認知モデルが実践されるようになり，これらと行動療法をミックスした療法として認知行動療法という言葉が使われるようになった。1990年代からは，マインドフルネス，アクセプタンスのアプローチが出現してきている。認知行動療法は，問題を具体的な行動（思考，情緒，運動の全てを含む精神活動）として捉え，どのような状況でどのような精神活動が生じるのか行動分析をした上で，問題解決のための治療目標を具体的に明確にし，その変容を目指す。また，エビデンス（実証された効果）を最も積極的に活用した心理的介入技法を含んでいるとされる。

(3) 人間性主義的・体験的心理療法

　精神分析や行動療法の潮流とは別に 1960 年代に出現した諸学派であり，いずれも意識的な主体性を重視し，人間の本性は自己実現に向かうものだという肯定的な人間観に立っている。その代表が来談者中心療法である。来談者中心療法では，人間は自己実現に向かう生得的な傾向が備わっていると考え，心理療法によってもたらされるべきものは，この傾向を促進する人間関係だとしている。また，心理的不適応は自己概念と体験が一致（調和）していないときに生じ，心理療法による受容的で安定的な関係の中で一致（調和）が拡大されれば，心理的適応状態がもたらされるとしている。治療者にとっては，自己一致，無条件の肯定的配慮，共感的理解が不可欠な態度条件とされる。治療者の態度や治療者との関係が治療的変化に重要であるという考え方は，多くの研究によって支持されている。

(4) システム論的心理療法

　問題や症状を呈している個人だけではなく，その個人の所属しているシステム（家族，交友関係，学校，職場，地域社会など）を援助対象と見なし，システムの在り方を変化させることによって，システムを構成する個人の「問題や症状」やその意味が変化すると考える。機能的家族療法やマルチシステミック・セラピーが非行少年の処遇に効果があるものとして知られている。また，解決志向アプローチは，犯罪や薬物・アルコール依存などの問題を抱えるクライエントとその家族への援助から生み出された面接法である。

(5) その他の心理療法

　犯罪者処遇の分野では，アルコールへの依存症の治療から広がった動機づけ面接が注目されている。これは，来談者中心療法の影響を大きく受けているが，クライエントの中にある矛盾を拡大し，両価性を持った複雑な感情である "アンビバレンス" を探って明らかにし，矛盾を解消する方向に向かうようにクライエントに積極的に働きかけるという積極的な面がある。

　また，女子少年矯正施設での実践から生み出され，現実原則や教育的な側面を重視する現実療法も，非行少年の処遇に効果があるとされている。

（角田　亮）

参考文献

(1) 日本心理研修センター監修（2019）「公認心理師現任者講習会テキスト」改訂版，金剛出版

(2) 日本認知・行動療法学会編（2019）『認知行動療法事典』丸善出版

カウンセリング

(1) カウンセリングとは

　カウンセリングの語源は,「相談する」「助言する」「協議する」を意味するラテン語の consilum である。日本カウンセリング学会の定義によれば,カウンセリングとは,「カウンセリング心理学等の科学に基づき,クライエント(来談者)が尊重され,意志と感情が自由で豊かに交流する人間関係を基盤として,クライエントが人間的に成長し,自立した人間として充実した社会生活を営むことを援助するとともに,生涯において遭遇する心理的,発達的,健康的,職業的,対人的,対社会的問題の予防または解決を援助すること」である。

(2) カウンセリングの起源

　現代カウンセリングの起源は 19 世紀末のアメリカの大都市で起きた「青少年に対する援助活動」を土台とした「ガイダンス運動」であり,その背景には,急速な工業化により生じた社会的混乱の中で貧困,犯罪などの問題が多発していたことがある。アメリカのボストンで職業カウンセリングを開始し,1908 年に職業相談所を開設したパーソンズが,カウンセリングの創始者であるとされている。その後,20 世紀初頭の心理測定運動,1930 年代に高まった精神衛生運動,1940 年代に現れたロジャーズの非指示的アプローチ,第二次世界大戦からの復員兵の援助の必要性,1950 年代のカウンセリング心理学の確立などの影響を受けて,カウンセリングは発展してきた。我が国では,第二次大戦後にアメリカから導入された来談者中心カウンセリングの立場が,その東洋的・実存的色彩が日本の風土に適合したこともあり,広く普及した。我が国の更生保護も来談者中心カウンセリングの影響を大きく受けている。

(3) カウンセリングと心理療法

　カウンセリングと心理療法は,主に面接を手段としたクライエントへの心理的な専門的援助である点で共通しているが,心理療法が治療的視点に立って心理的・情緒的な障害を軽減させることを目的として個人の援助を行うのに対し,カウンセリングは発達的視点に立って,成長と適応という個人の積極的側面に強調点を置き,環境の中で効果的に機能できるようにすることを目的としている点で異なるとされる。ただし,両者は区別されずに用いられることも多く,我が国でも,カウンセリングの導入・展開において,カウンセリングと心理療

法（来談者中心療法）を区別しない立場を取るロジャーズの影響を大きく受けたこともあり，カウンセリングと心理療法の区別は曖昧である。両者は同義語と見なされたり，カウンセリングが心理療法の一形式と考えられたりすることも少なくない。カウンセリングの理論は様々あるが，心理療法と同じく，精神力動論の立場，自己成長論の立場，認知行動論の立場などに大別される。

(4) 更生・矯正カウンセリング（Correctional Counseling）

　現在，欧米の犯罪者処遇の現場では，RNR モデルにおける更生・矯正カウンセリングが実践されるようになっている。これは，クライエントの向社会的な思考や行動を促進することを意図しており，RNR モデルにおける一般反応性の原則（一般的に，再犯を減らすためには認知行動理論，認知社会学習理論に基づいた介入が有効）に沿ったものである。効果的な更生・矯正カウンセリングのためには，関係性のスキルと構造化のスキルが必要だとされる。関係性のスキルとは，クライエントと質の高い良好な関係を築くことである。そのためには，自身の意見，感情，経験を自由に述べることができるようなオープンで柔軟かつ熱心なスタイルが重要であり，相互の好意，尊敬，気遣いも必要である。構造化のスキルとは，新たな向社会的な思考や行動を身に付けてもらうための方法であり，①向社会的なモデルを示す（考え方を示す，行動をやってみせる），②向社会的な思考と行動を強化する（支持する旨を伝え，その理由を説明する），③反社会的な思考と行動を承認しない（承認できない旨を伝え，その理由を説明する）と同時に，代替的な思考と行動を示す，④思考と行動の間には関連があることを理解させ，別の考え方を検討するよう促す（認知の再構成），⑤問題解決スキルや自己管理スキルを教える（スキル構築）といった要素がある。ただし，クライエントの思考や行動を承認しないことは，クライエントとの良好な関係を損なう可能性があるため，クライエントに対して肯定的な発言を少なくとも4つした上で，否定的な発言を1つするという「4対1のルール」を守ることが重要だとされる。　　　　　　　　　　　　　　　　　　　　　　　　（角田　亮）

参考文献

(1) 編集代表松原達哉，編集協力日本カウンセリング学会（2011）『カウンセリング実践ハンドブック』丸善出版

(2) J. Bonta & D.A. Andrews, 2017, *The Psychology of Criminal Conduct*（原田隆之訳（2018）『犯罪行動の心理学』北大路書房）

グループワーク，SST

　更生保護においては，近年，処遇にグループワークを取り入れる機会が増え
てきた。例えば，薬物再乱用防止プログラムや一部の保護観察所における性犯
罪者処遇プログラムは，セッションの内容によって，複数の対象者を集めてグ
ループワーク形式で行われている。また，それらに先駆けて，更生保護施設で
はSST（ソーシャル・スキルズ・トレーニング）が行われてきている。

　グループワークは限られたマンパワーで多くの対象者を同時に処遇すること
ができるので，効率的な処遇技法であると考えられるが，その意義は，処遇者
と対象者との関係に加えて，対象者同士の関係を利用するところにある。指導
者も含めた参加者間の相互作用を十全に活用し，グループを一人ひとりのメン
バーの認知や行動を変化させるための触媒として活用するのである。とりわけ，
自分と同じような悩みを抱えている者がいることを知り，お互いに共感し支え
合うことで，抱えている問題を改善させることを後押しすることができる。

　グループワークが効果を発揮するためには，正直な思いや感情をグループの
中で表出できるようになることが大切である。そのためには，参加者一人ひと
りがグループを安心・安全な場所と認識できることが不可欠である。グループ
ワークを進める中で参加者間でトラブルが起きた場合は，グループワークの開
始に際して決めるグラウンド・ルールに立ち返って問題を解決していくことに
なる。その際，やはりグループの力を使って問題解決に導くことが望ましいだ
ろう。

　グループの中で対人交流が生じるようになると，人はその人の対人関係のパ
ターンや癖を示すようになる。中には，犯罪をした時と同じパターンや問題性
の発露としての行動が表れることもある。ごく端的な例を示すと，立場的に優
位な男性が女性に対してその優位性を使って性加害をしたような場合，グルー
プの中でも，次第に自分の優位性を誇示するようになり，他の参加者の意見を
批判したり高圧的に振る舞ったりすることがある。このような現在の行動が犯
罪行為やそのパターンに類似することを犯罪並行行動と呼ぶことがあり，指導
者は本人の認知や行動の癖を認識させ，変容へと導く絶好の機会といえる。

　グループワークの代表的なものとしてSSTがある。SSTは1988年にリバー
マン博士が日本の精神医療・精神保健関係者に紹介し，翌1989年に前田ケイが

保護観察官の研修等において SST を紹介した。1995 年には更生保護施設では初めて SST が実施された。

　SST は認知行動療法の一つに位置付けられる支援技法である。すなわち，人間の行動はこれまでの学習に基づいて選択され，実行されるのだから，新しい学習体験を提供して，本人が生活の中で望み，必要とするような行動の取り方やものの考え方（認知）の学習を，本人と共に進めていくという考え方に基づいている。

　SST にはグループで行うものと一対一で行うものがあるが，目的や基本的な原則，流れなどはほとんど同じである。グループで行う SST は，他のグループワークと同様に参加者同士の相互作用を活用する。例えば，社会生活上の悩みを抱えているのは自分だけではないという気付きは本人を勇気付けるし，他の参加者の練習を見れば，自分も課題にチャレンジしようという動機付けが高まるだろう。メンバーが多様であるほど，複数のモデルを見たり意見を聞いたりすることができ，参加者の考え方や行動のレパートリーを増やすことにつながるといえる。

　ここで大切なのは，グループメンバーの個別化である。たとえグループに共通する課題で SST をやっていたとしても，グループにいる一人ひとりはみな，全く独自の存在であり，直面する課題とそれに対処していく能力，目指すゴールはそれぞれ異なっている。よって，一人ひとりの生活状況や，生活能力，対人行動能力をアセスメントし，その人の現実に適った支援を行うことが必要である。

　SST の標準的な流れは，①ルールの確認，②前回の宿題の発表，③練習する課題の設定，④必要に応じて模範を見せる（モデリング），⑤実際に試してみる，⑥試した人に対し正のフィードバックを行う，⑦試した行動の改善点を共に考え，練習する，⑧もう一度試してみる，⑨宿題を決める，となっている。参考文献に挙げたような教材を参照し，実践的な学びを深めていただきたい。

（有野雄大）

参考文献

(1) 藤岡淳子（2014）『非行・犯罪心理臨床におけるグループの活用―治療教育の実践』誠信書房

(2) 前田ケイ（2013）『基本から学ぶ SST―精神の病からの回復を支援する』星和書店

家族支援／家族療法／システムズ・アプローチ

　非行・犯罪臨床，特に更生保護における家族への基本的な関わりは，これまでの家族支援の実践経過の分析を通して，準拠する理論や方法の違いなどから，次の4つに類型化できる。

(1) 処遇関係の支持：対象者である本人との処遇関係を構築し，維持するために家族の協力を求めるものである。本人に同伴する，あるいは，家庭訪問の際に，本人の情報提供を要請したり，本人が矯正施設収容中に引受け意思やその環境を調査したりすることも含まれる。再犯抑止のためのモニタリング機能に偏重してしまうリスクには十分配意する必要がある。

(2) 家族関係の調整：本人の立ち直りに資するために，家族関係・環境を好ましい方向に調整するもので，あくまで任意であり，自己決定権は維持されるが動機付けに乏しい家族へのアプローチは難しい。具体的には，親にはしつけなどに関する心理教育的助言，配偶者には折り合いを図る働きかけであり，前記 (1) 処遇関係の支持とともに，家族への関わりの基本的形態である。

(3) 家族ケースワーク：非行・犯罪の要因を家庭状況や家族関係にあるとして，家族病理に焦点を当て，その除去や関係改善を図るものである。非行・犯罪者の家庭環境にしばしば見られる貧困・崩壊・ひとり親といった家庭の負因や過保護・放任・虐待などの親の養育態度へ積極的に働きかける。乳幼児期の母子関係にまで遡る精神分析的な家族関係論などの非行理解に基づくが，「非行・犯罪要因としての家族」を扱う視点が特徴的である。

(4) 家族療法：「本人とその家族」といった二分法でなく，「全体としての家族」の観点から，全体的な家族力動，家族過程をとらえて，一つの処遇単位としての家族へ関わりを行うものである。特定の家族員や家族関係の病理性には着目しないが，全体としての家族機能不全により問題行動が顕在化しているものとみなし，親機能の回復や家族コミュニケーションの改善を図っていく。

　家族への働きかけを行う家族臨床のための専門的技法が〈家族療法〉と呼ばれるもので，その理論的基盤を提供するのが〈家族システム論〉，それに基づく実践が〈システムズ・アプローチ〉である。家族をシステムとしてとらえることにより，①家族の一部の変化が全体に影響する「全体性」，②各家族員のデータを単に足しても家族全体は分からない「非総和性」，③多様な状態・環境から

でも同じ症状・問題が生まれる「等結果性」，反対に同じ状態・環境から異なる症状・問題が生じる「多結果性」，④家族の問題は特定の原因でなく複数の要因が相互に影響すると考える「円環的因果律」が臨床上有用である。

<家族システム論>は，家族をシステムとしてとらえることにより，家族員個人から「家族システム」へと視野が拡大し，症状・問題も個人の「異常」からシステムの「機能不全・障害」との認識に変わり，個人の処遇から家族システムに働きかけるという手法が採用される。留意すべきは，家族理解が処遇者はもとより，対象者や家族にも有用な認識を提供しなくては意味がないという点である。家族理解や見立てという用語で説明される解釈やアセスメントが，特定の理論によって処遇者の理解を深めるだけでは不十分であり，対象者本人・家族にとって「腑に落ちる」もの，そして，彼らの治療的動機づけを高めるもの，すなわち，変化可能性を強く示唆するものでなくてはいけない。

システムズ・アプローチの特徴は，家族はもとより，本人・家族・処遇者で構成される臨床場面，介入対象となる拡大家族・学校・職場・地域社会，処遇者の所属する組織，その活動を規定する法律を含めた社会システムを念頭に置いて，多職種多機関によるシステム連携に最大の特徴がある。多様なシステムへの介入は，少年本人の発達を保障し，直接的・長期的に関わることのできる家族への支援が可能となる。その際に，ズームアップ的視点と俯瞰的視点を自在に操作する柔軟で〈使い勝手の良さ〉を優先する援助姿勢が肝要となる。

実際に子どもの社会的成長・心理的発達に最も影響力の大きい家族と協働して，立ち直りを支えるストーリーを構築し，その展開を図るサポートに努めるのがシステムズ・アプローチである。それが有用となるには，本人・家族が息切れしないように危機介入を行いつつ，子どもの発達を待ち，立ち直りの契機となる人物との出会いを保障する《時間稼ぎ》が欠かせない。家族を《手立て》とするとは，家族の変化が標的なのではなく，家族のエンパワーメントこそが働きかけの焦点となり，家族支援のエッセンスである。　　　　（生島　浩）

参考文献
(1) 高木俊彦（1970）「ファミリィ・ケースワークの保護観察への導入のために」，『更生保護と犯罪予防』No. 16, 55-66.
(2) 生島浩（1993）「保護観察における家族援助に関する実証的研究」，『法務研究報告書』第81集第1号，法務総合研究所

緊張理論

　緊張理論は，人間が緊張状態に置かれることが犯罪の要因であるとする理論群の総称である。ある行為や状態が強いられることにより生じるのが緊張状態である。一般的な語彙を用いれば，緊張（strain）はプレッシャーやストレスと言い換えられる。

　アメリカの社会学者マートンの唱えたアノミー論が，緊張理論の母胎である。彼は緊張よりも，デュルケムに由来するアノミーという概念を好んで用いた。その主張は，文化的目標と制度化された手段とが釣り合わないとアノミーが生じ，それが犯罪を生みだすというものである。文化的目標とはある社会の成員すべてが目指す目標のことで，制度化された手段とはそれを達成するために用いられる社会的に是認された手段を意味する。アメリカにおいて文化的目標は金銭的成功であり，アメリカンドリームすなわち「一生懸命働けば誰もが金銭的成功を果たせる」という考え方はすべての国民に共有されている。しかし実際には，社会構造上の理由によりそれは幻想である。低階層の人々が，実入りのいい安定した仕事に従事できる可能性は低いからだ。彼らは文化的目標は受け入れているが，それに見合った制度化された手段を持たない。アノミーに置かれた彼らは，犯罪を行うことで文化的目標を達成しようとするのである。「『大望』というアメリカの基本的な美徳が『逸脱的行動』というアメリカの基本的な悪徳を促している」（マートン　訳書1961：136）。彼が示したのは，社会構造に起因するこのような逆説的状況であった。

　アノミー論の発想は，その後の犯罪学においてさまざまな形で引き継がれていく。1950〜60年代，コーエンは学習理論の流れとマートンのアノミー論を統合して，非行サブカルチャー論を唱えた。また，クロワードとオーリンは，コーエンの理論をさらに発展させて分化的機会構造理論を展開した。これらの理論はアメリカ社会に大きな影響を与えた。当時の刑事司法政策の立案の基盤として，さらには1960年代中葉に展開される「貧困との戦い」を具現化する際の指針として，緊張理論は用いられたのである。

　つぎに1990年代以降に登場した，2つの新しい緊張理論について述べる。ひとつめは1992年にアグニューにより発表された一般緊張理論である。彼は，マートンの理論の難点として，下流階層のみに焦点を当てていること，緊張が

あっても犯罪行動につながらない場合があることを挙げ、これらを乗り越えるため、より一般的な形態の緊張理論を完成させた。緊張は社会構造に起因するものにとどまらず、よりミクロなレベルにおいても、属する階層を問わず生じると、彼は主張した。たとえば、親からの虐待、学校での成績不振や教師との険悪な関係、長期間の失業、劣悪な環境下での労働、夫婦間での暴力や頻繁な衝突、犯罪被害や差別を受けることは、いずれも犯罪を導き得る緊張である。アグニューはその種の緊張が犯罪へとつながる社会心理学的なプロセスの説明を試み、緊張の種類や量、緊張への対処法などの多くの変数が、相互にどのような関連をみせながら犯罪へと結びつくのかを実証的に示そうとした。犯罪や非行を減らすための実践的な政策提案を導きやすいため、一般緊張理論は世界中で注目されている犯罪学理論の一つである。

　ふたつめは、制度的アノミー論である。1994 年にメスナーとローゼンフェルドによって提唱されたこの理論は、社会構造を家庭、教育、政治、経済（市場）の 4 つの要素（制度）からなるシステムと捉えた上で、経済とそれ以外の諸要素とのバランスを問題にする。経済以外の諸要素は人間の（犯罪を含む）行動を統御する働きを持っており、経済ばかりが重視される社会では、そのような統御が働きにくくなる。経済の論理は、金銭的・物質的な成功を何より重視するから、そうした論理が支配する社会においてはアノミーが高まり多くの犯罪がみられるというのが、彼らの主張である。国家を単位とするマクロな分析を中心に、この理論の妥当性は概ね支持されている。示唆しているのは、市場に対して一定の制限をかけて、所得再分配や教育・福祉サービスの強化をはかることが効果的な犯罪対策となるということである。制度的アノミー論は、アメリカンドリームの負の側面に注目したマートンの発想を引き継ぎつつ、市場経済の暴力的ともいえる様相が顕在化している今日の社会のあり方を根源的に問い直す射程を有している。

（岡邊　健）

参考文献

(1) Merton, Robert K., 森東吾他訳（1961）『社会理論と社会構造』みすず書房

(2) Rosenfeld, R. and S. Messner（2013）*Crime and the Economy*, Sage.

学習理論

　学習理論とは，犯罪・非行行動が後天的に学習されるメカニズムに着目する理論群の総称である。学習は心理学の研究領域であり，学習理論のルーツもパブロフの条件付けに関する研究にある。しかし犯罪研究における学習理論は，心理学のアイデアをベースとしながらも社会学的な発想を取り込んで展開されてきた。

　学習理論のなかでもっとも代表的なものは，シカゴ学派の社会学者サザランドが完成させた分化的接触理論である。サザランドは，犯罪行動を学習するプロセスにおいて，犯罪行動を行うことが望ましいとする考え方が，犯罪行動は望ましくないとする考え方を上回った時，人は犯罪者になると述べた。この理論は，法違反を承認する文化（価値観や行動様式）への接触のしかたに個人差があること（分化的接触）に着目した理論である。そのような文化への接触により，犯罪遂行の技術だけでなく，犯罪への態度や犯罪の正当化のしかたも学習されると，サザランドは述べている。重要なのは，彼が一般的な欲求による犯罪行動の説明はできないとした点である。「犯罪行動を幸福原理，権勢欲，金銭的動機，欲求不満などの一般的な欲望および価値によって説明しようとして」も失敗する。「なぜなら，それらは犯罪行動を説明すると同じくらい完全に遵法行為をも説明するからである」（サザランド・クレッシー　訳書1964：65）。分化的接触理論は，犯罪発生の階層差，性差，地域差（都市のほうが多い）を統一的に説明できる点で，画期的であった。

　サザランドの主張に触発され，その後多くの犯罪学理論が生まれた。ここでは3つの理論に言及する。まず，コーエンの非行サブカルチャー論（Cohen 1955）は，非行少年が持っている独特の文化（価値観や行動様式）に着目した理論である。彼が注目したのは，出身階層の規範である。中流階層の人々は勤勉，非暴力，計画性などの規範を尊ぶが，下流階層の人々はこのような規範は持っておらず，むしろ逆方向の規範を有している。たとえば計画的であることは，下流階層では忌避すべきであるとみなされる。これらを前提にすると，中流階層の価値によって成立している学校では，下流階層出身の少年は緊張状態に置かれる。その緊張状態を解消するために採られるのが，同じような境遇の少年たちと親密な関係を築き，中流階層の大人が持つ規範の受け入れを拒否することで

ある——これがコーエンが述べた非行サブカルチャーの形成プロセスである。彼らは中流階層の規範を受入れて社会的に成功することがかなわぬ望みであると悟り，あえて中流階層とは反対の規範を作り上げるというのだ。

クロワードとオーリンが1960年に発表した分化的機会構造理論は，コーエンの理論をふまえたうえで，金銭的成功などの目的をかなえるための合法的・非合法的な機会に着目し，生まれるサブカルチャーには複数の種類があると想定した。たとえば，盗品を売るための市場が発達している地域では，非合法的手段により富を獲得できる機会が多いから，窃盗や詐欺が多くなる。青少年が年長者から法違反を承認する文化を学習する機会も多い。このような場合には「犯罪的サブカルチャー」が生まれると，彼らは述べた。一方で「葛藤的サブカルチャー」は，合法的手段による成功者も非合法的手段で稼ぐ者も少ない地域で生じやすい。非合法的な機会すら少ないから金銭的成功を求めるのは難しく，若者は暴力によってギャング内の地位上昇を目指す傾向を強める。このサブカルチャーのもとでは，暴力犯罪が起こりやすい。なお，非行サブカルチャー論と分化的機会構造理論は，いずれも緊張への反応として犯罪・非行を位置づけているため，緊張理論とみなすこともできる。

エイカーズらが1979年に発表した社会的学習理論は，心理学者バンデュラが提唱した同名の理論に影響を受けて提唱されたものであり，そこでは分化的接触に加えて分化的強化と模倣という新たな要素が付加されている。このうち前者は，犯罪行動の結果がもたらす報酬（快）と罰（不快）のバランスの違いが次の犯罪を起こす可能性を左右するという考え方である。親や友人などの重要な他者から受ける承認（報酬）や否定的応答（罰）が，とりわけ重要視されている。

非行仲間の存在が非行行動の決定的な要因であることを示す研究など，学習理論の妥当性を支持する実証研究は少なくない。人間の可塑性を根拠づける理論として学習理論を位置づけることも可能であろう。　　　　（岡邊　健）

参考文献

(1) Cohen, A. K. (1955) *Delinquent Boys: the Culture of the Gang*, Free Press.
(2) Sutherland, E. H. and D. R. Cressey, 平野龍一・所一彦訳 (1964)『犯罪の原因——刑事学原論 I 』有信堂

コントロール理論

　コントロール（統制）理論とは，社会的な統制力が弱まることで，犯罪や非行が発生すると考える理論であり，代表的な理論として，W. I. トマスと F. ズナニエツキらの「社会解体論」，T. ハーシの「ボンド（社会的絆）理論」がある。

　「社会解体論」は，20 世紀初頭に，アメリカのシカゴ学派の研究者らによる数多くのモノグラフにおいて言及された。それは当時，急速な産業化・都市化を遂げる大都市シカゴを舞台として，そこでの犯罪や少年の非行といった逸脱的な社会問題に対して，「社会解体の現象」として説明しようとしたものである。社会解体（social disorganization）とは，都市化による社会構造の変化によって，家族や伝統的な共同体などの集団の機能が弱体化し，既存の制度や規範が機能不全に陥り，社会統制が効かなくなった結果，非行や犯罪を抑止する要因の欠如・弱体化が進む現象のことである。W. I. トマスと F. ズナニエツキは，移民の生活を記述した『ヨーロッパとアメリカにおけるポーランド農民』（1918-1920）において，社会解体の要因となる社会構造の変化として，産業構造の変化，都市化，社会移動をあげている。

　社会解体論が，マクロな視点で社会構造における社会統制に焦点を当てた一方で，個人の統制の問題に着目したのが，以下に述べる「ボンド（社会的絆）理論」である。

　それまでの逸脱の社会学における問いは，「どうして人は逸脱するのか」というものだったが，T. ハーシの立てた問いは，それとは全く逆転の発想で，「どうして人は逸脱しないのか」というものであった。確かに，我々が社会生活を送る中で，多くの人が非行や犯罪を一生のうちに一度もすることなく過ごしている。それはなぜだろうか。

　T. ハーシは，アメリカの非行少年を研究分析し，人が非行や犯罪をしないのは，個人に対して社会的なコントロールが働いているためであり，社会に対する個人の絆が弱くなったり失われたりするときに，人は非行や犯罪を行うと考えた。つまり，人は社会的なつながりや絆がなければ，犯罪を行ってしまう心許ない存在であるということができる。

　彼によると，社会的絆（social bond）には，「愛着（attachment）」，「投資（commitment）」，「巻き込み（involvement）」，「規範観念（belief）」の四つの要素

がある。

　愛着（attachment）とは，家族や友人といった本人にとって大事な他者に対する個人の愛着のことである。情緒的なつながりのある親しい人の価値基準を内面化し，その人から期待されることは何かということを考えて行動することは，逸脱行動を抑止することにつながると考えられる。投資（commitment）とは，勉学や仕事などにおける目標達成のために，これまで社会的枠組に沿った行動に投資（努力）してきたかという合理的な判断のことである。今まで積み上げてきたものを失いたくないという思い入れや，非行や犯罪をして失うものに対するリスク計算は重要な要因となる。巻き込み（involvement）とは，日常生活における合法的な活動，例えば部活動や勉学，仕事に巻き込まれていて，非行することを考える暇もないということであり，それらの活動に参画することは他者との絆の創出にもつながるであろう。規範観念（belief）とは，法律や社会のルールなどの社会的規範に従うべきだという信念のことである。所属集団の規範的枠組みを受容して，遵法的な行動をとることができる。

　これらの社会的絆の程度を本人がどのように感じているかということが重視され，また，これら四つの要素の中でも，特に，「愛着」の弱体化が非行を誘発する原因と考えられた。

　単純化してしまえば，非行少年は，重要な他者に対する愛着がない，もしくは重要な他者の存在が欠如しており，学校の勉強や仕事に打ち込むこともなく，合法的な価値基準が育まれる環境にいないため，遵法的な行動をとることが難しい傾向があるといえる。

　T. ハーシがこの理論を提唱した当時と現代の少年がおかれる環境は異なるといえ，保護観察処遇における対象者の少年の語りの中に，社会的絆の弱さを感じることは少なくない。社会的絆の網の目から零れ落ちてしまった結果，非行や犯罪に傾倒してしまうのだとしたら，我々はどのように新たな社会的つながりや絆を紡いでいくことができるのだろうか。　　　　　　（下平真実子）

参考文献

(1) Hirschi, T., 1969, *Causes of Delinquency*, University of California Press.（森田洋二・清水信二監訳（2010）『新装版　非行の原因—家庭・学校・社会へのつながりを求めて』文化書房博文社）
(2) 矢島正見・山本功・丸秀康（2009）『改訂版　よくわかる犯罪社会学入門』学陽書房

ラベリング理論

　我々が，非行や犯罪をした人に対して，その人を「逸脱者」と見なすとき，そこに社会的価値観が差し挟まれていることに自覚的であろうか。

　逸脱の社会学理論において，社会的相互作用論の立場をとるラベリング理論が登場したのは1960年代である。ラベリング理論の代表的論者であるシカゴ学派のH.S.ベッカーは，著書『アウトサイダーズ』において，「社会集団はこれを犯せば逸脱となるような規則をもうけ，それを特定の人々に適用し，彼らにアウトサイダーのレッテルを貼ることによって逸脱を生み出すのである。」と述べ，「逸脱」とはある行為自体に逸脱性が内在するのではなく，社会がその行為を「逸脱」と定義し，ラベルを貼ることによって成立するとした。

　この論において，規則をもうけ，ラベルを貼る（特定の人々に適用する）のは，権力をもった統制側であり，ラベルを貼られるのは，社会的に弱い立場にある外国人や同性愛者などのマイノリティが想定される。ラベルを貼られた人々の最初の規則違反行為が非意図的で軽微なものだったとしても，一度「逸脱」の烙印（スティグマ）を押されると，周囲の人々は彼らを遠ざけ，排除する方向へと進む。そして，排除された人々は逸脱者としてのアイデンティティを形成せざるを得なくなり，逸脱の増幅が進行していく。身近な例に当てはめると，学校の校則に違反した生徒が，教師や他の生徒から不良扱いされ，次第に学校での居場所をなくして，自分を受け入れてくれる不良グループに親和的になり，そこでの仲間同士の相互作用により，さらに逸脱の継続と安定が図られていくことが考えられる。

　また，社会学の始祖であるÉ.デュルケムの「私たちは，ある行為をそれが犯罪だから非難するのではない。むしろ，私たちがそれを非難するから犯罪なのである」という言葉に象徴されるように，社会が何を逸脱だと見なすかは普遍的なものではなく，時代や国・地域などによって異なる。すなわち，逸脱性は物事や行為に内在する本質なのではなく，認識主体と対象との間の相互行為（作用／反作用）によって生み出されるものであると考えられる。例えば，禁酒法下の社会にあっては，アルコールの製造販売が逸脱と見なされ，あるいは，現在，欧米の一部の地域では大麻の合法化が行われているように。

　それまでの伝統的な犯罪・非行の逸脱論は，行為者自身の問題として，その

人の成育歴や動機などを探る原因論的言説の枠組に焦点を当てていたのに対して，ラベリング理論は統制する側と統制される側の相互作用過程に視座の転換を図ったことにより，逸脱の社会学に大きな転換的インパクトを与えた。なお，ラベリング理論が台頭した背景には，公民権運動や黒人解放運動，ベトナム反戦運動といった反体制的・反権威的な活動が盛り上がりを見せた 1960～1970 年代の時代情勢があったことも指摘しなければならない。

　紙幅の関係により詳述は避けるが，「一次的逸脱，二次的逸脱」を提唱した E. M. レマート，K. T. エリクソン，J. I. キツセ，T. J. シェフ，「被害者なき犯罪」の分析を行った E. M. シャーがラベリング論者として言及されることが多い。また，E. ゴフマンのスティグマ研究も逸脱を考える上での視座を与える。

　ラベリング理論は，その後，様々な立場から批判を受けることとなり，今日においては乗りこえられた理論の印象があるが，社会問題を，社会の状態をめぐる異議申し立てとそれに対する反応との相互作用の過程と捉える構築主義へと展開していく素地を作った功績は大きいといえる。

　日常の社会生活においては，非行や犯罪といった逸脱行為を，さも自明のこととして捉え，特定の人や物事に対して，「ラベルを貼る」という行為に疑問を持たずに実行しているかもしれない。ラベリング理論は，そのような自明性の罠に対して，「逸脱とは何か」という疑問に立ち返るためのヒントを与えてくれる効用があるだろう。　　　　　　　　　　　　　　　　　　　　　（下平真実子）

参考文献

(1) Durkheim, É., 1893, *De la division du travail social*, Felix Aclan（田原和音訳（1971）『社会分業論』青木書店）

(2) Becker, H. S., 1963, *Outsiders:Studies in the Sociology of Deviance*, Free Press（村上直之訳（2011）『完訳　アウトサイダーズ—ラベリングの理論再考』現代人文社）

犯罪・非行からの離脱

　犯罪・非行からの離脱は，デシスタンス（desistance）とも呼ばれ，犯罪や非行を継続して行ってきた者がどのようにしてそのような行為をやめていくのかについて着目する概念である。犯罪や非行からの離脱は進行過程や維持状態を表す概念であり，どの程度の期間，犯罪や非行をしていない状態が継続すればその者は立ち直ったといえるのか，その定義は研究によっても区々であり，操作的に捉えることの難しさが指摘されることも多い。犯罪や非行が一定の期間停止すること又はその頻度が減少することを一次的デシスタンスとし，更に進んだ状態として新たな社会的役割やアイデンティティを獲得することを二次的デシスタンスとして区別することもある。

　欧米を中心として犯罪や非行からの離脱に関する研究が積み重ねられてきており，デシスタンスを促進する社会的要因として，安定的な雇用や婚姻生活，交友関係の見直し等を契機として犯罪行為が減少していることが見出されている。

　犯罪や非行からの離脱の要因としては，アイデンティティや認知の変容に着目した研究も行われている。犯罪や非行から離脱した者は，過去から現在の自分に連なるアイディンティティを再構築し，他者，特に自分よりも若い世代に対して自らの経験等も活かしながら貢献するという新たな役割を確立していることが示唆されている。他にも，責任感や将来への希望，自己効力感等が犯罪や非行からの離脱を促進する要因として挙げられている。

　犯罪や非行からの離脱は複雑な事象であり未だ解明されていない部分も大きいが，一つのモデルとして，個人の認知と社会的要因の相互作用により段階的に離脱の過程が進むことが想定される。個人が変化を受け入れられる状態になり，配偶者や子供と言った重要な他者の存在や就労等を契機として変化することへの希望が生じ，魅力的で社会に受け入れられる形でこれまでの自分の代わりとなる自分が発達していく。この代わりとなる自分が犯罪や非行行動を選択しなくなり犯罪や非行から離脱していくとされる。もっとも，犯罪や非行からの離脱は直線的・一方向的に進むものではなく，犯罪や非行から離脱した者も最初の段階では孤立や様々な障壁に直面することが多い。

　少年院出院者や刑事施設出所者は，犯罪や非行から離脱したいという意思を

持っていても，そもそもの住居や帰るべき家庭に恵まれないことが現実には多く，また，就学・就労することやそれらを継続することに困難を感じる者も少なくない。離脱の初期段階においては，犯罪からの離脱の意思があっても各種の問題や困難に遭遇することも多く，離脱に向けて問題や困難に直面した際にどのような援助ができるかが重要であることも指摘されている。社会内処遇においては，離脱の初期の段階で本人が出会う障壁を乗り越えられるよう，住居及び就労の確保等の支援により生活の基盤を確保しつつ，本人が社会の中において再犯・再非行をしない生活を維持することにより変化へと向かう時間を確保し，本人を地域における一人の人間として受け止め，親身に相談に乗り，その長所を認めながら本人の変化を促進することが必要となる。

これまでのデシスタンス研究等から得られた知見は，更生保護の分野における実務にも取り入れられつつある。再犯に係るリスクやニード等に着目したRNR原則のみならず，よき人生モデル（Good Lives Model）に代表されるような，個々人にとっての人生の目標や重視する価値，長所や強みにも配慮したアセスメントや処遇が目指されている。また，刑の一部の執行猶予制度の導入等を契機に薬物自助グループとの連携が近年進められるなど，当事者中心モデルが拡大しつつある。

犯罪や非行から離脱しようとする者を迎える地域や社会が彼らの離脱を促進するものであるかも重要である。更生は，本人と重要な他者との相互関係を通じて形作られる構成概念であるとも言われる。周囲や社会が本人を非行少年や犯罪者として取り扱うか，それとも犯罪から立ち直っている人として扱うかによって，本人はそこに写る自分の姿を自身のアイデンティティとして取り入れていく。犯罪や非行をした者を受け入れる側の地域や社会に理解を求め，写し鏡として彼らの更生を促進するものとなることが求められる。

（守谷哲毅）

参考文献

(1) Kazemian, L and Farrington, D. 2010. "The Developmental Evidence Base : Desistance." *Forensic Psychology* 133-147.

(2) 日本犯罪社会学会（2011）『犯罪者の立ち直りと犯罪者処遇のパラダイムシフト』現代人文社

逸脱行動への認知行動療法（薬物依存症を中心に）

(1) 認知行動療法の治療理念

　薬物依存症に罹患する者では，条件付けのメカニズムにより，物質摂取に関連する人や物，時間帯や日時，状況，生活習慣，さらには怒りや孤独感といった内的感情の認知が，物質に対する渇望を刺激するトリガーとなっている。このことを踏まえ，薬物依存症に対する認知行動療法（cognitive behavioral therapy；CBT）では，以下の二つを治療目標としている。第一に，クライエントが自らの物質渇望を刺激するトリガーが同定し，そのパターンを熟知することで，再使用の危険の高い状況を回避できるようになることを援助することであり，第二に，渇望に対処するスキルの習得である。

　第二の対処スキル修得にあたっては，渇望のメカニズムに関する心理教育，次いで渇望に関する歪んだ認知——たとえば「自分は薬物の渇望には絶対に抵抗できない」など——がつねに成立しているわけではないことをセラピストとの協働的作業を通じて確認し，そのうえで新しい対処スキルの習得へと進む。対処スキルの具体例としては，(1) 気紛らわし（手首にはめた輪ゴムを弾く，音楽を聴く，熱いシャワーを浴びる……など），(2) 援助希求（支援者に自らの渇望を告白する），(3) 薬物使用による否定的な結果（逮捕や精神科入院）を思い出す，(4) 自分に言い聞かせる（「私は渇望に負けない」「渇望に完全に支配されているわけじゃない」），(5) 渇望を否定せず，「あるがまま」を受け容れるといったものがある。これらの対処スキルは，セッション内でシミュレーション的に練習される。

(2) CBT の薬物依存症に対する効果

　薬物依存症に対する CBT の有効性については，すでに多数の研究が存在する。CBT は，コカイン依存症に対し，従来の支持的なケースマネージメントに比べて半年後の治療転帰が良好であるという。また，CBT と 12 ステッププログラムとの比較では，プログラム参加中の断薬日数では 12 ステップが優れているものの，治療終了後の再発の少なさでは CBT が優れているという報告がある。また，覚醒剤依存症に対しては，CBT による外来治療は，治療共同体による入所治療に比べ，治療終了 1 年後の転帰が優れているという。一方，大麻依存には，CBT の治療効果は動機付け面接におよばないという。

　このように，薬物依存症に対する CBT の有効性が証明されているものの，

CBT を構成する様々なコンポーネント（セルフモニタリング, 危険な状況の同定, 渇望に対する対処法, 問題解決訓練）のうち, いずれが有効に作用しているのかについては不明な点も多い。事実, CBT は, 対人間および個人内における不快感への対処スキルの不足を薬物依存症の原因とする作業仮説にもとづいているにもかかわらず, 改善したクライエントにおいて新しい対処スキルの使用頻度が必ずしも増えているわけではないという指摘がある。

(3) 国内外における実践状況

　海外における近年の趨勢としては, CBT は多くの物質使用障害治療プログラムで採用されているが, 単独ではなく他の治療法と組み合わせた統合的治療プログラムとして提供されている。その代表が, 米国で広く実施されている, 統合的外来覚醒剤依存治療プログラム Matrix Model である。

　Matrix Model は, 16 週におよぶ週 3 回のグループセッションの他に, 動機付け面接や個別面接による再発分析, 薬物使用モニタリング, 家族セッションから構成されている。その治療は, ワークブックとマニュアルに依拠した普及性の高い形で提供され, 多くのドラッグコート係属中の治療プログラムとして採用されることが多い。また, その治療効果については, 従来の外来治療, 入院治療, 12 ステッププログラムに比べて, 治療離脱率が有意に低く, 治療期間中の断薬率が有意に高いが, その一方で, 治療期間修了後 6 ヶ月経過時点での転帰に関しては, Matrix Model と従来の治療とで効果に差がないという。

　わが国では, 2006 年より, 松本らが, Matrix model を参考にした依存症集団療法「SMARPP (Serigaya Methamphetamine Relapse Prevention Program)」の開発に着手し, 現在, 週 1 回実施, 1 クール 24 セッションのプログラムとして実施されている。2016 年 4 月より「依存症集団療法」として診療報酬算定対象となり, 2021 年 3 月時点で, 国内の精神科医療機関 45 箇所, 精神保健福祉センター 47 箇所で実施されている。

　SMARPP の効果としては, 以下の三点が確認されている。第一に, 通常治療に比べて治療継続性が高く, 非医療的な社会資源の利用率が高まること, 第二に, 治療終了 1 年後に参加者の 7 割に薬物使用様態改善が, 4 割に 1 年間完全断薬が認められるが, そうした良好な治療転帰はセッション参加回数と正の相関にあること, そして最後に, 医療関係者における薬物依存症に対する苦手意識の緩和, および自己効力感の上昇である。

　なお, 現在, 保護観察所で実施されている薬物集団処遇プログラムは, この SMARPP を参考にして開発されたものである。　　　　　　　　　（松本俊彦）

アディクション（アルコール・薬物依存，飲酒運転など）

　アディクションとは，アルコール・薬物依存症などの「物質使用障害」や，物質を体内に摂取するわけではないが，ギャンブルなど特定の行動を適度に制御できない「嗜癖性障害」を包摂する用語である。アメリカ精神医学会が定めた「精神疾患の分類と診断の手引き」（DSM），または世界保健機関による「精神および行動の障害」（ICD）の診断基準のいずれにおいても，アディクション的行動が患者の生活に支障をもたらしているにも関わらず，本人がその行動を減らしたり止めたりすることに繰り返し失敗していることが確認できれば診断に至る。なお，過度のインターネット利用やゲームへの耽溺，習慣的な自傷行為や過食嘔吐，窃盗癖，あるいはくり返される痴漢・盗撮などもアディクションの範疇で考えられることがある。

　アディクションの発症要因は他の多くの精神障害と同様に多因子であり，衝動的な性格などといった遺伝負因のほかに，身体的・性的・心理的虐待やネグレクトなどの小児期逆境体験（Adverse Childhood Experiences：以下 ACE）の既往が発症リスクを高める要因として挙げられている（Le Tendre & Reed, 2017）。ACE を生き延びてきた患者は，不安，緊張，怒り，孤独感，抑うつ気分などといった負の感情に慢性的に暴露されており，安心やリラックス感，疲労回復など，アディクションがもたらしてくれる心理的効果を切実に必要としている。

　他方，ACE は対人関係面では，患者が他者と健康的な愛着関係を構築する能力を阻害してしまう。したがって学校，職場，あるいは家庭の環境悪化により負の感情が高まると，患者はそれに対処するために，他者を頼り，他者と言語的コミュニケーションを介して励ましや慰めを受け取るのではなく，もっぱらアディクション的な単独行動に頼って自らの意識を負の感情からそらしたり，負の感情を麻痺させたりしようとする。こうしてアディクション的な行動を反復しているうちに，やがて脳神経系を中心として多臓器に障害をきたすようになり，離脱症状の苦痛も相まって，行動を制御することがますます困難になっていくのである。

　「意思が弱いから」「軽薄な好奇心から」「害の知識が欠如しているから」アルコールや薬物，ギャンブルに手を出し，薬物の場合は誰もが 1 回で，アルコー

ルやギャンブルの場合は繰り返しているうちに「止めたくても止められない依存症状態になる」，といったアディクションに関して流布している通俗的な考え方は，疫学的エビデンスからも，精神科の臨床現場で出会う大多数のアディクション患者の実像からもかけ離れたものである。

　米国疾病対策センター（CDC）が1990年から実施している全国調査（Youth Risk Behavior Survey）によると，例年高校生の3人に1人以上が大麻の使用経験があると答えている。しかし成人を対象とした全国調査（National Surveys on Drug Use and Health）では，例年大麻依存症の有病率は1％台にとどまっている。つまり大麻使用経験のある米国の高校生たちは大半が依存症を発症せず，成人後，機会使用レベルを維持しているか，自然に断薬できているのである。

　米国で8,000人以上の地域住民を対象とした面接調査結果でも，覚せい剤の使用経験ありと返答した者のうち，依存症の診断基準を満たした者はわずか11.2％であった（Anthony et al., 1994）。特定の物質を摂取したり，行動を反復していると，誰もが100％依存症を発症するのではなく，遺伝的素因を背景に，物質や行動がもたらす効果を心理的に必要としている一部の高リスク群が依存症を発症するのである。

　違法薬物の害を教育するだけでは，薬物乱用防止効果はないことが指摘されており（Faggiano et al., 2014），一次予防のためには子どもたちの心理的孤立を同定・解消し，薬物ではなく人に頼れる相談体制の整備や包括的なメンタルヘルス教育が望まれる。治療や回復支援についても，性急に患者に断酒断薬を要求することより，まずアディクションの害を少しずつ減らすことを目標とする「ハーム・リダクション」が世界的な潮流である。「意志薄弱者」「犯罪者」といった社会的烙印を強調することは，患者の心理的孤立を増悪させ，回復を阻害する。遺伝負因やACEを抱えていれば誰もがなりうる精神障害の一つ，という理解を回復支援に携わる誰もが共有することが求められている。

（小林桜児）

参考文献
(1) 樋口進他編（2018）『新アルコール・薬物使用障害の診断治療ガイドライン』新興医学出版社
(2) 小林桜児（2016）『人を信じられない病—信頼障害としてのアディクション』日本評論社

行動嗜癖

　行動嗜癖（behavioral addiction）は，アルコールや薬物などの精神作用物質ではなく，ある特定の行動を対象として，その習慣に執着し，不適応的にその行動を繰り返す状態である。行動嗜癖の同義語として，嗜癖行動，行動のアディクション，過程嗜癖，プロセス依存，行為依存，過程依存，行為・過程依存などが挙げられる。

　自己制御困難な病態を表現する用語として，洗浄強迫，確認強迫などの「強迫行為」がある。しかし「強迫」は元々不安や不快を避けるための行為であって，自らが主体的に選択する習慣的行動が変質した「嗜癖」とは区別される。

　臨床的には，ギャンブル障害（gambling disorder）や窃盗症（kleptomania），インターネット・ゲーム障害（internet gaming disorder）などの他，買い物依存，性的逸脱行動，摂食障害（過食と自発性嘔吐），暴力・虐待，自傷行為，仕事依存，エクササイズ依存，放火など，多様な病態が含まれる。

　行動嗜癖のうちギャンブル障害に関しては，DSM-5（2013年）において，物質依存症と同じ診断カテゴリーである「物質関連障害および嗜癖性障害群（substance-related and addictive disorders）」に分類された。

　DSM-5 では，ギャンブル障害以外の行動嗜癖群は，上記の「嗜癖性障害群」には含めていない。例えば，放火症と窃盗症は「秩序破壊的，衝動制御，素行症群（disruptive, impulse control, and conduct disorders）」のカテゴリーに残している。また，インターネット・ゲーム障害（internet gaming disorder）に関しては，正式な精神障害名としては特定せず，「今後の研究のための病態（conditions for further study）」のひとつとして記載している。一方，買物依存，セックス依存，仕事依存，エクササイズ依存などについては，精神障害としてのエビデンスが不充分なため，DSM-5 には記載していない。性的逸脱行動のうち，窃視症，露出症，窃触症，サド・マゾヒズムなどは，従来から，「パラフィリア障害群（paraphilic disorders）に分類している。自傷行為のうち，抜毛症（trichotillomania）と皮膚むしり症（excoriation disorders）は，個別の精神障害として「強迫症および関連症群（obsessive compulsive disorders）」に分類している。

　DSM-5 によると，ギャンブル障害の生涯有病率は 0.4〜1.0％であり，女性よりも男性に多い。診断基準として，「興奮を得るための掛け金の増加」，「中断

による不安」，「減らす試みの失敗」，「ギャンブル計画や予想への没頭」，「苦痛な気分の解消手段」，「深追い」，「ギャンブル関連の嘘」，「大切な人間関係の危機」，「ギャンブルを原因とした借金」の9項目を挙げている。合併精神障害として，うつ病や物質使用障害が重要である。治療では，認知行動療法，精神療法，家族療法，自助グループなどを行う。海外では，薬物療法も行われている。

　一方，窃盗症の一般人口中の窃盗症有病率は，DSM-5によると，0.3〜0.6％とされており，これはギャンブル障害の生涯有病率に匹敵するほどの高い数値である。また，検挙した万引き犯の4〜24％に窃盗症があり，女性の有病率が男性の約3倍とされる。典型的症例では，反社会的人格傾向のない一般人が，経済的困窮状態でないのに，些細な万引きを繰り返し止められない。合併精神障害として，摂食障害，とくに神経性過食症が重要である。治療的には，ギャンブル障害と同様の手法が用いられるが，窃盗症では，治療中の再犯への対応が重要である。窃盗症は，近年，治療的司法の観点からも注目されている。

　インターネット・ゲーム障害では，ゲームに熱中し，利用時間などを自分でコントロールできなくなり，日常生活に支障が出る。中高生や若年成人層に多く見られ，欠席・欠勤，ひきこもり，朝起きられない，昼夜逆転などの問題が生じ，重症になると，退学や失職などにつながる。治療的には，一方的，強制的にネットゲームを禁止するのではなく，患者本人と相談しながら，1日のプレー時間などを制限する。一方で現実生活の充実を図ることが必要である。合併精神障害として，注意欠陥/多動性症やうつ病が重要である。

　現在のところ日本では，行動嗜癖の治療に関して認可された薬物は存在しないが，一部の医療機関では，性犯罪を繰り返す性依存症患者に対して，本人の承諾を得たうえで，抗男性ホルモン剤を投与している。

　物質嗜癖に比べ行動嗜癖では，全般的に臨床研究も基礎研究も立ち遅れている。近年，精神作用物質への依存に関して，習慣的摂取によって脳内報酬系回路の変化が起こることが解明されたのに比べ，行動嗜癖の脳内メカニズムの研究は遅れている。　　　　　　　　　　　　　　　　　　　　　　　　　（竹村道夫）

参考文献

(1) 樋口進編著（2018）『現代社会の新しい依存症がわかる本 物質依存から行動嗜癖まで』日本医事新報社
(2) 木村充編著「プライマリ・ケア医のためのアディクション治療」，『治療』2020年3月特集号，南山堂

精神障害を持つ者の理解と対応

　精神障害者が違法行為を為した場合，その刑事責任能力の有無・程度により，処遇は大きく異なる。行為者に刑事責任能力がなければ犯罪は構成されず，刑事罰の対象とはされない。もちろん，すべての精神障害者が免責される訳ではなく，疾患や症状の種類・程度，その触法行為への影響等を考慮して責任能力が評価されることになる。

　本稿では，心神喪失者等医療観察法（以下，「医療観察法」）の対象者とそれ以外の者に分けて更生保護のあり方を整理する。医療観察制度は狭義の更生保護制度とは別物ではあるが，同じく触法者の社会復帰のための制度であり，保護観察所も関与するため本稿で扱うこととする。

(1)　医療観察法対象者の場合

　医療観察法は，心神喪失等の状態で重大な他害行為（殺人，放火，強盗，強制性交，強制わいせつ，傷害）を行った者に対して，継続的かつ適切な医療とその確保のための必要な観察・指導を提供することで病状の改善およびこれに伴う同様の行為の再発の防止を図り，対象者の社会復帰を促進するものである。

　医療観察制度では，入院処遇あるいは通院処遇における精神医療により対象者の病状の回復が図られるとともに，他害行為の再発防止のために内省プログラムやアンガーマネジメント等の各種プログラムが行われる。一方，保護観察所に所属する「社会復帰調整官」が対象者の社会復帰を促進するために生活環境調査や生活環境調整，精神保健観察を行う。生活環境調査は，医療観察法の申し立てがなされた対象者の成育歴，既往歴，居住環境等を裁判所の嘱託により調査するものであり，その結果は裁判所が対象者の処遇を決定する際の資料とされる。生活環境調整は，入院処遇の決定が下された対象者について，その入院期間中に退院後の居住環境を調整するものであり，家族や施設，保健所等との協議やケア会議を重ねて，受け入れ側の理解を得るよう働きかける。精神保健観察は，通院処遇中の対象者や家族と面談を行い，生活や通院状況を把握して，指導を行うものである。通院処遇中の対象者には処遇実施計画書が作成される。

　なお，心神喪失等の状態で上記「重大な他害行為」に該当しない触法行為が行われた場合は，精神保健及び精神障害者福祉に関する法律（精神保健福祉法）

に基づいて，対象者の自傷他害のおそれの有無により措置入院の適否の判断が行われる。

(2) 更生保護対象者の場合

　平成 30 年末時点で，保護観察対象者中，「精神障害等類型」に認定された者は 3,189 人で全体の 12% を占めるとされる（法務省保護局観察課）。精神症状の悪化は本人の苦悩や混乱を強め，就労継続や社会適応を損ない，再犯罪や自殺の危険を高めることにつながる。再発予防は更生支援と無関係ではない。このため，保護司や保護観察官が面接時に対象者の通院・服薬状況を確認することは重要である。精神疾患の再発や増悪の早期発見には，食事や睡眠など基本的生活習慣に変化がないか確認すること，身なり（服装，洗髪，髭剃り，等）や口調，身振りなどをよく観察することが有用である。

　また，統合失調症の再発率には，家族による批判的言動，情動的過干渉などの感情表出（high EE）が関連することが知られている。このため保護観察官が，家族ケースワークの一環として，スキル・トレーニングや家族会参加への促し等の家族への働きかけを行うこともありえよう。

　更生保護施設に入所中の対象者では，精神症状が悪化した際にも医療保護入院に大きなハードルがある。制度上は，緊急入院の処置をとりその間に市町村長の同意を得ることで医療保護入院は可能であるが，現実的には，身寄りのない者の入院は，退院後の帰住先が不安定として拒まれることが少なくない。

　成人の薬物事犯保護観察対象者には，保護観察所における薬物再乱用防止プログラムの受講が特別遵守事項として義務づけられる。このプログラムは全 5 回のコアプログラムと月に 1 回のステップアッププログラムから成る。また，簡易薬物検出検査が行われる。保護観察所は，医療機関や精神保健福祉センター，ダルクや NA 等自助グループとの連携を取り，社会内資源の活用を図る。更生保護施設のうち特定の施設は，薬物処遇重点実施更生保護施設として指定され，専門スタッフによる回復プログラムを提供する役割を担っている。

　平成 28 年に刑の一部執行猶予制度が導入されたことにより，薬物事犯者の更生と治療の制度的環境が整備されたと言える。　　　　　　　　　（小畠秀吾）

知的障害・発達障害を持つ事例の理解と対応

　近年，司法および更生保護における知的障害及び発達障害を持つ者に対する処遇は大きく変化し，福祉との連携が進んでいる。ただし，発達障害について現時点では少年と成人でその扱いが相当異なる。また，これらは基本的に生来性のものであり，治療可能性の観点から医療観察法や，精神保健福祉法に基づく措置入院の対象となりにくい。

(1) 知的障害を持つ者の場合

　IQ70未満を知的障害とした場合，一般人口中の有病率は2〜3％とされるが，受刑者中の割合は報告により2〜20％と大きな開きがある。ただし，知的障害の特性そのものが犯罪に結びつくというより，居場所を確保しずらかったり，就職が困難なために生活に困窮する結果として犯罪を起こすことが多いとされるため，福祉的働きかけによって生活を支えることが重要となる。刑務所へのソーシャルワーカーの配置，地域生活定着支援センターの設置などが行われている他，退所時に福祉サービスの利用を支援する「特別調整（別項参照）」が行われ，調整を受けた者は再犯率が低いことがわかっている。「入口支援（被疑者・被告人段階での支援）」も始まっている。

(2) 発達障害を持つ者の場合

　発達障害のうち，自閉スペクトラム症（ASD）は，DSM-5（アメリカ精神医学会診断基準）では，社会的コミュニケーションの欠如と，興味の限局と常同的な行為を2主徴とする。一般人口中の有病率は1％前後とされているが，刑事施設中の有病率はわかっていない。動機や様態の特異さから，その犯罪は時に注目を集めるが，Heeramunら（2017）によるコホート研究によれば，ASDであること自体は犯罪行為のリスクではない。注意欠如多動症（ADHD）は，不注意・多動性・衝動性を3主徴とし，一般少年人口中で5％，一般成人中で約2.5％を占めるとされるが，少年院在籍者ではその5倍以上との報告もあり，成人でも一般人口に比べ受刑者に多いと考えられる。犯罪との関連は実証されているが，ASDの場合と異なり，様態や動機は一般的なものであるため，背景としてADHDが存在することは見逃されやすい。薬物依存を伴うことも多い。

(3) 対応

　現在，これらの障害に対する再犯防止のための確立された治療法は存在しな

い。少年院では環境療法及び基礎的な能力の向上を目指す作業療法，認知行動療法等が試行されているが，社会内での再犯防止に当たっては，現在のところ環境療法，つまり本人が適応しやすい環境を準備し，その中で成長安定を図るという形をとる他なく，現実的には医療よりも福祉的な働きかけが中心となる。そのような環境を作るために，特性を知る必要がある。少年の場合は家庭裁判所によりスクリーニングがなされるが，成人の場合，2016 年の発達障害者支援法の改正により，司法手続きにおける配慮が求められるようになったものの，鑑定が行われる場合を除き，施設入所に当たって発達障害に対する診断・検査はほとんど行われておらず，改善が望まれる。支援に当たっては，不注意によるミスの多さ，実行機能や短期記憶の問題から生じる段取りをとることの苦手さ，コミュニケーション能力の低さからくるいわゆる「ほうれんそう」の乏しさなど，障害特性から生じる困難を，本人のやる気の無さや努力不足と誤解しないことが重要となる。また，同時に複数のことを処理することに困難があるため１度に与える指示を一つだけにする，主語目的語を省略しない，代名詞を避ける，できるだけ単文にする，などわかりやすい具体的な説明と，理解できていなくても「はい」と答えてしまう傾向に留意し確認を丁寧に行う等が必要である。また，虐待やいじめを受けやすいことが知られ，それによって不適切な行動傾向が強まるとされる他，働きかけを被害的に受け取ることが多く，福祉サービスの利用を拒む例も少なくないため，支援に当たってはできるだけ具体的にメリットを説明する。また衝動性が高い例では，対症的ではあるが向精神薬が奏功する場合もあり，医療につなぐメリットは小さくない。さらにADHD の場合は，特性そのものに対して薬物が有効な現在唯一の発達障害であり，薬物療法を行っている期間は 3〜4 割犯罪率が低下したという大規模研究（Lichtenstein, 2012）があり，再犯防止の観点からも服薬遵守指導の有効性が示唆される。

　障害は生涯にわたり持続するものであり，地域生活定着支援センターや，発達障害者支援センター等の地域の福祉との連携が必須である。なお，これらの障害を持つ大多数の人が罪を犯さず，むしろ被害者となりやすいことは銘記しておくべきである。　　　　　　　　　　　　　　　　　　　　　　　　　（富田　拓）

参考文献

「発達障害やその疑いのある保護観察対象者を理解し支援するための研究」委員会（2014）『保護観察のための発達障害支援ハンドブック』日本更生保護協会

被害体験を持つ事例へのトラウマインフォームド ケア

　近年の国内外の調査によって，トラウマとなるような体験が，心的外傷後の ストレス障害や他の精神健康不全を呈するだけでなく，身体の健康や社会生活 機能などにも広範囲に悪影響を及ぼす可能性があることが明らかとなってき た。このような流れの中で，その人が体験したトラウマとなる出来事やトラウ マ反応について十分理解することによって，ケアシステム全体の変革を目指す， トラウマインフォームドケア：Trauma-informed Care（以下；TIC）の概念が作 られた。

　従来の支援では，激怒，無気力，イライラ，自傷といったクライエントの行 動は，わざと意図的に引き起こしてされたものであるとみなされ，注意を引こ うとしているだけだとラベル付けされる傾向がある。このような支援では，ク ライエントに対するかかわりが一方的なものになりやすく，クライエントが明 らかに困っているのに無視したり後回しにしたりし，支援計画がクライエント の意向を十分反映していない場合も少なくないとされている。

　TIC が適切に実施された場合には，クライエントの問題行動を「トラウマの 視点」から理解することができ，客観的で中立的な立場から他の職員がクライ エントに適切に対応できるような支援がなされる。また，クライエントを個人 として尊重し，クライエントに生じているトラウマ反応を確認し，クライエン トが個人的な体験を語れるように支援していく。このようなケアを通して，ク ライエントは自らの視点で自分の希望や目標を語れるようになり，能動的に回 復に向けて取り組むことが出来るようになる。

　TIC は，トラウマへの治療的介入を超えた，幅広いアプローチである。TIC を実践するためには，3 つの「E」と 4 つの「R」が必要であると考えられてい る。すなわち Event（トラウマとなる出来事）・Experience（トラウマ暴露体験）・ Effect（トラウマによる影響）に注目し，その人がどのような出来事をどのよう に体験し，その影響はどのようなものであるかを理解すること，さらに，Re- alize（トラウマの広範囲な影響とその回復過程を理解していること）・Recognize（本 人・家族・支援者のトラウマサインや症状を認識すること）・Respond（トラウマにつ いての十分な知識に基づいて対応し適切な方針や手段を実践すること）・Resist retraumatization（これらが結果的に本人の再トラウマ化を予防する）の４つの「R」を実践することが基本とされている。

　日頃の治療や支援において，トラウマを有している可能性のあるクライエントに出会った時には，図に示すようなトラウマ体験と生活の中のリマインダー，そしてトラウマ関連症状をつなげて理解する「トラウマの三角形」モデルは，過去の体験とリマインダーとなる刺激を関連づけ，リマインダーがトラウマ反応を生じさせているというつながりを理解するのに有用である。トラウマ反応だけに注目して，それを本人の特性や問題行動と捉えるのではなく，「トラウマの視点」を導入し，トラウマ反応とトラウマ体験との関連を「見える化」し，過去の体験と現在の状態，そしてリマインダーとトラウマ反応の「橋渡し」をする。こうしたトラウマ反応の「見える化」は，本人や家族の気づきにつながり，回復への動機付けを高める。

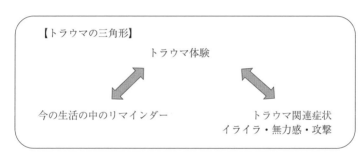

　TIC は，一次予防（Prevention）にあたるもので，すべての機関や組織がトラウマを前提とした対応の準備性を高めておく。車いす使用者のために（来所の有無に関わらず）「障壁」となりうる段差にスロープを設置するのと同様に，トラウマを負った人が（開示の有無に関わらず）サービスを受けやすいように受付スタッフや清掃業者等にもトラウマの知識と対応についてトレーニングする。静かで落ち着けるスペースが用意された環境は望ましいが，設備以上にスタッフの温かく誠実な対応が来所者に安心感をもたらす。　　　　　　（田渕賀裕）

参考文献

(1) 亀岡智美（2018）「トラウマインフォームドケア―その歴史的展望―」，『精神神経学雑誌』第120巻第3号，173-185.
(2) 野坂祐子（2019）「トラウマインフォームドケア：公衆衛生の視点から安全を高めるアプローチ」，『トラウマティック・ストレス』第17巻第1号，80-89.

DV・児童虐待の事例の理解と対応

　配偶者への暴力（Domestic violence，DV），児童虐待（Child abuse，CA）に関して，以前は警察などでも家庭内の問題に立ち入らないという考え方があったが，DV防止法や児童虐待防止法ができて，家族であっても個人の権利の侵害や心身の傷つきを生じている場合，介入が行われるようになった。DVやCAが生じる近しい関係では，境界線の意識があいまいになりやすく，自分の考えを一方的に押し付け，相手がそれに従わないと脅す行動や言動につながりがちである。DV，CAの本質は「支配」であるとされ，身体的な暴力がなくても心理的，性的，経済的に相手を追い詰めることは被害者（児）に深刻なダメージを与える。

　CAやDVが繰り返される加害者側の要因を以下に示す。

- **人間関係に関する歪んだ権利意識**：家長や父・夫として，子どもやパートナーに対して，自分の考えを優先的に聞いてもらえるという歪んだ権利意識である。こうした考え方は，生育した家庭で伝えられる場合が多い。
- **感情調節やコミュニケーションの問題**：CAやDVの加害者は生育期に虐待を受けて育った者が多く，「世代間連鎖」と捉えられている。生育期に虐待を受けることで，「発達性トラウマ障害」やアタッチメント問題を生じ，それが成人後の家族関係に影響すると考えられている。
- **暴力行動の「有効性」への依存や暴力の否認**：暴力により相手を短い時間に従わせることができて自尊心を保てる等の間違った有用感をもつ。
- **重複する障害**：アディクション，精神障害（産後うつなど），知的障害，発達障害などが暴力の程度や頻度を促進する。

　これに加え，社会的孤立や貧困や職業状況などの環境的要因や被害者側の要因（発達や障害等）が重複することも多い。

　DV・CA事例への支援や介入の主な要素を以下に示した。

- **支持的アプローチ**：貧困などの生活上の困難に関する支持的ケースワークがまずは重要である。市町村で行われる要保護児童対策協議会などで福祉事務所や教育機関を含む関係機関と連携体制をとりながら行う。

- **自分の暴力を認めさせることと，行動変容への動機づけ**：暴力とは何なのか，被害者に与える影響を示す。加害者は，暴力を否認する一方でよい親や配偶者として認められたい考えを持つ場合が多く，そうした思いとこれまでの行動が相手に与えてきた影響の差異を明らかにし，行動変容を促す。
- **認知行動的アプローチ**：思考，感情，身体反応，行動の相互作用に焦点をあてて，暴力の生じた過程を検討させる。

> 第1ステップ（出来事）＝暴力のきっかけや危険な状況
> 第2ステップ（こころとからだ）＝自分の内側で起きる思考，感情，身体反応
> 第3ステップ（行動）＝暴力行動
> 第4ステップ（結果）＝暴力によって生じた結果

　この図式により自分の暴力を分析し，CA・DV に特徴的な考え（例：「親や夫の言うことが優先されるべきだ」「しつけのために体罰が許される」）や，否定的感情に結び付きやすい考え（例：白黒思考，べき思考，読心術など）をモニターし（M），代わりの思考を見つけるチャレンジ（C），その考えを自分のものにするチェンジ（C）を行う（MCC法という）。

- **コミュニケーションや養育のスキルの練習**：危ない行動をとらないというだけではなく，子どもや配偶者と良い関係を築くスキルを練習する必要がある。相手の感情を受け止める安心の基地（アタッチメント対象）として機能する関わりや，相手への尊重を保ちながら自分の気持ちを表現する方法（アサーティブネス）を示し，ロールプレイなどを用いて練習する。
- **連携による支援の継続**：可能な場合に家族再統合の過程を助け，再発予防を継続する。必要に応じ精神障害やアディクションの支援にもつなぐ。

　厚生労働省によりまとめられた「児童虐待を行った保護者に対する援助ガイドライン」（同省の HP 参照）があり，虐待通告後の各段階・状況別の支援方法が示されている。DV 加害者に対しては，海外で行われているような公的なプログラムはなく一部の民間団体で行われている[2]。刑事施設や保護観察所で「暴力防止プログラム」が行われ，その中で DV や CA も取り上げられている[1]。

（森田展彰）

参考文献

(1) 法務総合研究所編（2016）『平成 28 年版犯罪白書』
(2) RRP 研究会（2020）『DV 加害者プログラム・マニュアル』金剛出版

性被害と性加害

性被害には，家族内性被害と，家族外性被害がある。わが国では家族内性被害を性的虐待と呼んでいる。わが国における性的虐待の法律上の定義は，18歳未満の児童への保護者による性加害行為であり，母親の恋人などからの性加害は，法律における性的虐待には含まれず，両親等によるネグレクトとカウントされる。しかし性被害を受けた子どもにとっては，深く傷つくことに変わりはないので，児童相談所では性的虐待と同様に対応している。

性被害を受けると，そののち長期間にわたって，被害による精神的影響を受けることが多い。

短期的影響：2〜6歳では，不適切な性行動，知的能力の低下，PTSD症状，引きこもり症状など。7〜12歳では自殺念慮の増加，性的願望と不適切な性行動など。思春期では抑うつ，不安，PTSD，自尊心の低下，自殺既遂の増加など。自傷は対照群の4倍と報告されている。

長期的影響：PTSD，抑うつ，自殺企図，パーソナリティ障害，レイプなどの再被害，摂食障害，薬物依存，子どもへの虐待，骨盤痛，性交時の痛みなど多岐にわたる。

特にPTSD症状である，フラッシュバック，過覚醒，回避，将来に対する悲観的な認知などが長期的に続く場合には，治療を受けることが推奨される。おとなのPTSDの治療には，長期暴露療法，認知処理療法，EMDRなどがあり，子どものPTSDの治療には，トラウマ焦点化認知行動療法（TF-CBT）などがある。性被害を受けた子どもに関わる全ての人が身につけることとしてトラウマインフォームドケアが重要である。

性加害は，sexual offendingの訳語で，以前は，12歳以下の子どもにも使われていたが，1990年代後半から，子どもによる性加害の長期フォローアップ研究などが行われ，子どもによる性加害は大人の性犯罪に比べると，はるかに予後がよい（再加害は2〜3％）ことが立証され，性加害ではなく，性的問題行動（sexual behavior problem）と呼ぶようになった。また2010年代になり，思春期の青少年による性加害（juvenile sexual offending）も大人の性犯罪とは違い，かなり予後がよいことが確かめられ，性的に不適切な行動（sexual abusive behavior）の用語が使われるようになってきた。処遇も，施設収容ではなく，在宅で

地域社会で治療教育を受けることの有効性が報告されている。

　子どもの性的問題行動の背景要因は，フリードリヒ（Friedrich）によると，1）家族の逆境，2）強制のモデリング，3）セクシュアリティのモデリング，4）子どもの持つ脆弱な性質の4つである。更に，虐待やネグレクトなどによるアタッチメント等の問題も，背景要因の一つであると主張され，これらに対しての治療的かかわりや，治療教育の有効性が確かめられている。13歳以上の青少年についても，12歳以下の子どもと同様の治療がされるとともに，RNR（Risk-Need-Responsivity）モデルや，グッドライブズモデルなど，成人に使われ，有効性が確かめられているモデルも使われている。

　さらに，日本では，虐待を受けた子どもなどが入所している児童福祉施設内での性加害・性被害が報告されている。その多くは家庭で虐待を受けた子どもが，施設内で性被害を受け，被害を受けた子どもが加害に回ることがあることが報告されている。多くの子どもが集団生活をする環境で，性的問題行動が起こらないように，施設の環境を整備するとともに，性的問題行動が起きた時に，加害をした子どもの治療教育のみでなく，被害を受けた子どもにも被害の治療とともに適切な性行動についての教育をすることが重要である。

　成人による性加害は性犯罪と呼ばれ，その治療は，治療者との信頼関係を作ったうえで，人が性犯罪を行う様々な理由に目を向け，自らがどうであったかに向き合う準備をさせることが肝要である。現在の日本の刑務所では，認知行動療法ベースのプログラムがなされていることが多い。また平成18年以降は保護観察所において，「性犯罪等対象者」に認定された仮釈放者及び保護観察付執行猶予者の男子を対象に，性犯罪者処遇プログラムを実施している。これは，自己の性的欲求を満たすことを目的とする犯罪を反復する傾向のある保護観察者に対し，性犯罪に結びつく恐れのある認知の偏り，自己統制力の不足等の問題について理解させ，再び性犯罪をしないための具体的な方法を習得させる。平成31年3月までのプログラムの結果はプログラム受講者の方が有意に再発率が低くプログラムの効果が示唆された。　　　　　　　　　　（田崎みどり）

参考文献

（1）Brooks R. Keeshin, MD, David L. Coewin, MD, 田崎みどり訳（2017）「子どもへの性虐待の心理的影響と治療」，『子どもの虐待とネグレクト』金剛出版
（2）法務総合研究所編（2015）『平成27年版犯罪白書』

地域における精神医療との連携

　世界保健機構（World Health Organization；WHO）は，健康の定義として「健康を病気の有無ではなく，肉体的，精神的，社会的に満たされた状態にあること」を掲げ，人種，宗教，政治信条や経済的・社会的条件によって差別されることなく，最高水準の健康に恵まれることが基本的人権であると謳っている（WHO権利章典）。地域における精神医療（Community Mental Health Care）は，そもそも1960年代の米国における精神医療の脱施設化の影響を受け，重い精神障害をもつ人に対する地域支援から発展した臨床実践領域である。現在は，精神の健康が生活に不可欠な要素であることを前提とし，司法，児童，高齢者，職域などあらゆる領域で，精神の健康を維持増進するための支援が提供されている。

　司法関連領域と地域精神医療領域との連携が必要になる背景要因には，刑務所入所者の特性として，精神障害を持つ人や違法物質使用者が高率であり，再犯も少なくなく，経済的な問題や，家庭環境の問題など，生活を営むうえで，複合的な問題を持ち合わせていることが多い。また精神医療にアクセスしたり，医療を継続して受けることが難しい場合も多い。このためわが国の更生保護と地域における精神医療との連携体制には，2003年に「心神喪失等の状態で重大な他害行為を行った者の医療及び観察等に関する法律」（医療観察制度），2013年に「薬物使用等の罪を犯した人に対する刑の一部執行猶予制度」が構築された。これらの制度はいずれも，再び刑罰法令に触れる行為を行うことなく，社会の中で安定した生活を継続できることを目的としている。

　対象者への具体的な医療支援には，身体的不調を含む救急医療対応，精神障害の診たてや治療の提供，精神の健康を図るためのケースマネジメントなどがあり，主に医師や看護師，臨床心理士，医療ソーシャルワーカーなどが専門職種として関与している。ケースマネジメントは，「福祉・医療・保健・就労・教育など，人々の生活ニーズと，地域にあるさまざまな社会資源の間に立って，複数のサービスを適切に結びつけて調整を図り，包括的かつ継続的なサービス提供を可能にする援助方法」と定義され，先進国の地域精神医療における中核に位置づけられている。ケースマネジメントは，標準的な地域ケアと比較し，ケースマネージャー自身がサービスを提供することや多職種による協働支援，

アウトリーチなどの実践により，入院期間の減少，サービスの継続的な利用について，有効性が示されている。連携様式は，国や地域によって保健医療福祉システムが異なるため，統一的な提供様式があるとは言えない。また連携による成果も一律には捉えがたい。一方で，有機的な連携を図るためには，多職の共同配置，対象者の治療計画と記録の共有など，ネットワークを構築する仕組みを制度化することが推奨されている。

　精神障害の問題は，生活を送るうえで生じる課題の1つである。精神の安寧は万人に普遍的に重要であり，それは更生保護の対象である人にとっても同様である。精神医療のニーズがある人にとって，あたりまえに過不足のない精神医療サービスを受けられる地域共生社会地域支援体制の実現が欠かせない。

（小池純子）

参考文献

(1) World Health Organization (2008) *Integrating mental health into primary care.—A global Perspective.*

(2) Parker A, Scantlebury A, Booth A et al. (2018) *Interagency collaboration models for people with mental ill health in contact with the police : a systematic scoping review.* BMJ Open；8：e019312.

学校・学校制度

　学校という組織化された教育機関が成立したのは，市民革命以後のわずか200年程度の歴史しかなく，日本においては1872（明治5）年の学制の発布が近代公教育制度のスタートとされる。近代公教育制度を語る上で重要な思想家の一人としてデュルケーム（1858-1917）が挙げられよう。デュルケームは「我々の国民精神の同一基盤をなしている人間性，我々のいろいろの才能のおのおのの重要性，権利と義務，社会，個人，進歩，科学，芸術等々についての観念の総体がわれわれの歴史の流れを通して形成されるのであって，すべての教育，つまり富者の教育であれ貧者の教育であれ，自由職業を導く教育であれ，産業的職務を準備する教育であれ，かかる観念を一様に意識内に植え付けることを目的としているのである」とし「教育とは，社会生活においてまだ成熟していない世代に対して成人世代によって行使される作用である」としている。学校を中心とする近代公教育は，組織的・体系的，また意図的・計画的に行われる社会化であることを明らかにした。

　日本においては，明治政府の富国強兵，殖産興業のスローガンの下，国民の知識と体力の向上を目指し，ナショナリズムを基盤として，学校の国家主義的統制は強化された。初代文部大臣森有礼は，1886（明治19）年に，帝国大学令，師範学校令，中学校令，小学校令など諸学校令を制定・公布し，学校制度が整備された。第二次世界大戦後は，教育基本法（1947年制定，2006年改正），学校教育法によって，民主主義を基盤とする新学制が発足した。教育基本法は「個人の尊厳を重んじ，真理と正義を希求し，公共の精神を尊び，豊かな人間性と創造性を備えた人間の育成を期するとともに，伝統を継承し，新しい文化の創造を目指す教育を推進する（2006年改正法前文）」とし，1947年制定以来，「人格の完成」を目指すことを教育の目的としている（1条）。

　現在，日本では学校教育法で「この法律で，学校とは，幼稚園，小学校，中学校，義務教育学校，高等学校，中等教育学校，特別支援学校，大学及び高等専門学校とする（1条）」と定め，学校の種類は9つあることになる。幼稚園は幼稚園教育要領，小学校，中学校，義務教育学校（2016年法改正で規定），高等学校，中等教育学校（1998年法改正で規定），特別支援学校は，小学校，中学校，高等学校，特別支援学校の学習指導要領に基づいて，教育がなされる。教育要領

も学習指導要領も文部科学大臣が告示するもので，法規としての性質を有し，国公立学校だけでなく，私立学校にも適用される。幼稚園，小学校，中学校，義務教育学校，高等学校，中等教育学校，特別支援学校で指導する教育職員は，教育職員免許法に基づく相当の免許状を有する者とされている。

　学校の社会的機能を理解するためには，進学率の動向を視野に入れなければならない。高等学校への進学率は，1955（昭和30）年から1975（昭和50）年の20年の間におよそ50％から90％に上昇し，大学・短期大学の進学率も1955年頃までは10％程度にとどまっていたが，2007（平成19）年には50％を超えた。一方，矯正統計によれば，刑務所の新規受刑者の教育程度（2019（令和元）年）は，中学校卒業が34.8％，高等学校中退が23.9％となっている。

　高等学校は義務教育ではないものの国民的な教育機関となっているが，生徒の多様化に応じて，高等学校のあり方も多様化している。中途退学防止に向けた取り組みに力を入れる高等学校もある。全日制普通科でありながら入学時に学力検査を課さず，これまで力の発揮できなかった生徒のやる気を育て，社会生活を送る上で必要な基礎的・基本的な学力を身につけることを目的として設置された高等学校（東京都ではエンカレッジスクールと呼び，2003（平成15）年から導入），昼夜間定時制や昼夜間三部制の単位制総合学科で小・中学校時代に不登校の経験のある生徒や高校中退者を主に受けいれ，高卒資格の取得を実現する高等学校（東京都ではチャレンジスクールと呼び，1999（平成11）年から導入）などができている。また1975（昭和45）年には15校しかなかった私立の広域通信制高等学校は2019（令和元）年には175校にまで増え，公立私立をあわせた通信制課程の高等学校に20万人近い生徒が在籍するまでに至っている。

（坪井龍太）

参考文献

(1) デュルケーム著，佐々木交賢訳（1982）『教育と社会学』誠信書房
(2) 松岡亮二（2019）『教育格差—階層・地域・学歴』筑摩書房

矯正教育

　矯正教育とは，少年院において在院者に対して行われる教育のことである。少年院は，少年法による保護処分の執行を受ける者を主に収容し，その特性に応じた矯正教育その他の健全な育成に資する処遇を行う法務省所管の施設である。在院者の最善の利益を図るため，その人権を尊重しつつ，矯正教育を適切に実施することが求められている。少年院法によれば，矯正教育の目的は，在院者の犯罪的傾向を矯正し，並びに在院者に対し健全な心身を培わせ，社会生活に適応するのに必要な知識及び能力を習得させることである。

　教育学の観点から見れば，矯正教育は，対象者に意図的に働き掛け，ものの見方・考え方，態度・行動の変容を図るものであり，一般の様々な教育活動と本質的に変わりはない。ただし，裁判所で非行事実の認定がなされていること，つまり対象者が非行を行ったこと（ぐ犯を含む）を前提とする点に特徴がある。

　なお，刑事施設においても，受刑者の改善更生及び円滑な社会復帰を図るため，その特性に応じた各種指導が展開されている。矯正教育という用語は，刑事施設で行われるものも含め，矯正施設における教育活動全般を指して使われる場合もある。この場合は，広義の矯正教育と言える。

　少年院の矯正教育の内容には，生活指導，職業指導，教科指導，体育指導及び特別活動指導の5つがある。これらの中心となる生活指導では，社会人として自立した生活を営むための基礎となる知識・態度を習得させる指導に加え，在院者の非行や事情に直接焦点を当てて再非行の防止を図る指導（例えば，被害者の視点を取り入れた教育，薬物非行防止指導，性非行防止指導等）を行っている。また，教科指導に関しては，文部科学省と連携し，高等学校卒業程度認定試験を各施設内で受験できる体制を執っている。

　矯正教育の方法には，集団で行う実習，講義，集会，役割活動等，個別に行う面接，作文，読書，内観，役割交換書簡法等多彩なものがあり，内容・方法に応じ，集団指導と個別指導を適宜組み合わせて行う。施設内に限らず，少年院の外の適当な場所で行うこともある。

　矯正教育は，次に述べる重層的なシステムにより，組織的・体系的に行われる。

　法務大臣は，矯正教育課程（在院者の一定類型ごとに行う矯正教育の重点的な内

容及び標準期間）を定め，それを全国の少年院に指定する。

　少年院長は，指定された矯正教育課程ごとに，毎年度，少年院矯正教育課程（矯正教育の目標，内容・方法，期間，週間標準日課及び年間指導計画等）を編成する。矯正教育は，この少年院矯正教育課程を踏まえ，原則として，週間標準日課に定めた矯正教育の時間帯に行うものであるが，必要に応じ臨機に，それ以外の時間帯に行うこともある。年度末には少年院矯正教育課程全般の評価を行い，翌年度の編成につなげる。

　また，少年院長は，少年院矯正教育課程を基に，在院者一人一人について，家庭裁判所の調査，少年鑑別所の鑑別の結果等を参考にして個人別矯正教育計画を策定する。同計画で，処遇段階ごとの矯正教育の目標，内容・方法及び期間等を定め，これに沿って在院者の矯正教育を行う（並行して本人の意向を尊重しつつ就労，修学等の社会復帰支援を行う）。そして，教育目標の達成状況等について定期的に成績評価を行い，その結果を踏まえて処遇段階の向上（改善更生の状況に応じ3級→2級→1級），収容継続申請，仮退院申出等を審査する。したがって，在院者の実際の在院期間は，その成績次第で変動することになる。

　矯正教育を担うのは，主として法務省専門職員（人間科学）採用試験で採用された法務教官である。ただし，近年は多くの施設に法務技官（心理），社会福祉士等が配置されているほか，様々な分野の民間協力者も矯正教育に参画している。必要に応じ，院外の事業者等に指導を委嘱することもある。

　少年院では，矯正教育を行う者とそれを受ける在院者との人格的なかかわりを重視する。在院者とラポートが形成されてこそ，指導のねらいがその内面に浸透するからである。多くの施設で寮担任制・個別担任制を執り，職員が在院者と常に生活を共にしながら，心情の把握，適時のきめ細やかな指導に努めている。

　矯正教育を一層充実させ，対象者の再犯・再非行の防止，円滑な社会復帰を図るためには，職員の指導力の向上並びに民間協力者，地方公共団体及び関係機関との連携強化を一層推進しなければならない。　　　　　（木村　敦）

参考文献
(1) 広田照幸・古賀正義・伊藤茂樹編（2012）『現代日本の少年院教育』名古屋大学出版会
(2) 法務省矯正研修所編（2016）『研修教材少年矯正法』

教育学領域における質的研究

　質的研究とは，端的にいえば非数量的データを扱った研究手法である。その対象は多岐に渡り，インタビュー調査や観察で得られたデータのほかにも新聞・雑誌記事，テレビ番組，漫画，映画，インターネットの書き込みなども対象となる。これらの素材の有する「質的」特質（対象の有する意味，概念，秩序性等）に着目して，経験的な分析や解釈を行うことが質的研究の実践といえるが，一方でこういった質的データを計量的に分析する手法も存在する。ゆえに質的研究という言葉ひとつで説明するには，その対象，方法，背景にある理論等はあまりに多様である。そこで本項では，質的研究の特質を端的に把握したうえで，教育実践に対する研究手法の代表としてインタビュー調査，観察のふたつを取り上げよう。そのうえで近年における教育領域の質的研究を概観する。

　秋田喜代美・藤江康彦（2019）は質的研究の特徴として，対象となるフィールドの「文脈依存性」，「研究者と研究対象との非独立性」，研究者の「記述と解釈の過程における反省性」を挙げている。通常「客観的」な分析を目指す研究においては，対象が有する独特な文脈性や研究者と対象者の関わり合い，研究者の「主観」に属する解釈過程などはノイズとして排除されるべきものである。だが質的研究においては，これらの要素はむしろ積極的な意味をもちうる。教育の現場で何が起き，人々はどのような生活世界を織り成しているのか。計量的研究ではなかばブラックボックス化されるその過程を，質的研究はしばしば研究者自身が参与しながら解釈を重ね，記述していくわけである。

　さて質的研究で最もポピュラーな方法であるインタビュー調査は，質問項目や手順の統制のされかたによって，構造化面接法，半構造化面接法，非構造化面接法に大別される。伝統的にこれらの調査では対象者が保有する情報をより多く，かつ精確に抽出することが目指されてきた。だが近年このような視座は，対象者を「回答の容器」（ホルスタイン・グブリアム，訳書，2004）とみなすものと批判を受けている。なぜならインタビュー調査それ自体が，語り手である被調査者と聞き手である調査者が織り成す創発性に満ちた意味生成の過程であるからだ。こういった「アクティヴ・インタビュー」の視座は日本の教育領域におけるインタビュー調査においても浸透しつつあり，教育現場のリアリティを描き上げることに貢献している。

　次に観察法であるが，調査者が現地に入り直接にその様態を観察し，記述するものである。特に調査者が現地の活動に参加し，一定の役割を担いながら調査を進める形式のものを参与観察といい，調査者は現地でのメンバー性を獲得しながらそこで織り成される意味世界を共有することが目指されている。この活動の中で得られるデータとしては観察記録が主となるが，その他にも人々にインタビューを行ったり，学校であれば授業風景の撮影や学級通信や作文などといったドキュメント資料収集なども必要に応じて行われることとなる。

　最後に上記2つの手法をベースとした教育領域に質的研究の例をみていこう。ここでは教育現場・教育実践等を対象とした近年の代表的な研究の中でも，一般読者がアクセスしやすいものを紹介する。まず学校現場に即した臨床教育学的立場からの研究としては，近藤邦夫・志水宏吉編（2002）や酒井朗編（2007），酒井朗（2014）が挙げられる。さらに研究者と現職学校教員がそれぞれの視点から教育実践を分析した北澤毅・間山広朗編（2018）がある。学校教育現場のエスノグラフィとしては，「教育困難校」のリアリティを描き上げた古賀正義（2001），帰国子女教育学級を対象とした渋谷真樹（2001），保健室で展開される相互作用を分析した秋葉昌樹（2004）が挙げられる。また教師や子どもたちの語りを対象とした研究として，高校教師のライフストーリー分析に高井良健一（2007），「福祉教員」経験者へのインタビューを含めた，マイノリティ教育に対する横断的な研究として，倉石一郎（2009），「山形マット死事件」当事者への聞き取りをはじめとした，事件の構築過程の検証として北澤毅と片桐隆嗣（2002），不登校経験者のナラティブ分析に貴戸理恵（2004）がある。さらに教育現場における発達障害をめぐる研究として，学校関係者，医療・矯正施設従事者へのインタビュー調査を行った木村祐子（2015）が，教育実践の相互行為論的研究として鶴田真紀編（2018）がある。一方少年非行をめぐる研究としては，少年院内の実態を描いた研究として広田照幸・古賀正義・伊藤茂樹編（2012），広田照幸・後藤弘子編（2013）が，更生保護施設のエスノグラフィとして松嶋秀明（2005），「荒れた」中学校における生徒たちの立ち直りに迫った松嶋秀明（2019），「ヤンチャ」な高校生たちを3年間追った知念渉（2018）がある。　　　　　　　　（稲葉浩一）

参考文献

（1）北澤毅・古賀正義編（2008）『質的調査法を学ぶ人のために』世界思想社
（2）秋田喜代美・藤江康彦編（2019）『これからの質的研究法〜15の事例にみる学校教育実践研究』東京図書

不登校への対応（最近の動向，フリースクール，適応指導教室）

　不登校は，理由，期間，状態，時代背景などをどう考えるかによりその捉え方は多様であり，様々な学問領域から研究のアプローチが試みられている。例えば，1989年に全国の大都市部の中学生を対象に行った実態調査に基づき，社会学の立場から不登校問題を取り上げた森田洋司（1991）や，複雑な課題を有する最近の不登校には，正確な見立てと組織的な対応が求められると指摘する野田正人（2017）などがある。

　文部科学省が毎年実施している「児童生徒の問題行動・不登校等生徒指導上の諸課題に関する調査」では，不登校児童生徒を「年度間に連続又は断続して30日以上欠席した児童生徒のうち，何らかの心理的，情緒的，身体的，あるいは社会的要因・背景により，児童生徒が登校しないあるいはしたくともできない状況にある者（ただし，「病気」や「経済的理由」による者を除く。）」としている。同調査によれば，全国の国公私立の小中学校に在籍する不登校児童生徒数は2013年度以降増加が続いている。

　2016年には，「義務教育の段階における普通教育に相当する教育の機会の確保等に関する法律」（教育機会確保法）が公布された。同法3条には，個々の不登校児童生徒の状況に応じた必要な支援が行われるようにすること，教育の機会確保等に関する施策は，国，地方公共団体，教育機会の確保等に関する活動を行う民間の団体その関係者の相互の密接な連携の下に行われるようにすることなどが基本理念として示されている。

　同法11条は，不登校児童生徒の学習活動に対する支援を行う公立の教育施設の整備及び当該支援を行う公立の教育施設における教育の充実のために必要な措置を国及び地方公共団体に講ずるよう求めている。全国のおよそ3分の2の自治体に教育支援センター（適応指導教室）が設置されており，不登校児童生徒の学校生活への復帰を支援するため，在籍校と連携をとりつつ，個別カウンセリング，集団での指導，教科指導等が行われている。

　不登校児童生徒の実態に配慮した特別の教育課程を編成して教育を実施する必要があると認められる場合，文部科学大臣の指定により，特定の学校（特例校）において教育課程の基準によらずに特別の教育課程を編成して教育を実施

することができるとされている。この特例校においては，例えば中学校におけ
る年間の総授業時数 1015 時間を 750 時間程度に縮減し，ゆとりのある生活を
送ることができるようにしたり，コミュニケーション能力の向上を図るために
「ソーシャルスキルトレーニング」を授業として取り入れたりするなど，児童生
徒の実態に応じた教育課程を編成・実施している。2021 年 4 月現在，全国に 17
の特例校があり，各校の特色を生かした指導を行っている。

　また，中学校夜間学級（夜間中学）が不登校児童生徒の多様な教育機会を確保
する役割の一部を担っている。夜間中学は，戦後の混乱期の中で様々な事情に
より義務教育未修了のまま学齢を超過した者に対して教育の機会を提供してき
た。現在は義務教育未修了者だけでなく，不登校など様々な事情から実質的に
十分な教育を受けられないまま卒業した者で，学び直しを希望する者の受け入
れも行っている。不登校の状態にある学齢生徒を，本人の希望を尊重した上で
受け入れることも可能となっている。文部科学省は，夜間中学が全ての都道府
県・指定都市に 1 校は設置されるよう，その設置を推進している。

　このほか，不登校児童生徒を受け入れることを主な目的としている民間の団
体・施設にフリースクールがある。フリースクールは，1970 年頃から設立が始
まり，1990 年代には全国各地に広がった。学校教育法上の学校ではないが，長
年にわたり不登校児童生徒の多様な学びを支えている。

　文部科学省は 2019 年 10 月 25 日付け通知で，「不登校児童生徒への支援は，
「学校に登校する」という結果のみを目標にするのではなく，児童生徒が自らの
進路を主体的に捉えて，社会的に自立することを目指す必要があること。また，
児童生徒によっては，不登校の時期が休養や自分を見つめ直す等の積極的な意
味を持つことがある一方で，学業の遅れや進路選択上の不利益や社会的自立へ
のリスクが存在することに留意すること」として，不登校児童生徒への支援の
視点を示している。

　不登校は，取り巻く環境によってどの児童生徒にも起こりうることである。
一人一人の児童生徒の社会的自立に向けて何ができるかという視点で，関係者
が連携して支援にあたることがいっそう必要である。　　　　　（窪　直樹）

参考文献

(1) 森田洋司（1991）『「不登校」現象の社会学』学文社
(2) 野田正人（2017）「『不登校予備軍』の子どもをどう見立てるか」，『教職研修』2017
年 2 月号通巻第 534 号，教育開発研究所

いじめ（最近の動向，対応，自殺防止）

　いじめとは，いじめ防止対策推進法（以下,「法律」と記す。）に「児童等に対して，当該児童等が在籍する学校に在籍している等当該児童等と一定の人的関係にある他の児童等が行う心理的又は物理的な影響を与える行為（インターネットを通じて行われるものを含む。）であって，当該行為の対象となった児童等が心身の苦痛を感じているものをいう。」（2条）と定義されている。この定義では，いじめの範囲を被害児童等の主観的な判断に依拠しており，継続性や攻撃性，関係児童等の間の力関係などの要素は含まれていない。

　文部科学省は，全国の国・公・私立の小学校，中学校，義務教育学校，高等学校，中等教育学校，特別支援学校を対象として，毎年「児童生徒の問題行動・不登校等生徒指導上の諸課題に関する調査」（以下,「問題行動調査」と記す。）により，いじめ等の実態調査を行い，その結果を公表している。令和2年10月に公表された令和元年度の問題行動調査によると，全国約 37,000 校のうち約 83％の学校でいじめが認知されている。認知件数の推移を見ると，いずれの校種においても認知件数は増加しており，とりわけ小学校での増加が著しい。

　いじめの態様については，「冷やかしやからかい，悪口や脅し文句，嫌なことを言われる」ことが最も多く，「軽くぶつかられたり，遊ぶふりをして叩かれたり，蹴られたりする」，「仲間はずれ，集団による無視をされる」などが続く。ただし，高等学校においては，冷やかし等に次いで「パソコンや携帯電話等でひぼう・中傷や嫌なことをされる」件数が多いことが特徴的である。

　現在，国や地方公共団体，学校においては，法律に基づいていじめ防止等のための基本方針を策定し，ホームページ等に公表している。また，全ての都道府県において，いじめの防止等に関係する機関及び団体の連携を図るため，学校，教育委員会，児童相談所，法務局，警察その他の機関の関係者により構成される「いじめ問題対策連絡協議会」が設置されている。

　学校では，道徳教育をはじめとする日常の教育活動の充実や定期的な調査，計画的な教員研修等に取り組むとともに，複数の教職員，スクールカウンセラーやスクールソーシャルワーカーなど心理や福祉等の専門家，その他の関係者によって構成される組織を置いて，いじめ防止等に関する措置を実効的かつ組織的に行うことができるようにしている。こうしたことに加え，例えば東京都で

は，すべての公立学校に民生・児童委員や保護司，子供家庭支援センター職員，警察職員（スクールサポーター）などによって構成される「学校サポートチーム」を置き，関係機関との連携を図る取組を推進している。

　法律では，①いじめにより児童等の生命，心身又は財産に重大な被害が生じた疑いがあると認めるとき，②いじめにより児童等が相当の期間学校を欠席することを余儀なくされている疑いがあると認めるとき，を「重大事態」としている（28条1項）。問題行動調査では，令和元年度における重大事態の発生件数は656校723件である。重大事態の多くは，いじめが早期に解決しなかったことにより，被害が深刻化した結果である。

　また重大事態が発生した段階で，公立学校の場合は地方公共団体の教育委員会を通じて同地方公共団体の長に（30条1項），私立学校の場合は当該学校を所管する都道府県知事に，報告することとされている（31条1項）。

　学校又は学校の設置者は，組織を設け，質問票の使用その他の適切な方法により，当該重大事態に係る事実関係を明確にするための調査を行い，その調査結果は，いじめを受けた児童等や保護者に必要な情報提供を行うものとされている（28条1項・2項）。また，地方公共団体の長は，必要があると認めるときには，附属機関を設けてこの調査結果について調査等を行うことができ，その結果を議会に報告するものとされている（30条2項・3項）。

　問題行動調査の結果では，令和元年度には317人の児童生徒が自らの命を絶っている。前年度の332人より若干減少したが，平成27年度以降増加する傾向にある。自殺した児童生徒が置かれた状況は，「不明」が全体の6割近くになるが，「いじめの問題」とするものが10人で全体の3.2%となっている。

　文部科学省では，児童生徒における援助希求的態度の育成を促進するため，「困難な事態，強い心理的負担を受けた場合等における対処の仕方を身に付ける等のための教育」（「SOSの出し方に関する教育」という。）を推進している。

　東京都教育委員会では，SOSの出し方に関する教育を推進するための指導資料としてDVD教材を作成し，都内全公立学校に配布するとともにその内容をホームページにも掲載し，学校における授業等での活用を図っている。

（増渕達夫）

参考文献

(1)　坂田仰編（2018）『いじめ防止対策推進法　全条文と解説』学事出版
(2)　東京都教育委員会（令和3年2月）「いじめ総合対策【第2次・一部改定】」

教育相談（少年の立ち直り）

　教育相談とは，子どもや保護者，教員などに対して，学校教育等において行われる相談活動全般を指し，子どもの発達に即して望ましい人間関係を育てるとともに，生活への適応や自己理解の深化，人格の成長への援助を目的として行われる。

　教育相談が対象とする内容は，いじめや不登校，非行，学習，進路，幼児期から青年期までの子どもたちの発達面での問題，学校や家庭等の人間関係に関する問題，SNSの普及による様々な問題など多岐にわたる。

　また，全ての児童，生徒を対象に，その成長・発達を促すことを目的とする「開発的（成長促進的）教育相談」，明らかな問題は起こしていないが，対人関係に苦手さを抱える子どもなどの問題を未然に予防する「予防的教育相談」，不登校やいじめ，非行などの何らかの問題が生じている子どもに対する「問題解決的（治療的）教育相談」の3つの目的で実施される（会沢，2019）。

　教育相談の際には，相談者と実施者が信頼関係を形成し，安心して相談できる関係作りを土台として，相談活動を展開することが求められているが，実施者が教員である場合，指導的なかかわりを担う場面もあるため，相談者にとっては矛盾した立場に感じられることもある。また，保護者との協力関係が重要であるが，価値観の違いや家庭の実情を理解して対応することの難しさに直面することもある。教育相談は様々な教育活動を通して，担任，担任以外の教員，養護教諭，管理職など様々な立場から関わることができる。そのため，様々な立場の教員，スクールカウンセラーや，関係機関等が連携した教育相談の体制を構築することが求められる。

　少年院などの矯正施設においても，学校教育と同様に，非行や犯罪に関する課題に対する「問題解決的教育相談」，今後予想される非行や犯罪，様々な困難な状況等を未然に予防するための「予防的教育相談」，その少年がその少年らしく成長し，社会で生活していくための「開発的教育相談」が実践されている。

　非行少年に対しては，例えば「大麻は悪いと思えない」という少年の言動に対して，実施者は大麻の害悪や薬物依存の危険性を説明し，警告し，再非行させまいと指示的・指導的な立場をとりやすい。しかし，そのような対応は，少年の反発や拒否的な態度を引き出し，少年との関係性を崩しやすい。非行少年

は，これまで注意や指導，叱責を繰り返されたり，失敗や挫折，孤立を味わったり，不安定な成育環境などから，相談することへのあきらめや拒否感，周囲への不信感，自身に対する否定的な感情を募らせていることも多い。そのため，教育相談の際には，傾聴などのカウンセリングの考え方や動機づけ面接（青木・中村，2016）などを活用し，信頼関係を築き，その上で少年が本来有している「変わりたい」という気持ちを引き出し，行動変容につなげることが大切である。

　実施者は，非行の背景にある心理・発達的な課題，家族や人間関係の課題などの複雑な事情を適切に把握し，丁寧に少年の言動に応答しながら，少年の言葉をそのまま，あるいは言葉の裏にある気持ちを推測し，対話の中で探り，聞き返しながら正確に共感することで，信頼関係を築き，抱えている問題を共に理解し，問題解決や行動変容に向けて協力していくことが大切である。

　そのため，少年の問題行動や反発的な態度などに対して，指示的・指導的な立場で対立せず，まずは関係性を築き，抱えている問題や目指す目標について協同して考える。そして，少年の持つ強みや願い，努力している面に注目して是認し，改善していくための動機を引き出し，変わりたい気持ちや言動を強化する。その上で，具体的な行動について計画を立てたり，適切に情報提供したり，教育プログラム等と組み合わせながら教育相談を進める。

　また，少年自身に非行の原因を求めるのではなく，少年の円滑な社会復帰のために，周囲との関係から捉えて変化や解決へつなげること，そのために学校教育と同様に保護者との協力関係，関係機関等の専門家や地域資源との連携が必要である。保護者の中には，家族に問題があるから非行したと非難されたり，相談しても解決しなかった経験を持つため，教育相談をとおして保護者のこれまでの思いや苦労，今後の不安や願いを正しく共感し，働き掛け，少年の立ち直りに必要な協力者として関係作りをすることが大切である。

　少年の立ち直りには多くの存在が不可欠であり，環境調整を行いながら，教育相談体制を構築することが重要である。少年と周囲との信頼関係が基盤となり，周囲に認められる経験を重ねることで，少年に「変わりたい」「自分にもできる」という気持ちが芽生えることが，非行の反省につながり，再非行・再犯をせず，健全に生きていこうとする立ち直りにつながる。　　　（吉川沙都美）

参考文献
(1) 会沢信彦編（2019）『教育相談の理論と方法』北樹出版
(2) 青木治・中村英司編（2016）『矯正職員のための動機づけ面接』矯正協会

生徒指導

　文部科学省の『生徒指導提要』によると，生徒指導とは，「一人一人の児童生徒の人格を尊重し，個性の伸長を図りながら，社会的資質や行動力を高めることを目指して行われる教育活動のこと」であり，「学習指導と並んで学校教育において重要な意義を持つもの」とされている。そして，「教育課程の内外において一人一人の児童生徒の健全な成長を促し，児童生徒自ら現在及び将来における自己実現を図っていくための自己指導能力の育成を目指す」ことが，生徒指導の積極的意義であるとされている。

　生徒指導に類似した用語に「生活指導」がある。生徒指導は，小学校も含め学習指導要領に明示された用語であり，『生徒指導提要』は上述のように定義しているが，「生活指導」は多義的に使われていると同書は指摘している。

　平成29年告示の中学校学習指導要領では，総則の「第4　生徒の発達の支援」において，「生徒が，自己の存在感を実感しながら，よりよい人間関係を形成し，有意義で充実した学校生活を送る中で，現在及び将来における自己実現を図っていくことができるよう，生徒理解を深め，学習指導と関連付けながら，生徒指導の充実を図ること。」と，生徒指導を位置付けている。高等学校学習指導要領においても，同様に位置付けられている。

　そして，学校教育法施行規則70条1項では，「中学校には，生徒指導主事を置くものとする。」と定められており，高等学校についても同規則104条1項に，同規則70条の準用が定められている。生徒指導主事は，指導教諭又は教諭をもって充てることとされ，その主な役割は，校務分掌に定められている組織のうち，生徒指導を担う組織の中心として位置づけられ，学校における生徒指導を組織的・計画的に運営していく責任を持つものである。そして生徒指導主事は，生徒指導を継続的に推進するため，校務の連絡・調整を図り，生徒指導に関する専門的事項の担当者となるとともに，生徒指導部の構成員や学級担任その他の関係組織の教員に対して指導・助言を行い，必要に応じて生徒や家庭，関係機関に働きかけ，問題解決にあたるなどの役割を担っている。

　学校は，生徒指導を通して個々の児童生徒の様々な問題に対応しており，『生徒指導提要』でも第6章のⅡでこれらの問題への対応の在り方を記しているが，その中の第4節で，少年非行を問題の一つとして挙げている。

　また，学校と更生保護の連携について，『生徒指導提要』の第7章第5節で「非行少年の処遇」が取り上げられ，少年保護事件の手続きや処遇が紹介され，その中で保護観察所，保護観察官及び保護司についても説明がなされている。その上で同書は，保護観察処分を受けた生徒への学校における対応の在り方として，「保護観察処分について他の児童生徒に分からないように注意し，少年を監視するのではなく温かく見守り，少しでも改善が見られれば，褒めて励まし，希望を持たせることが大切」であると述べている。さらに同書では，地域にある青少年の健全育成・保護育成をねらいとする諸機関・諸団体などの社会資源の一つとして，保護司が紹介されている。

　具体的な連携場面としては，①保護観察処分を受けた生徒への指導等，②少年院送致となった生徒の復学に向けた調整などといった個別の生徒への対応だけでなく，③保護観察官や保護司による更生保護出張講座の開催，④「社会を明るくする運動」作文コンテストの作品募集といった，生徒全体への働き掛けもある。

　個別のケースでの連携に当たっては，学校と更生保護（保護観察官，保護司），それぞれの役割の共通点と違いをきちんと認識して，秘密保持に十分配慮の上，連携の目的と役割分担を明確にしておくことが重要である。

　また，連携が必要なケースが出てから初めて顔を合わせるよりは，平素から何らかのつながりがありお互いの顔が見えていることが望ましいのは論を待たない。そこで平素から，更生保護出張講座を活用するなどして学校が保護観察所との接点を持つようにしたり，普段から地域の中で学校と保護司が情報交換する機会を持つようにしたりするなどして，相互に顔の見える関係を構築しておくことが重要である。また，保護司が，作文コンテストへの参加依頼のために地域の小中学校に足を運び教職員と接する機会を持つことは，児童生徒に作文コンテストへの参加を促し作文を書くことを通して児童生徒に犯罪のない社会づくりについて考えてもらう契機となるだけでなく，学校の教職員と保護司の顔がつながる機会となる。これこそが，生徒が非行に至ったときに学校において有効な生徒指導を行う基盤づくりとなる。　　　　　　　（杉本浩起）

参考文献

(1) 文部科学省（2010）『生徒指導提要』教育図書
(2) 長尾和哉（2021）『非行・犯罪からの立ち直り　保護観察における支援の実際』金剛出版

学校教育と更生保護理解

　2000（平成12）年，人権教育及び人権啓発の推進に関する法律が制定された。それを受け，2002（平成14）年，人権教育・啓発に関する基本計画が閣議決定され，人権教育及び人権啓発について，総合的かつ計画的な施策の推進を図ることとなった。この基本計画では人権課題として，(1) 女性 (2) 子ども (3) 高齢者 (4) 障害者 (5) 同和問題 (6) アイヌの人々 (7) 外国人 (8) HIV 感染者・ハンセン病等患者 (9) 刑を終えて出所した人 (10) 犯罪被害者等 (11) インターネットによる人権侵害 (12) 北朝鮮当局による拉致問題等 (13) その他，を挙げている。犯罪被害者等とならび刑を終えて出所した人に対する人権教育・啓発が取り組み課題とされたことは注目できよう。同基本計画では「刑を終えて出所した人が真に更生し，社会の一員として円滑な生活を営むことができるようにするためには，本人の強い更生意欲とともに，家族，職場，地域社会など周囲の人々の理解と協力が欠かせないことから，刑を終えて出所した人に対する偏見や差別意識を解消し，その社会復帰に資するための啓発活動を今後も積極的に推進する必要がある」とし，学校教育・社会教育を通じて人権尊重の精神の涵養が図られるようにする施策を求めている。

　学校教育，特に初等中等教育においては，児童生徒の発達の段階に即し，各教科，道徳，総合的な学習の時間，特別活動等のそれぞれの特質に応じて学校の教育活動全体を通じて人権尊重の意識を高める教育が行われている。しかし，刑を終えて出所した人に対する偏見や差別意識の解消に向けた教育は，必ずしも充分に行われてきたとは言いがたい。被害者を生み出してしまった事件などは，児童・生徒のどんな発達の段階であっても，罪を犯した人に対する寛容の気持ちは芽生えにくい。大学などの高等教育であっても，坪井 (2016) など，教養教育における法学教育で，罪を犯した人の更生をテーマにした授業開発が散見されるが，その取扱いは充分には広がっていない。

　一方で中学校では2019（平成31）年度から特別の教科となった道徳で，罪を犯した人の更生に触れる教材が，教科書に取り上げられていることは注目して良い。代表的な教材を3点紹介する。歌手さだまさしの楽曲「償い」の歌詞が教材となっている事例である。自動車事故で死亡事故を起こした男性が，遺族である元妻に賠償金を毎月送り続けるが，あるとき元妻から手紙で「送金はや

めてください」「あなたご自身の人生をもとに戻してあげて欲しい」と伝えられるというものである。教科書では、「人間の優しさとは何か，人間の哀しさとは何か，話し合ってみよう」と中学生に問いかけている。2つめは中江良夫『足袋の季節』である。戦前の真冬の小樽，郵便局で働く若者が足袋を買うお金欲しさに，大福餅を売るおばあさんから釣り銭詐欺をする。おばあさんが多めの釣りを渡すとき「ふんばりなさいよ」と言った一言が，自責の念を抱える若者の人生を支える。一人前に働くようになり，果物籠を手に小樽の郵便局を訪ねると，おばあさんはすでに死んでいた。若者は「あのおばあさんが，私にくれた心を，今度は，私が誰かにさしあげなければならない」と贖罪の気持ちを吐露する，という短い文章である。3つめは菊池寛『恩讐の彼方に』である。道徳の教科書には原作を要約する形で掲載されている。江戸時代，市九郎は主君の中川三郎兵衛を殺してしまう。その後の逃亡生活で悪行を重ねるが，罪深さにいたたまれなくなり，仏門に入り，了海という名を授かる。了海は一年に十人もの命を奪うという豊前の国の渓谷の絶壁に，隧道を作る決意をする。槌を振るい20年が経ち，中川三郎兵衛の子ども実之助が隧道に現れる。実之助は了海に敵討ちを迫るが，隧道の完成まで待つことにした。仏の心を持つに至った了海は，実之助とともに槌を振るい，実之助が隧道に現れた1年6月後，隧道の先に光が見えた。実之助は寛容の気持ちを持ち，敵討ちを忘れ，二人は感激の涙を流し合ったという小説である。教科書では「寛容の心とは何か」と中学生に問いかけている。

　令和元年版再犯防止推進白書によると，2018（平成30）年には，152人が復学又は進学が決定した上で少年院を出院している。その子どもたちを学校が受け入れていくためにも，そして市民が更生保護への理解を深めるきっかけを作るには，学校教育での罪を犯した人の更生を考えさせる教育の場面を，少しでも増やす必要があろう。 （坪井龍太）

参考文献
坪井龍太（2016）「大学の教養教育としての法学教育における『更生保護』からのアプローチの試み」，『更生保護学研究』第9号

更生保護と社会福祉

(1) 社会福祉とは何か

　社会福祉という言葉は国や時代，視点の違いによってさまざまに用いられており，一義的に定義することはできない。概略的な意味は，人が社会生活を営むなかで経験する困難や障害を解消・改善するための援助活動の総称である。法律的な社会福祉の内容，特に社会サービスとしての具体的な事業は，社会福祉法（2000 年に社会福祉事業法から改称）2 条に第一種・第二種社会福祉事業として列挙されている。

　社会福祉はその生成時期から次の 4 つの段階を経て発展してきている。第一段階は共同体の内部における相互扶助や慈善・慈恵的な活動である「残余福祉型」，第二段階は民間団体の組織化による慈善・博愛事業である「民間福祉型」，第三段階は国が直接責任を負う形での施策や組織化である「国家福祉型」，そして第四段階は協同組合，非営利民間組織，営利事業者などが新たなアクターとして加わる「多元福祉型」である。「残余福祉型」「民間福祉型」の段階では共同体の成員や民間団体が活動・事業の中心的な担い手であったのに対して，「国家福祉型」の段階では政策立案や実施主体としての国の責任が強調された。第二次世界大戦前後から先進諸国で出現した，社会保障や社会サービスの充実を基本政策として政府が積極的に介入者の役割を果たす福祉国家は「国家福祉型」の典型である。経済の低成長や少子高齢化の進行によって福祉国家が行き詰まりをみせるなかで，再び民間の組織・団体の存在が注目され「多元福祉型」の段階へと移行してきている。その背景には，規制緩和や民営化・民間化を促進する新自由主義的な政策，ならびに地方分権化の動きも影響している（仲村ほか 2007）。

(2) 更生保護と社会福祉の関係の歴史的経緯

　現在の更生保護の源流は先述した「民間福祉型」の段階に見ることができる。出獄人・免囚保護事業は民間人・民間団体による慈善・博愛事業として発展した。当初，これらは社会事業（現在の社会福祉事業）の一環であったが，その後，司法保護事業として刑事政策のなかに位置づけられるようになり，1939 年に司法保護事業法が制定された。つまり，更生保護は「民間福祉型」として生成し，「国家福祉型」の段階に進む前に社会事業から分離していったといえる。

　第二次世界大戦後，司法保護事業を前身とする更生保護事業が刑事司法制度のなかに位置づけられた。1951 年に制定された社会福祉事業法では，更生保護事業は社会福祉事業から除外されるとされた。このため，社会福祉事業関係者の多くにとっては非行・犯罪をした人とかかわる機会は限定的となった。

　2000 年代以降，更生保護と社会福祉との関係が密接になってきている。これは，福祉等による支援を必要とする矯正施設被収容者に対して，刑事司法と福祉の機関・関係者が連携して対応・支援しようとする動きである「司法と福祉の連携」が開始され，広がったことによる。その後，連携による対応・支援の対象は被疑者・被告人段階にある者にも拡大されてきている。なお，対象者のなかには累犯者が少なくないことから，再犯防止推進法をはじめとする国の再犯防止施策においても「司法と福祉の連携」の推進が強調されている。

(3)「刑事政策」と地方公共団体による「福祉」の異同

　刑事政策の目的は犯罪の予防や抑止，制圧であるのに対して，社会福祉の目的は人びとの福利向上であるから，刑事政策と福祉のあいだには目的に明確な違いが存在する。また，形態，実施主体や判断基準などについても両者のあいだには違いがある。刑事政策は中央集権的であって，主に国の機関が中心となって全国での統一性や平等性を重視する判断基準を用いた対応や処遇がなされる。一方，社会福祉は地方分権的であり，地方公共団体を含む多様な主体が個別性や地域性に配慮した判断基準によって対応や支援をしている。

　近年，準市場化の動きによって，協同組合，非営利民間組織，営利事業者，社会的企業などが社会福祉事業に参入してきており，実施主体の多様性が増している。また，地域住民の主体性を強調し，地域における包括的な支援体制の構築を目指す地域福祉政策を国が推進していることから，社会福祉においては個別性や地域性が今後さらに強調されるようになるであろう。

　さらに両者のあいだには任意性をめぐる違いも存在している。刑事政策では裁判所等の決定に基づく強制的対応や処遇が想定されているのに対して，社会福祉では利用者の選択，本人の意向の尊重が強調される。　　　（水藤昌彦）

参考文献
(1) 秋元美世・藤村正之・大島巌・森本桂樹・芝野松次郎・山縣文治編（2003）『現代社会福祉辞典』有斐閣
(2) 仲村優一・一番ケ瀬康子・右田紀久恵監修，岡本民夫・田端光美・濱野一郎・古川孝順・宮田和明編（2007）『エンサイクロペディア社会福祉学』中央法規出版

社会福祉士（ソーシャルワーカー）における価値と行動原則

　ソーシャルワークの理論化・体系化は1920年代にアメリカにおいて行われた。これに貢献したのは，のちに"ソーシャルワークの母"と呼ばれるようになったメアリー・リッチモンド（Mary. E. Richmond）であった。彼女はソーシャルワークを「ソーシャル・ケースワークは，人とその社会環境との間に，個々別々に，効果が上がるように意図された調整を行って，パーソナリティの発展をはかる過程である」と定義した。この「人とその環境」という視点は後に，エコロジカルモデルとして編制され，ソーシャルワーカーの個人や社会の問題解決の理論的支柱をより一層強化した。

　リッチモンドの体系化から，ソーシャルワークは各国に広がり，現在ではソーシャルワーカーの国際的な職能団体である国際ソーシャルワーカー連盟（International Federation of Social Workers：IFSW）が発足するに至っている。IFSWは，1928年にパリに設立された「国際ソーシャルワーカー常任事務局」を前身とし，1956年，ミュンヘンで開催された「社会福祉についての国際会議」において設立されたもので，現在では129か国が加盟（2020年3月15日現在）している。IFSWでは，1976年に「専門職としてのソーシャルワーカーの国際的倫理綱領」を採択しており，これにはソーシャルワークの価値と倫理が記されており，実践を行っていくうえでの指針となっている。

　IFSWではソーシャルワーク，もしくはソーシャルワーカーの定義を3回改訂して公表しているが，最新のものは2014年に「ソーシャルワーク専門職のグローバル定義」（以下，グローバル定義）である。このグローバル定義からソーシャルワーカーの価値と行動原則，および専門性を知ることができる。

ソーシャルワーク専門職のグローバル定義

　ソーシャルワークは，社会変革と社会開発，社会的結束，および人々のエンパワメントと解放を促進する，実践に基づいた専門職であり学問である。社会正義，人権，集団的責任，および多様性尊重の諸原理は，ソーシャルワークの中核をなす。ソーシャルワークの理論，社会科学，人文学，および地域・民族固有の知を基盤として，ソーシャルワークは，生活課題に取り組みウェルビーイングを高めるよう，人々やさまざまな構造に働きかける。（IFSW：2014）

　グローバル定義では，ソーシャルワークにおける４つの価値，すなわち「社会正義」，「人権」，「集団的責任」，「多様性の尊重」を価値基盤に据えていることが確認できる。この４つの価値に筆者の解釈を敷衍すると，「社会正義」は公正・平等な社会の構築を目指すこと，「人権」は基本的人権の擁護・回復を図ること，「集団的責任」は個人主義と経済の増幅に力点が置かれた社会体制及びそれに付随する環境破壊の是正，「多様性の尊重」は西洋の文化や価値が是とされ非西洋圏の文化や価値が抑圧されている世界的な兆候や少数民族や障害がある人などのマイノリティーに対する差別・偏見が一向に改善されない状況に対するアンチテーゼ，である。以上の４つの価値を基盤として，ソーシャルワーカーは基本的人権が脅かされている状況にある人々に対してその獲得，回復に関連するあらゆるレベルの支援をしていくことが基本原則となる。

　この「あらゆるレベル」というのは，先にも紹介した通り，その人自身とその人を取り巻く環境の双方に働きかける，ということである。この視点からの課題分析や支援がソーシャルワーカーの特徴，つまり専門性であるといえる。このように，本人と本人を取り巻く環境の双方から本人に生じている課題の根源を見出そうとするため，必然的に働きかけるのはその双方となる。

　では本人と環境に働きかける，とはどういうことであろうか。それは，生活課題の解決のため，必要に応じて，本人を取り巻く環境や本人が居住する地域，また制度・政策の構築に取り組んだり，啓蒙・啓発活動などを行うことで人々の意識や社会の価値観に働きかける，ということである。ソーシャルワークではこれらを，ミクロ・メゾ・マクロの各レベルに整理している。すなわち，働きかけるのが，本人や家族の場合はミクロレベル，本人を取り巻く環境や居住する地域の場合はメゾレベル，制度・政策や社会の場合はマクロレベル，としている。

　本人の生活課題を本人と環境の相互作用，と捉えるエコロジカルモデルからアプローチすると，本人のみに働きかけるのでは課題の根本解決に至らない。このような視点と実践，またグローバル定義にあった「社会変革」の志向が“ソーシャル”ワーカーという名称の由縁であり，他の対人援助職には見ない専門性であるといえる。ソーシャルワーカーには，以上に示した価値に基づき，行動することが原則となる。　　　　　　　　　　　　　　　（木下大生）

社会保険

　社会保険とは，働く人やその家族に生活の困難をもたらす共通の要因である病気，けが，障害，高齢など，予め定めた一定の保険事故（リスク）に備えて，法律で定めた一定範囲の人を被保険者とし，保険料を徴収するとともに，その見返りに，被保険者に実際に事故が生じた場合に，必要な金銭やサービスを給付して生活を守るしくみをいう。

　わが国を含めて世界各国で，これまで一世紀以上にわたって創設，運営されてきた社会保険は，対象とする保険事故の種類や特性に応じて，医療保険，年金保険，失業（雇用）保険，労災保険の4つの分野だったが，少子高齢社会にあって要介護のリスクが広く社会に共有される中で，1990年代にはドイツや日本で第5の社会保険の柱として介護保険が創設された。

　社会保険の中でもっとも早くから導入され，多くの国で普及している医療保険は，病気やけがの場合に傷病の治療のための医療サービスと働けない期間の所得を保障する。わが国では1961年からすべての国民を医療保険制度の保障の下におくという「国民皆保険」の政策が取られている。

　健康保険は，事業所に雇用される被用者が被保険者とされ，保険料は報酬比例で，給与・ボーナスに保険料率（保険者により異なるが概ね10%程度）を乗じた額を事業主と被用者とで折半負担する。本人とその扶養家族は，被保険者証を提示して医療機関で受診すれば，診断，治療，投薬，入院など必要な医療を受けられ，かかった費用の原則3割（高齢者や就学前児童などは2割ないし1割）を自己負担する。自己負担額が所得に応じて定められた一定額を超える場合には，高額療養費が給付される。また，傷病により働けない場合には，働けなくなって4日目以降，通算して最長で1年半までの期間，従来の給与の3分の2相当額の傷病手当金を受給できる。この期間を超えて傷病が長期化する場合には，次に述べる障害年金の役割となる。

　被用者以外の農業，自営業，年金生活者，健康保険が適用されないパート勤務者などは，住所地の市区町村で加入手続きを行い，国民健康保険に加入する。保険料負担は，所得や資産に応じる部分と一人または世帯定額の部分から成り，世帯全員分を世帯主が納付する。傷病時には被保険者証を示して医療機関で受診すれば，健康保険と同様の医療が受けられ，自己負担も同じである。

　次に年金保険は，医療保険が傷病時に医療サービスの給付や短期の所得保障を担うのに対し，老齢，障害，一家の働き手の死亡という，長期に及ぶ労働能力の喪失，減少に対して，終身年金という形の定期金の支払いにより，その生活の安定を図ることを目的とする。

　年金についても 1961 年に「国民皆年金」の政策が採用され，すべての国民に年金が保障された。その構造は医療保険と似ており，被用者を対象とする厚生年金に加入していない 20 歳以上の国民を新たに創設された国民年金の被保険者とすることにより達成された。

　この就労形態による縦割りの制度は，高度経済成長による農業・自営業者の減少と被用者の増加という就業構造の変化により維持することが困難になったため抜本的な改革が行われ，1986 年からは，国民年金はすべての国民に定額の基礎年金を保障する 1 階部分を担うしくみになり，厚生年金は被用者に対する報酬比例部分の 2 階部分を担うしくみに改められた。

　こうして現在では，すべての国民は 20 歳から 60 歳までの 40 年間国民年金の被保険者とされ，さらに被用者の場合には同時に厚生年金の被保険者とされ，いずれも原則として 65 歳に到達すると定額の老齢基礎年金を受給するほか，被用者の場合にはそれに加えて報酬比例の老齢厚生年金を受給する。

　また，加入期間中に障害になった場合には，その程度に応じて障害基礎年金ないしは被用者の場合にはこれに加えて障害厚生年金を受給する。被保険者とされる 20 歳前の障害についても，20 歳になれば身体・知的・精神いずれの障害についても一定程度に該当すれば障害基礎年金を受給できるため，障害者の基礎的な所得として重要な役割を果たしている。

　このほか，40 歳以上の人はその住所地の市町村が運営する介護保険に加入し，要介護や要支援になった場合には在宅や施設での介護（予防）サービスを受けることができる。さらに被用者の場合には，倒産，解雇などによる失業の場合には公共職業安定所で手続きすれば雇用保険から，また，業務上の傷病，障害，死亡などの場合には労働基準監督署に申請して認定を受ければ労災保険から必要な金銭やサービスの給付を受けられる。こうした社会保険からの給付は生活保護に優先して行われるため，積極的に活用の可能性を探る必要がある。

（田中耕太郎）

参考文献

田中耕太郎（2016）『社会保険のしくみと改革課題』放送大学教育振興会

公的扶助

　公的扶助とは，自らの労働や所得，資産，親族間の扶養によっても，なお最低限度の生活を維持できない人に対し，租税を財源として必要な給付を行う制度を指す講学上の概念で，わが国では生活保護制度がこれに当たる。

　こうした施政者や宗教団体などによる救貧制度は，洋の東西を問わず古くから行われてきたが，世界で最初の近代的な公的扶助は，1601年のイギリスのエリザベス救貧法に始まる。わが国では，1874年に恤救規則が定められ，その後，1929年の救護法を経て，戦後は1950年に（新）生活保護法が制定された。この法律が現在に至るまで，ほぼその基本骨格を維持しながら，国民の生活水準の向上に応じて具体的な保護基準を改正しながら運用されている。

　その1条では，憲法25条の「すべて国民は，健康で文化的な最低限度の生活を営む権利を有する。」という生存権保障の理念に基づく制度であることが謳われ，また，単に最低限度の生活を保障するだけではなく，その自立を助長することも重要な目的として規定されている。

　そしてその達成に向けて，国家責任，無差別平等，最低生活保障，保護の補足性の4つの原理が定められ，さらに保護の原則として，申請保護，基準および程度，必要即応，世帯単位の4つが定められ，厚生労働大臣の定める基準などを通じて具体化される保護の内容・水準やその実際の運用に当たっての基本的な指針となっている。この中でも，補足性の原理は，最後の受け皿としての生活保護に特徴的なルールで，自分の労働や所得，資産を用い，年金等の他の社会保障給付を受けられる場合にはそれを活用し，さらに民法上の扶養義務者による援助によっても，なお，健康で文化的な最低限度の生活を送ることができない場合に初めて，その不足分を給付するという原理である。また，そのための事実関係を調べる資力調査（ミーンズテスト）を伴う。

　また，基準及び程度の原則により，保護が厚生労働大臣の定める基準に基づき客観的・統一的に行われ，担当者の恣意的な運用に陥らないようにすると同時に，必要即応の原則では，保護は，要保護者個人または世帯の実際の必要の相違を考慮して，有効かつ適切に行うとして，基準に基づく機械的な運用を戒めている。そして，その運用を適切に実施できるように，福祉事務所に専門の社会福祉主事（ケースワーカー）の配置を義務づけている。

　生活保護の給付は，一人ひとりの保護の必要性に応じて，生活扶助，教育扶助，住宅扶助，医療扶助，介護扶助，出産扶助，生業扶助，葬祭扶助の8種類があり，医療扶助と介護扶助を除いて，原則として金銭給付により行われる。基本となる生活扶助は，世帯構成員の人数と年齢，住所地の物価差等を反映する級地に応じて算定され，これに世帯の特別な需要が加算される。また保護は急迫の場合を除き，本人の申請に基づき行われる。

　生活保護は国の業務とされるが，法定受託事務として，法律に基づき実際の事務は申請者の住所地を管轄する市（一部の町村を含む。）と町村部については原則として都道府県が執行し，それぞれに設置された福祉事務所が事務を司る。福祉事務所では，担当のケースワーカーが申請の受付から調査，給付，生活上の相談指導などに当たる。保護のために必要な費用は，国が75％を負担し，残る25％を市または都道府県が負担する。

　生活保護はこうしたしくみであるため，矯正施設退所者などで自力での生活が困難な場合には，居住地の福祉事務所に相談，申請することが必要であり，その支援に当たる地域生活定着支援センターなどの支援者は，早期に福祉事務所につなぐことが求められる。また，必要な支援内容はその人の状況に応じてさまざまであり，毎月の生活費である生活扶助のほか，住居がない場合や家賃が支払えない場合などは，住宅扶助の役割も重要である。

　さらに，心身に疾患を有する場合には，医療機関の受診も必要となる。生活保護受給者は国民健康保険の適用から除外され，医療扶助によって医療が保障されている。具体的には，福祉事務所の発行する医療券を持って受診すれば，自己負担なく，医療保険と同水準の必要な医療が受けられる。また，精神疾患を有する退所者で退所後の精神状態が不安定な人の場合には，いったん精神科病院を受診あるいは入院して，正確な診断を受け，精神状態の安定や服薬の調整などを図った上で，次の適切な生活の場に移るというプロセスが役立つ。

　生活保護には，上記の金銭またはサービスによる扶助のほか，各種の施設サービスも用意されており，とりわけ退所後すぐに地域での生活が困難な場合には，救護施設に入所して必要なサービスを受けつつ，生活や心身のリズムを整えたうえで地域生活に移行したり老人福祉施設などに入所することなども効果的で，最近ではこうした救護施設の活用も増えている。　　　　　（田中耕太郎）

参考文献

椋野美智子・田中耕太郎（2021）『はじめての社会保障第18版』有斐閣アルマ

成年後見制度

　成年後見制度とは，何らかの障害などによって判断能力が「ない」「十分でない」とされた人に対して，成年後見人等が本人を代理して法律行為の一部を行う等することで，その本人を支援する制度である。2000年に，禁治産制度に代わって開始された。

　具体的には，認知症，知的障害，精神障害などを理由として，難しい契約や，金銭の管理をすることが困難な人がいた場合に，成年後見制度を利用することで，成年後見人等が本人に代わって，さまざまな契約（不動産に関する契約や，福祉サービスの利用契約など）をしたり，預貯金などの財産を管理したりすることができる。また，本人が，いわゆる悪徳商法に騙されてしまったり，不要な契約をしてしまったような場合には，その契約を取り消すことができる。

　成年後見制度には，大きく分けて，①法定後見制度と，②任意後見制度がある。①法定後見制度は，本人の判断能力が「ない」「十分ではない」状態となった後に，親族等の申立てにより，家庭裁判所が成年後見人等を選任し，この成年後見人等が前記のような支援を行うものである。これに対して，②任意後見制度は，本人が，十分な判断能力のある時点において，あらかじめ，任意後見人となる人や，任意後見人に委任する内容を定めておき（公正証書で任意後見契約を締結する），本人の判断能力が「十分ではない」状態となった後に，任意後見人が定められた内容について，本人の代わりに行っていく制度である。

　法定後見制度は，判断能力の程度にあわせて，成年後見・保佐・補助の3類型が定められており，それぞれ，成年後見人・保佐人・補助人の権限が異なる。成年後見が最も判断能力の低下が重い類型とされ，成年後見人には，契約行為の代理権等の広範な権限が与えられ，本人の行った法律行為を取り消すこともできる（ただし，自己決定の尊重の観点から，日用品（食料品や衣料品等）の購入など「日常生活に関する行為」については，取消しの対象とならない）。これに対して，保佐，補助は，これよりも判断能力の低下が軽いものとして定められており，保佐人，補助人の権限は，成年後見人に比べて，限定されたものとなっている。

　成年後見人等を選任するのは，家庭裁判所である。制度開始当初は，親族が成年後見人等に選任される事案が多かったが，現在では，司法書士・弁護士・社会福祉士等の専門職が選任される事案が増加している。また，法人が後見人

として選任されることもある。

　成年後見制度には，前記のとおり，自分の財産を管理することが困難なケースにおいて，法的な権限に基づいて本人を支援することができるという点にメリットがある。しかし，一方で，成年後見制度にはデメリットも存在する。例えば，成年後見人等には本人の財産から報酬を支払う必要がある（現状，基本報酬は月額2万円〜6万円とされている）。また，成年後見人等が財産管理をした場合，本人が自由に自分の財産を使うことが難しくなり，その権利が制限されるという側面がある。さらに，成年後見制度は裁判所の決定によって開始され，判断能力が大きく改善した等の理由がないかぎり，本人が死亡するまで利用をやめることができない。特に，本人が若年の場合には，このようなデメリットを十分に考慮した上で，成年後見制度を本当に利用すべきか，慎重に判断することが求められる。

　また，2014年に批准された障害者の権利に関する条約（障害者権利条約）との関係で，今後，成年後見制度は大きな見直しが求められる可能性が高い。障害者権利条約12条は，障害のある人は全ての場面において他の人と平等に法的能力を有することを前提とした上で，「代行的意思決定」を廃止し，本人が法的能力を行使できるようにする「支援付き意思決定」に転換するよう，締約国に求めている。現状の成年後見制度は，このような障害者権利条約の要求に反していることは明らかであり，制度の見直しは必要不可欠であろう。

　最後に，更生保護との関係では，成年後見人等が更生保護における支援者の1人となり，生活環境調整に関与していくことが想定される。実際に筆者も，刑事裁判の場面で関わった被疑者・被告人について，親族等が存在しない等の理由から，自らが保佐人や補助人となり，生活環境の調整の中核を担い，現在も支援を継続しているケースを複数抱えている。成年後見制度は，前記のような課題を抱えつつも，現状としては，障害や高齢等の理由で1人では地域とのつながりを回復しづらい更生保護対象者について，法的な権限に基づいて強力に支援していくための1つの手段だろう。　　　　　　　　　　　　　（山田恵太）

参考文献

(1) 増田せつ子（2012）「更生保護からみた後見」，『月報司法書士』485，17-22.
(2) 清水恵介（2016）「障害者権利条約からみた日本の成年後見制度の課題」，『実践成年後見』61，71-82.

高齢者福祉領域の支援とサービス

高齢者福祉の変遷

　我が国では，古くは悲田院に貧窮者や身寄りのない高齢者を収容したり，江戸時代に藩主によって高齢者もその対象に含む救済事業が行われたという記述がみられるなど，天皇，その時代の権力者，宗教関係者による慈恵・慈善活動の一環として高齢者への救済が行われたが，その対象となった高齢者はごく一部であった。その後，高齢者福祉を含む社会福祉の基礎である 1874（明治7）年制定の恤救規則，1929（昭和4）年制定の救護法により，一定要件に該当する高齢者もその対象に含んだ貧困救済制度が設けられた。1895（明治28）年には，高齢者を対象とした施設として聖ヒルダ養老院が誕生し，それに続き各地で養老院が設立された。また，1946（昭和21）年に生活保護法が制定され，そこでは，高齢者福祉は同法の養老施設による生活困窮対策を中心としたものであった。

　1963（昭和38）年制定の老人福祉法により高齢者福祉は大きく進展した。同法では，従来救貧対策の枠内にあった高齢者施策を一般的施策として独立させ，生活保護法規定の養老院を養護老人ホームとして継承した他，新たに特別養護老人ホーム，軽費老人ホーム，老人健康診査，老人家庭奉仕員制度等を規定した。その後も，高齢者に関する様々な法律や制度の創設や改正が行われた。

　さらに，我が国の高齢化の進行に伴う諸課題への対応のため，2000（平成12）年に介護保険法が施行され，同法による介護サービスの充実も図られてきた。介護保険制度は，介護予防重視や地域包括ケア推進などの特色を盛り込みながら改正が続けられ，団塊の世代が後期高齢者となる 2025 年までに，誰もが住み慣れた地域で生活できるよう，住まい・医療・介護・予防・生活支援が一体的に提供される地域包括ケアシステムの構築が進められている。

高齢者福祉領域の支援とサービス

　高齢者福祉領域の支援とサービスは実に多様であり，主なものとして，老人福祉法，そして介護保険法に基づくものがある。日本における福祉サービスは，長きにわたり措置制度により運営されてきた。老人福祉法に規定されている事業のうち老人居宅生活支援事業，老人福祉施設などのサービスも措置制度によるものである。これに加え，社会福祉基礎構造改革において措置制度の具体的な見直しが行われ，新たな体系である社会保険方式による介護保険制度が導入

された。それまで老人福祉法規定の措置を中心に運営されてきた高齢者福祉領域のサービスの多くが，介護保険による契約方式によるものへと転換されるとともに，新たなサービスも創り出され，介護サービスは年々多様化している。

　介護保険制度の保険者は市区町村であり，被保険者は，第1号被保険者（65歳以上の者）と第2号被保険者（40歳以上65歳未満の医療保険加入者）に分かれる。被保険者は，保険者である市区町村に認定申請し，介護認定審査会で要介護の認定を受けた者は介護給付，要支援の認定を受けた者は介護予防給付によるサービス利用が可能となり，これら認定を受けた利用者とサービス提供事業者との契約に基づきサービスを利用する。なお，非該当の認定を受けた場合には，地域支援事業による介護予防・生活支援サービスの利用が可能である。

　このように，契約によるサービス提供が行われるようになったが，現在も老人福祉法において措置制度は存続されており，認知症その他の理由により意思能力が乏しい場合や本人が家族等から虐待を受けている場合等のやむを得ない事由により介護保険でサービスを受けることが著しく困難な高齢者に対しては，市区町村が老人福祉法によるやむを得ない事由による措置として職権により必要なサービスを提供する。この他に，環境上の理由および経済的理由により居宅において養護を受けることが困難な高齢者を対象とした養護老人ホームへの入所が措置として行われている。

　さらに，これら以外にも，「高齢者の医療の確保に関する法律（高齢者医療確保法）」「高齢者虐待の防止，高齢者の養護者に対する支援等に関する法律（高齢者虐待防止法）」「高齢者，障害者等の移動等の円滑化の促進に関する法律（バリアフリー新法）」「高齢者の居住の安定確保に関する法律（高齢者住まい法）」に基づく各種制度，ならびに民法規定の成年後見制度をはじめとする，数多くの制度やサービスが高齢者の生活を支えている。

　なお，国は少子高齢化に対応するため一億総活躍社会づくりを推進し，福祉分野では，子ども・高齢者・障害者などすべての人々が地域，暮らし，生きがいを共に創り，高め合うことができる地域共生社会の実現を目指している。

（鷲野明美）

参考文献

(1) 西村昇・日開野博・山下正國（2017）『社会福祉概論—その基礎学習のために—』中央法規
(2) 杉本敏夫・家髙将明（2018）『高齢者福祉論〔第2版〕』ミネルヴァ書房

障害者福祉領域の支援とサービス（障害者総合支援法による支援制度，手帳制度）

○障害者総合支援法

　障害者総合支援法は障害者の生活支援・介護に関する法律であり，様々なサービスが規定されている。障害者総合支援法は全国共通のサービスである自立支援給付と都道府県，市町村の裁量によって行うことのできる地域生活支援事業に分類される。自立支援給付の中には，介護給付，訓練等給付，自立支援医療，補装具，地域相談支援，計画相談支援がある。介護給付とは，主に日常的な介護が必要な場合提供されるものであり，対象となる障害種別と目的の相違によって，細分化されている。例えば，知的障害等，行動面で見守りを必要とする人を対象にした移動に関する介護に関するサービスは「行動援護」と呼ばれており，視覚障害者を対象にした移動に関する介護に関するサービスは「同行援護」と呼ばれている。訓練等給付は地域生活や就労をするために必要な力を獲得するサービスであり，利用の期間が定められているものと，そうでないものがある。また雇用契約を結ぶ就労継続支援A型と，雇用契約を結ばないB型が存在する。グループホーム（共同生活援助）も訓練等給付に位置づいている。自立支援医療は医療費の自己負担額を軽減する制度であり，補装具も費用の補助を行う制度である。地域相談支援は施設や病院から生活の場を移す際の支援である地域移行支援とその後の生活の定着を図る地域定着支援に分類される。また計画相談支援は上記の介護給付や訓練等給付を利用する場合に必要なサービス等利用計画の作成とモニタリングに整理できる。

　次に障害者総合支援法のサービスの利用手続きについて，確認したい。自立支援給付，地域生活支援事業の多くのサービスは市町村が申請の窓口となる。市町村に申請した後，介護給付，訓練等給付については先述したサービス等利用計画の案が必要になる。また，介護給付については支援の必要度を総合的に示す障害支援区分の認定が必要とされている。サービス等利用計画案は特定相談支援事業所にいる相談支援専門員が作成し，障害支援区分は認定調査員が行うとされている。これらの手続きを行った後，市町村がサービスの支給を判断し，支給の決定がなされる。決定後に障害当事者とサービス提供事業所が契約し，サービスを受けることができる。

○手帳制度

　日本においては，障害者手帳は障害の種別ごとに，①身体障害者手帳，②療育手帳，③精神障害者保健福祉手帳に分類される。

　身体障害者手帳は多くの場合，市町村が申請窓口とされており，18 歳未満の者は児童相談所，18 歳以上の者は身体障害者更生相談所が審査して，交付される。身体障害者福祉法では身体障害者手帳を所持する者を身体障害者と定義し，身体障害者手帳が交付される障害は身体障害者福祉法施行規則別表第 5 号に記載されている。具体的には，視覚障害，聴覚障害，平衡機能障害，音声機能障害，言語機能障害，そしゃく機能障害，肢体不自由，心臓機能障害，じん臓機能障害，呼吸器機能障害，ぼうこう又は直腸の機能障害，小腸機能障害，ヒト免疫不全ウイルスによる免疫機能障害，肝臓機能障害があげられる。

　療育手帳は知的障害のある人を対象にした手帳であり，市町村が申請窓口となり，18 歳未満の者であれば児童相談所，18 歳以上の者であれば知的障害者更生相談所にて審査，交付される。療育手帳は知的障害者福祉法に規定されていない。さらに，知的障害についても我が国には法的定義がない。療育手帳は「療育手帳制度について」（昭和 48 年 9 月 27 日厚生省発児第 156 号）にて規定されており，この厚生省事務次官通知が根拠とされている。その結果，療育手帳という呼称の他に，東京都では愛の手帳，埼玉県では緑の手帳といった別の呼称が認められている。療育手帳を交付する対象としては，①知的機能に障害がある，②日常生活能力に支障がある，③発達期に現れるといった 3 点が主に全国的に共通している点と言える。

　精神障害者保健福祉手帳は主に市町村窓口へ申請し，精神保健福祉センターが審査，交付する。精神障害者保健福祉手帳は精神保健及び精神障害者福祉に関する法律に規定されており，何らかの精神疾患により長期的に日常生活や社会生活に制約がある者を対象にしている。具体的な精神疾患としては，統合失調症，うつ病，そううつ病などの気分障害，てんかん，薬物やアルコールによる急性中毒又はその依存症，高次脳機能障害，発達障害等があげられる。

　最後に障害者手帳を取得して受けられるサービスについて紹介する。障害者手帳取得により受けられるサービスとしては多様なものがある。代表的には所得税，住民税，相続税の控除といった税金の軽減があげられる。また，例えば，JR 等の公共交通機関の運賃や民間施設の利用料の割引を受けることができる。一方，障害者年金や障害者総合支援法を利用するためには，別の手続きにより利用の可否が判断される。　　　　　　　　　　　　　　　　（相馬大祐）

精神保健福祉領域の支援とサービス（特に医療観察法制度外にある，地域における精神保健福祉制度を中心に）

(1) わが国の精神保健福祉領域の動向について

わが国における精神障害者施策の制度的な始まりは，1900（明治33）年に私宅監置を認めて制定された「精神病者監護法」に見ることができる。

1919（大正8）年には「精神病院法」が制定され，公立病院の精神科病院の設置が義務付けられた。しかし，時代が戦局に突入していくなかで，病院の設置はなかなか進まなかった。

戦後，1950（昭和25）年「精神衛生法」が制定された。同法では，精神障害者は医療の対象ではあるが，社会福祉の対象ではなかった。その後，医療法の改正とともに精神科病院の数は激増していくこととなる（いわゆる "精神科病院ブーム"）。ライシャワー駐日アメリカ大使刺傷事件（いわゆる "ライシャワー事件"）の影響により1965（昭和40）年に精神衛生法が改正された。

1984（昭和59）年病院職員の暴行により入院患者が死亡する事件がおきた（いわゆる "宇都宮病院事件"）。この事件を契機に，精神障害者の社会復帰の促進と人権への配慮を目的とした1987（昭和62）年に「精神保健法」へと改正された。

そして，精神障害者の福祉施策を展開していくために，1995（平成7）年に「精神保健法が精神保健及び精神障害者の福祉に関する法律（精神保健福祉法)」に改正され現在に至っている。

(2) 精神保健福祉領域における関連機関等について

近年，社会福祉基礎構造改革の流れのなかで，福祉サービスの実施主体を市町村に移行し地域支援体制の実現を目指すこととなった。これによって，現在，精神障害者が関連する機関等については，次のようなものがある。

まず，精神科医療機関として，精神科病院，診療所（クリニック）がある。精神科病院は，精神科治療において中心的な役割を担っている機関である。入院治療のほか，外来通院治療や精神科デイケア等を提供している。現在では，入院患者の地域移行支援を積極的に展開し，また病院機能の専門分化が図られてきている。診療所（クリニック）は，外来治療を中心に，精神科デイケア等や復職支援を展開しているところもある。

　次に，行政機関として，精神保健福祉センター，保健所，都道府県，市町村がある。精神保健福祉センターは，精神保健福祉法に基づき，都道府県や指定都市に設置されている。法律に基づく様々な事務や審査業務等のほか，人材の育成や保健所・市町村等の活動支援を行っている。保健所は，地域における第一線として，地域住民の精神保健に関する相談や支援を展開している。市町村でも，近年，精神保健福祉士をはじめとした社会福祉専門職を採用しつつある。2002年の精神保健福祉法改正の際に，地域の精神障害者の相談や制度の申請先が，保健所から市町村に移されている。現在，市町村は，住民にとって最も身近な相談窓口として，たとえば精神保健福祉手帳や自立支援医療の相談や申請を受け付けるなどしている。

　そして，障害者福祉に関連する事業等として，障害者総合支援法に基づく障害者福祉サービスを提供する事業所等がある。日常の生活訓練についての支援が提供されたり，就労に向けた訓練を行う事業所等では，一般就職にむけて日常的に指導や助言のほか，就職活動の際のサポートや職場への定着のための支援も提供される。福祉的就労を目指す事業所等では，日常生活の自立を目指し，日常の訓練のほか，レクリエーション活動をとおした余暇支援などのサービスが提供されている。

　このほか，小中校，高等学校等の教育機関においてスクールソーシャルワーカーが配置されている。産業や労働機関においては，大企業等での職場のメンタルヘルス対策のために精神保健福祉士等が配置されてきている。公共職業安定所（ハローワーク）の相談員や地域障害者職業センターの職業カウンセラーも精神保健福祉士等が採用されている。

(3) 課題と展望について

　わが国の精神医療保健福祉施策は，「入院医療中心から地域生活中心へ」という基本理念の推進や，地域生活を支える障害福祉サービス，ケアマネジメント・救急在宅医療等の充実・住まいの場の確保の3本柱からなる「地域生活支援体制の強化」によって「地域を拠点とする共生社会の実現」の構築を目指している。これからも，精神障害者をはじめ，様々な人々が共生する社会であるために，司法や福祉，この他多くの職種や機関による連携が求められていく。

（髙木健志）

児童家庭福祉領域の支援とサービス

(1) 児童家庭福祉に関連する法令

　児童家庭福祉では「児童福祉法」,「児童扶養手当法」,「母子及び父子並びに寡婦福祉法」,「特別児童扶養手当等の支給に関する法律」,「母子保健法」,「児童手当法」を児童福祉六法とよぶ。「児童福祉法」は1947年に制定され,すべての児童の健全な成長や愛護を基本とした。1989年に「児童の権利に関する条約」が採択され,児童の最善の利益,自己の意見を表明する権利,表現の自由についての権利等が示され,児童が権利を行使する主体とされている。日本は本条約を1994年に批准し,「児童福祉法」は「全て児童は,児童の権利に関する条約の精神にのつとり,適切に養育されること,その生活を保障されること,愛され,保護されること,その心身の健やかな成長及び発達並びにその自立が図られることその他の福祉を等しく保障される権利を有する。」となっている。

　児童家庭福祉には,その他,「次世代育成支援対策推進法」,「少子化社会対策基本法」,「子ども・子育て支援法」等,様々な法律が関わっている。なお,法令や制度によって,児童,子ども等の表記が用いられ,その年齢も「児童福祉法」は満18歳未満,「母子及び父子並びに寡婦福祉法」では20歳未満と異なる。

(2) 児童虐待への対応と社会的養護

　児童虐待の禁止,予防,早期発見,児童の保護等を定めた「児童虐待の防止等に関する法律」では,児童虐待を,保護者による18歳未満の監護する児童への,身体的虐待,性的虐待,ネグレクト,心理的虐待としている。また,児童虐待を受けたと思われる児童を発見した者は速やかに通告しなければならないこと,体罰を加える懲戒を禁止することが記されている。

　児童虐待の通告先は市町村,福祉事務所,児童相談所である。通告を受理した市区町村の長や児童相談所長は面会等による児童の安全確認の措置を講じる。より実効性のある安全確認手段として,児童相談所は,保護者に対する出頭要求,立入調査,裁判官の許可状を得た上で臨検・捜索を行うことができる。通告・相談への対応や調査等の結果,児童の安全を迅速に確保し適切な保護を図るため,または児童の心身の状況や環境等を把握するために必要な場合は一時保護を行う。児童相談所は,社会診断,心理診断,医学診断,一時保護所における行動診断等によって判定(援助方針をたてること)を行うが,保護者の監

護が著しく子どもの福祉を害する場合には，里親等への委託，または児童福祉施設に入所させる措置がとられる。この措置が保護者の意に反するときは，家庭裁判所の承認を得て行うことができる。さらに，児童相談所長は家庭裁判所に対して親権停止，親権喪失の審判を申立てることができる。

　保護者のない児童，被虐待児等，家庭環境上養護を必要とする児童等に対し，公的な責任として，社会的に行う養護を社会的養護という。そのうち，保護者と分離して行う代替養育は，乳児院，児童養護施設，児童心理治療施設等の入所施設や小規模住居型児童養育事業（ファミリーホーム），里親等によって行われる。児童福祉法に示された児童の権利，家庭の養育支援や代替養育に関わる理念を具体化するために，「新しい社会的養育ビジョン」が公表されている。

　また，虐待の予防，早期発見，在宅支援や保護に，地域の関係機関が連携して取り組むために，要保護児童対策地域協議会が設置されている。

(3) 母子保健・ひとり親家庭の支援・子どもの貧困対策

　母子保健では，母性と乳幼児の健康の保持，増進を図ることを目的とした「母子保健法」に，健康診査，母子健康手帳の交付等が示されている。また，2016年の改正で妊産婦から子育て期の支援をワンストップで行う拠点となる母子健康包括支援センター（子育て世代包括支援センター）の設置が規定された。

　ひとり親家庭の支援では，母子家庭の生活の安定と向上に必要な措置を講じるために，1964 年に「母子福祉法」が制定された。母親の自立援助の必要性から「母子及び寡婦福祉法」となり，2002 年には父子家庭も保護の対象となった。2014 年には，ひとり親が就業し，仕事と子育てを両立しながら経済的に自立するとともに，子どもが心身ともに健やかに成長できるよう，また，子どもの貧困対策にも資するよう，ひとり親家庭への支援施策を強化する改正が行われ，「母子及び父子並びに寡婦福祉法」となった。自立支援として，経済的支援，就業支援，子育て支援・生活支援，養育費の相談支援等が行われている。

　さらに，子どもの現在や将来が生まれ育った環境によって左右されず，全ての子どもが心身ともに健やかに育成され，教育の機会均等が保障され，夢や希望を持つことができるようにするため，子どもの貧困の解消を目指し，貧困対策を総合的に推進することを目的として，2013 年に「子どもの貧困対策の推進に関する法律」が制定された。　　　　　　　　　　　（山﨑康一郎）

参考文献

新たな社会的養育の在り方に関する検討会（2017）『新しい社会的養育ビジョン』

社会福祉機関との協働・連携（医療観察以外）

　社会福祉とは，多様な社会の構成員一人ひとりの福祉が実現できるよう，不公平，差別，人権侵害といった不正義に挑戦し，個人の適応を促進する活動の総体である。社会福祉法をはじめ，生活保護法，児童福祉法，老人福祉法，障害者総合支援法等の法令・通知等に基づいて設置される，各種機関・施設・事業所等を総称して，本稿では社会福祉機関と定義する。

　社会福祉機関との協働・連携は少年に対するアプローチとして長い歴史がある。家庭環境などの環境面における「要保護性」により社会福祉機関の支援に委ねるのが適当であると認められた場合の保護処分としての児童相談所送致と，その後の児童養護施設・児童自立支援施設への入所などが挙げられ，家庭裁判所の審判によるダイバージョンとして理解される。

　一方，成人に対するアプローチとしての社会福祉機関との協働・連携はほとんど行われていなかった。その背景には，懲罰，抑止，統制といった刑事司法の価値指向が社会福祉の価値指向とは合わないと見なされてきた（DuBois, Miley＝2017）点や，「社会福祉事業に更生保護事業が含まれない」と両者の関係を整理した1951年施行の社会福祉事業法（現・社会福祉法）により社会福祉機関側が刑事司法との関わりを避けてきた点が指摘できる。2000年代以降になると，少年に対する伝統的アプローチに加え，障害児者と高齢者を対象として社会福祉機関との協働・連携が開始された。大別して，矯正施設被収容者に対する釈放時援助と，被疑者・被告人段階における対応の二つに分類できる。

　矯正施設被収容者に対する釈放時援助は2000年代半ばに開始され，特別調整による社会福祉機関との連携・協働がその代表である。特別調整とは，保護観察所が行う生活環境調整の特別の取り組みであり，高齢または障害のために自立した生活をすることが困難であって福祉的支援が必要な少年・成人を対象とする。対象者は矯正施設及び保護観察所が選定し，各都道府県が設置する社会福祉機関である地域生活定着支援センター（以下，センター）に調整が依頼される。特別調整の円滑な実施を確保するため，①矯正施設：社会福祉士等の資格を有する担当官・職員，②保護観察所：特別調整の担当官，③一部の更生保護施設：社会福祉士等の職員配置が行われた。センターは，矯正施設釈放者の意思を踏まえつつ，適当な帰住先の確保を含めて釈放後に社会福祉機関が利用

できるよう，矯正施設収容中から釈放後まで一貫した援助を個々の対象者の事例に応じて提供する。矯正施設及び保護観察所は，情報提供や会議への参加といったセンターの要請に応じることが期待される。保護観察所が開催する都道府県単位の連絡協議会は，特別調整の開始を契機に始まった関係機関の相互理解の促進と連携体制の構築の取り組みである。また，特別調整対象とならなかった高齢または障害を有する者に対してはセンターが援助を実施でき，矯正施設や保護観察所がセンターを介さずに直接，帰住地（予定地を含む）の社会福祉機関と連絡調整を行う場合もある。

被疑者・被告人段階での社会福祉機関との連携・協働の取り組みは刑事司法プロセスの進行を停止して社会福祉機関による支援へと転じさせる「刑事司法の福祉化」であり，伝統的な家庭裁判所の審判によるダイバージョンとは異なり，必ずしも裁判所による審判に依らないという特徴がある。2010年代以降に開始され，①検察庁：社会福祉士の配置による調整，②保護観察所：検察庁の依頼による更生緊急保護の事前調整，③弁護人：社会福祉士との連携による弁護活動，など複数の形態で展開される。これらの法機関や弁護人から依頼を受けた社会福祉機関（センター，社会福祉法人等）や団体（NPO法人，社会福祉士会）が実質的な調整を行うことも少なくない。2021年度にはセンターが行う場合に高齢・障害被疑者等支援業務として予算措置された。

刑事司法プロセスからの釈放者に対する社会福祉機関による支援では，規律重視，パターナリズム，心理行動面の統制など「福祉の刑事司法化」が起きることがある。「他者への危害」は，人間の内在的価値と尊厳の尊重，多様性の尊重，人権と社会正義等の倫理原則と相反して葛藤状況（＝倫理的ジレンマ）を生じるからである。社会福祉は刑事司法と異なる価値体系を持つシステムであるが，釈放者に対する社会福祉機関との連携・協働は常に刑事司法機関の判断に随伴する。連携・協働においては判断の根拠や社会福祉援助によって期待する効果を共有することが重要である。　　　　　　　　　　　　（大村美保）

参考文献

(1) DuBois, Brenda & Miley, Karla K. (2014) *Social Work : An Empowering Profession, 8ᵗʰ edition.* （北島英治監訳（1997）『ソーシャルワーク　人々をエンパワメントする専門職』明石書店）
(2) 法務省・厚生労働省（2020）「入口支援の実施方策等の在り方に関する検討会検討結果報告書」

責任と刑罰の基礎理論

　刑法では，犯罪が成立するために行為者が非難可能であることを要するとする責任主義が採用されている。

　刑事責任に関しては，まず責任を問う対象が問題となるが，処罰対象を無限定なものとせず，思想良心の自由を保障するために性格や人格それ自体を非難の対象にすることはできないことから，今日，責任を問う対象は行為であるとする行為責任論に異論はない。

　次に責任非難の根拠を巡って，古くから意思自由論と意思決定論の対立があるが，今日では両者とも極端な立場として退けられている。意思自由論については，素質や環境により犯罪への親和性の度合いが変化することは，経験に照らして明らかではないかとの疑問がある。また，犯罪をするか否かは常に行為時に行為者が自由に決定することになるため，処遇が無意味となるが，それもまた経験に反している。他方で，意思決定論によれば，犯罪者は出生時点から犯罪をすることが運命付けられていたことになり，それもまた努力により犯罪を克服することができる，という経験的知見に反するし，この立場でも犯罪者処遇は無意味ということになる。

　そこで現在は両者の歩み寄りがみられる。意思自由論は相対的意思自由論となり，人間の意思は素質と環境により部分的に決定されているものの，なお主体的に意思決定を行う余地は残ると考える。この考え方に対しては，責任を問う根拠と処遇による働きかけの対象が分離するのは不合理ではないかとの批判が行われている。しかし，自由な領域と決定された領域が截然と区別されているわけではなく，素質と環境によって意思決定の幅が変動すると考えることもできよう。他方で，意思決定論からは，生理的な要因で意思が決定されている場合は自由とはいえないが，規範意識により意思が決定される場合，自由と評価できるとするやわらかな決定論が主張されている。この見解に対しては，自由と評価できるにしても，本人にはどうにもならない要因により意思が決定されているのだとすると，非難の根拠にはならないのではないかとの批判がある。なお脳内の神経伝達物質の動作の解明が進めば，意思決定論が優位になるとの理解もあり得るが，意思自由かは刑法上の仮説であるとの見解もあり，科学だけで決着のつく問題ではないことに注意が必要である。

　責任論の対立は刑罰論に反映する。相対的意思自由論は，犯罪的意思決定を自由に行ったことへの応報として責任を問いつつ，刑罰が応報としての性質を失わない限度で一般予防・特別予防目的をも考慮する相対的応報刑論と親和的である。この立場は，犯罪予防の観点で適切と考えられる刑罰が応報の観点から妨げられてしまうという問題点を抱える。それに対して，やわらかな決定論は，犯罪的意思決定が行為者の規範意識の問題性を反映している程度により示される犯罪予防の必要性に応じて刑罰を科すとする抑止刑論と親和的である。抑止刑論は犯罪予防上必要な処罰を正当化できるが，同じ行為をしても，規範意識の反映度に応じて刑罰の重さが変わってしまい公平性に問題が生じるほか，行為責任による処罰限定機能が働かなくなるという問題点も有する。こうした問題点を踏まえて，行為責任は刑罰の上限を画するのみであり，処罰の程度は犯罪予防上の必要性に応じて決められる，とする消極的責任主義の立場も有力である。この立場は，犯罪予防上必要な処罰を常に認識するのは困難であると批判されるが，その場合は行為責任に応じた処罰が科され，犯罪予防上必要な処罰が認識できる場合はそれに応じて処罰することにすれば，実際の運用にも耐えられるであろう。なお，学説上は，刑罰による犯罪予防は個人の自律性を損なうとの認識を前提に，犯罪予防は刑罰外の政策で達成すべきであり，刑罰は純粋に行為責任に対する応報を追求すべきとする新しい応報刑論の立場も主張されるが，前提となる人間観の当否と行為者の問題性に応じた刑の個別化を一切放棄してよいかが課題となる。

　最後に日本の実務は，相対的応報刑論の立場を採っており，犯罪予防の必要性を考慮できる余地が少ない。軽微な犯罪では犯罪予防上一定の働きかけが必要にみえても全部執行猶予になるし，重い犯罪で社会内処遇は選択されない。近時導入された刑の一部執行猶予は，相対的応報刑論を前提としつつも一定の社会内処遇期間を確保するための苦肉の策であるが，実刑が前提になるという限界がある。それに対して，近い将来導入が見込まれる全部執行猶予の拡大は，社会内処遇選択の自由度を高めるものである。行為者の問題性に応じた刑の個別化が進行していけば，責任応報による刑罰の制約は緩んでいくだろう。

（本庄　武）

参考文献

武内謙治・本庄武（2019）『刑事政策学』日本評論社

保安処分論

　保安処分（【英】mesures of security【独】SicherungsmaBnahme【仏】mesure de secure）は，社会を犯罪から防衛するために用いられる措置の中でも，刑罰以外の刑事処分のことを言う。広義には，財産的利益の没収，物の利用制限などの対物的処分が含まれるが，狭義には，保護観察，優生手術などの自由制限を伴う処分，施設収容による自由剥奪処分などの対人的処分を指す。最狭義には，隔離を目的とする施設収容処分を特に保安処分と呼び，治療，断酒・断薬などによる改善を目的とする場合を治療処分，禁絶処分と呼んでいる。

　保安処分は19世紀末から20世紀中頃に欧州を中心にその導入がさかんに議論された。法案レベルでは，1893年スイス統一刑法典予備草案において，危険性のある刑事責任無能力者に対する治療施設収容処分，累犯者に対する矯正処分，労働嫌忌者（売春婦等）に対する労作処分，仮釈放者に対する保護監督処分などの導入が提案され，その後，同国に加えて，ドイツ，イタリア，オーストリア等欧州諸国の刑法典でこれらの処分が規定された。また，英米においては，保安処分という特別の観念は存在しないものの，精神疾患により刑事責任無能力で無罪となった者については，裁判所の命令により精神病院等の施設に収容して刑罰以外の医療的措置をとる制度が発展した。

　日本における保安処分に関する議論は，諸外国の状況を参考にしつつ，1926年の刑法改正に関する臨時法制審議会で始まり，1940年の「刑法改正仮案」では，治安を重視する「監護，矯正，労作，予防」の導入が検討されたが，法制化はされなかった。第2次世界大戦による議論の中断を経て1955年に議論が再開され，1974年には，法制審議会において「刑法改正草案」がまとめられた。同法案では，精神障害により責任能力がない者が禁錮以上の刑にあたる行為をした場合に選択される治療処分などが提案されたが，精神障害者の犯罪的危険性が一般の者に比べて特に高いわけではないこと，精神障害者には治療を優先すべきこと，法案の曖昧な規定が濫用されて人権侵害のおそれがあること，保安施設の治療効果に疑問があることなど，精神医学者，刑法学者双方から激しい批判があって，結局，成立しなかった。

　現在，日本において保安処分の性質を有する司法処分としては，心神喪失者等医療観察法（2005年施行）による医療観察処分，売春防止法（1954年施行）に

よる補導処分，少年法（1949年施行）による保護処分がある。医療観察処分は，殺人，放火，強盗などの重大な加害行為を行った者が，精神障害等の理由で不起訴処分，無罪等の確定裁判を受けた場合に，検察官の申立てを受けて，地方裁判所において裁判官と精神保健審判員（精神科医）の合議で決定される。入院医療の場合は指定医療機関における手厚い医療が施され，通院治療の場合は指定通院医療機関で治療が行われるとともに，保護観察所の社会復帰調整官による精神保健観察に付される。補導処分は，売春防止法に違反する行為（売春の勧誘等）をした20歳以上の女子を婦人補導院に収容して，社会生活に適応させるために必要な生活指導，職業補導，心身の障害に対する医療を行う司法処分である。期間は6ヵ月である。補導処分の対象となる者は極めてまれであり，収容する施設も東京婦人補導院のみである。保護処分は，20歳未満の非行少年（犯罪少年，触法少年，ぐ犯少年（18歳未満））に対して，その健全育成を目的として家庭裁判所によって課される，少年院収容，児童自立支援施設収容などの司法処分である。少年院にはおおむね12歳から23歳未満（心身に故障がある場合は26歳未満）までの者が収容され，改善更生・社会復帰を目的とした矯正教育が施される。児童自立支援施設には14歳以上18歳未満の者が収容され，主として父母役の職員によって，訓育，生活・学科・職業指導などが施される。本来的には児童福祉施設であり，保護処分として非行少年が収容される例は少ない。

　この他，主として刑務所再入率の高い薬物依存者に対する効果的処遇を目的として新設された刑の一部執行猶予制度（2016年施行）においては，宣告刑（懲役刑又は禁錮刑）のうち一部執行を猶予される期間（刑事責任の上限）を超えて，予防的判断のための保護観察期間を設定することができる。これも一種の保安処分である。もっとも，仮釈放における考試期間主義的な運用であり，責任主義に反するとの意見もある。　　　　　　　　　　　　　　　　　（山口直也）

参考文献

(1) 宮澤浩一・西原春夫・中山研一・藤木英雄編（1972）『刑事政策講座第3巻・保安処分』成文堂
(2) 中山研一（1986）『刑法改正と保安処分』成文堂

少年法の理念

少年法1条は,「少年の健全な育成を期」することを,理念として掲げている。「健全育成」は,戦後,現行少年法が制定されるにあたり明示された。

戦前の大正少年法は,少年の保護主義を掲げながらも,犯罪行為の予防鎮圧という刑罰主義優先の思想も強く残す。さらに,「愛の法律」と呼ばれた旧少年法ではあるが,ここでの保護は,国家からの「慈愛」を本質としつつ,国家や国民のためのものであると考えられてきた。

その後,第2次世界大戦の体制下において,銃後の治安の維持及び戦力となる人材の確保という観点から,保護主義は「国家の教化政策」に転化する。この文脈において,少年法上の保護主義という理念は,「忠良な臣民」として教化育成することをもって再犯を防止するものと解されていた(守屋克彦『少年の非行と教育』(勁草書房 2002) 132-151 頁)。

戦後,現行憲法のもと,基本的人権の保障が現行少年法にも反映され,少年法の理念も「健全育成」という形で明示された。そして,健全育成の具体的内容は,他の福祉法との関係から次のような3段階に分けられている。①少年が将来犯罪・非行を繰り返さないようにすること,②その少年が抱えている問題を解決して,平均的ないし人並みな状態に至らせること,③少年がもつ秘められた可能性を引き出し,個性み豊かな人間として成長するよう配慮すること,である。このうち,少年法がとるべき非行少年に対する健全育成の意味は②に集約されるというのが共通の理解である。

ただし,健全育成の具体的内容について,②の状態は,再非行を防止する過程であり,それ自体が健全育成の内容となるものではない。従って,少年法による強制的介入は,あくまでも①を目的としたものに限られるべきであるという主張もある。保護処分は再非行のおそれを一つの要素とする要保護性に基づき強制されるはずであるにも関わらず,処分決定がなされた後に,②の様な目的を目指す処分を課すことは,再非行の防止を超えたものであり矛盾しているとの理由による(川出敏裕『少年法』(有斐閣 2015) 15 頁)。

日本国憲法を頂点とする子どもに関わる全法体系との共通の土台を持つものとして少年法を把握し,その観点から少年の「健全育成」をとらえる場合,少年の個人の尊厳と主体性が尊重される。これは,現行少年法制定以降,少年保

護実務の中で形成されてきたケースワーク理念に基づくものであり，近代的ないし民主主義的な少年観・教育観に基づいた日本国憲法に沿う。さらに，児童の権利条約をはじめとする国際的な子どもの人権論の展開において，少年法の理念は少年の「成長発達権」を具体化する権利保障として発展している。

　少年の成長発達権（憲法 13 条，子どもの権利条約 6 条，名古屋高判平 12・6・29 民集 57 巻 3 号 265 頁）は，主に，「少年の最善の利益」（子どもの権利条約 3 条）を実体的内容とし，「意見表明権」（子どもの権利条約 12 条）を手続き的内容とする。健全育成を，少年の成長発達権保障ととらえることで，保護の名の下に恣意的な介入を許さず，少年が主体的に参加する手続きにおいて，少年の成長発達のための教育を決定し実施していくことを保障できる。健全育成の理念を，成長発達権保障から捉えることは，すなわち，少年が非行克服の「客体」ではなく「主体」であり，今現在の自律的人格を尊重されながら全面的人格発達を保障されることを意味する。

　少年の健全育成の理念は，少年法のすべての規定に及ぶ。検察官送致，刑事的処分及び特定少年についても例外ではない（法 3 章以下，規 277 条等）。すなわち，少年が成長を遂げながら非行性を解消していく方法論の土台となるものである。健全育成の理念をいかにとらえるのかにより，その方法論にも違いが生じる。健全育成を刑事政策目的から捉えるならば，非行性の除去のために，侵害原理を軸に刑事立法との平仄をあわせた手段をも容認することになろう。他方，健全育成を成長発達権保障としてとらえるならば，保護原理を軸に，個別処遇を原則とし，強制的介入を抑制する方向で，非行性を解消する手段が求められる。ここでは，少年の主体的な成長発達を容認し，社会資源等とのつながりが重視される。少年法上の理念が，少年の再非行を防止するための効果的方法の追及といった単なる政策目的としてのみとらえられてしまうならば，他の政策目的との関係から相対化されてしまい，厳罰化の要求の前に簡単に変容することが危惧される。そのために，少年法 1 条において目的とされる「健全育成」の理念を少年の成長発達権の基盤の上に確立しておく必要がある（葛野尋之「少年法の歴史と理念」法セミ 714 号（2014）12-15 頁）。　　　　　　（大貝　葵）

参考文献

(1) 守屋克彦他編（2012）『コンメンタール　少年法』現代人文社
(2) 武内謙治（2015）『少年法講義』日本評論社

刑事ポピュリズム論

　「ポピュリズム」は，「民主主義の存立を危機にさらすものである」と表現されたり，「リベラルな政治秩序への挑戦である」というような表現がなされることが多いと指摘される（水島 2016）。しかし，ポピュリズムの歴史的な誕生と展開を見れば必ずしも妥当とは言えないとも言われる。むしろ，19 世紀・20 世紀のポピュリズムは少数支配に異を唱え民主主義を支える解放運動として出現したとされる（水島 2016）。そして，現代的な「ポピュリズム」の定義としては，2 つの意味に集約されるとする。すなわち，固定化された支持基盤を超えて，広く国民に訴えかける政治スタイルを指すこと，そして，人民の立場から既成政治やエリートを批判する政治運動のことを指すことである（水島 2016）。

　ポピュリズムが刑事政策で語られるようになるきっかけの 1 つが D・ガーランド（David Garland）であろう。ガーランドによれば，国民の多様化が進むことで排他的な犯罪学が進み，特権階級の人たちが犯罪被害者となる危険が増大していると信じ込み，急速な社会変化に伴って治安が悪化することが伝えられた結果，犯罪の原因やそもそも犯罪そのものに変化が生じているのかさえも科学的な根拠を示されないまま，政府が対応しているかのように見せるだけの政策が採られるようになると指摘する。

　では，「刑事ポピュリズム：Penal Populism」とは何であろうか。「Penal Populism」の研究で著名な J・プラット（John Pratt）によれば，ここでいう「ポピュリズム」は単純な「世論」と同じ概念ではないとする（プラット 2006）。優遇される集団がある一方で，政治的な機会から疎外されていると考えている国民の一部が，有形無形に主張し，国民のための取り組みを専門家が怠っていると非難をし，とくに裁判官や研究者などのエリート集団が犯罪者に寛大に処遇を行うことで，被害にあった人を無視し，社会の安全を危険に晒していると非難するものであるとする。

　こういった刑事ポピュリズムに対して敏感に反応する政治家も登場する。つまり，他の政党に先駆けて犯罪に対して徹底した厳罰の姿勢を採ることをアピールすることで大衆の支持を得ようとする。1960 年代のアメリカ大統領であるニクソンはその先駆けで，その後もマーガレット・サッチャーなどが続く。そして，1990 年代にはリベラル派の政党にとっても戦略の 1 つとして採られる

ようになっていった。その結果，刑事政策としてエビデンスに基づく政策決定をしないどころか，それまで培われていた研究者（上記のエリート集団）などによる専門的な知識にも依らず，刑期の長さや被害者への贖罪などの視点だけを強調した大衆の人気を集めるだけの政治へと流れていくことになる。

　実際に，日本で刑事ポピュリズムが顕在化したのは，90年代後半から2000年代にかけてであろう。阪神淡路大震災を経験し，日常生活への不安が高まる中で，オウム関連の事件が続き，神戸連続児童殺傷事件や光市母子殺害事件などが世間の注目を浴びた。連日繰り返される報道と被害者を中心とした世論の高まりのなかで，より厳罰化が望まれる政策へと舵が切られていった。

　先のJ・プラットは，社会保障に対しての信頼が揺らぎ，自分の身は自分で守る必要があると考える市民が多い国はPenal Populismに対する抵抗力が弱いと指摘していた。少子高齢化社会が進み，格差社会が顕在化し，年金問題や社会保障制度に不安を抱えている日本では，この影響を受けやすいといえるのではなかろうか。安全安心まちづくりの旗のもとで，実際に存在するかどうかさえも分からない「不審者」を警戒するコミュニティが形成され，他人を見れば犯罪者かもしれないという不信感が醸成されていった。その当時の犯罪被害者調査では，犯罪に巻き込まれるかもしれないという不安は高い数字を出していたが，実際に被害にあった人の数は少ない統計が出ていた。認知件数は増加し，被疑者・被告人への厳罰化や必罰化の傾向が見られ，刑事施設では過剰収容をもたらし，仮釈放率も減少の一途を辿ることになる。

　一方で，刑事ポピュリズム論は厳罰化や過剰収容の説明には適しているように見えるが，2000年代後半からの犯罪減少の説明には適さない。世間での厳罰化思考や場当たり的な厳罰化政策が収まっているようにも見受けられない。人口の減少など，犯罪そのものが減っている理由は別の研究に委ねられる。むしろ更生保護の場で語られる「再犯防止」というキーワードが，果たして対象となる本人が社会復帰を目指すための支援として捉えられるのか，社会防衛のために使われる用語なのかが今後も注目されるであろう。　　　　　（丸山泰弘）

参考文献

(1) 水島治郎著（2016）『ポピュリズムとは何か～民主主義の敵か，改革の希望か』中公新書

(2) John Pratt（2006）*Penal Populism*, Routledge

治療的司法

　社会における紛争や犯罪行為につき，何があったのか，そこで生じた害を賠償や刑罰によっていかに解決すべきかを，法の下で証拠に基づいて判断する場が司法である。それゆえに，通常の司法手続において扱われる事柄は，当事者の人生における「すべて」ではなく，司法もまた，紛争／犯罪の「すべて」を解決することはできない。

　かような前提は，特に，薬物やドメスティック・バイオレンス（DV），精神保健（Mental Health）に関する問題を抱える当事者が司法の場に繰り返し現れる現象から再認識されるようになった。1980年代後半から英米法圏を中心に，薬物に関わる問題を抱える人々に対して，医療的・福祉的なアプローチを行うことでその離脱を目指すドラッグ・コート，DVを行った本人のみならず，その被害者である配偶者や家族を関与させながら，家族全体が抱える問題を解決することを志向するDVコート等の実践がなされ始めた。

　たとえば，薬物自己使用の被告人に対して行われるドラッグ・コートでは，裁判官と被告人との間で，薬物依存症に関わる医療的・福祉的支援を受けることや，自ら薬物の背景にある様々な自己の問題について共有し，助け合っていく自助グループ等に一定の期間参加することを，被告人の同意のもとで約束し，その参加状況を法廷の場で確認しながら，その参加の約束が履行できれば訴追を打ち切る，といったことが行われる。

　このような実践において重要なことは，仮に途中でグループ等へ参加できなかったり，薬物等の再使用があったりしても，それによりすぐに中断してしまうのではなく，その原因を本人とともに検討し，他の方策を考える等，継続可能なあり方を模索していく点にある。そうしていくことで，徐々に日常生活を問題なく続けながら，自分自身の人生を取り戻していくことができるようになるのである。

　犯罪行為の背後にある多様な問題に向き合おうとするこのような一連の取り組みは，「問題解決型裁判所（Problem Solving Court）」，「治療型裁判所（Treatment Court）」等と称され，理論的には，WinickとWexlerによって「治療法学（Therapeutic Jurisprudence：TJ）」という司法観に基づく「治療的司法」として位置づけられた。WinickとWexlerは，同時期に行われ始めていた，アメリカ

における同世代の少年による問題解決を模索するティーンコート（Teen Court），オーストラリアやニュージーランドにおけるコミュニティの関与のもと犯罪行為の背景にある問題にアプローチしようとする家族集団会議（Family Group Conference）といった修復的司法（Restorative Justice：RJ）観に基づく取り組みについても，伝統的な刑事司法のあり方に疑問を呈しながら，多様な問題解決の可能性の模索と司法における不正義を是正しようと試みる点で TJ の枠組みに類似のものであるとする。両者の差異は概念的なものであり，TJ は，医療的・心理的な治療モデルを司法手続の文脈において用いることで，従来の司法手続との違いや多様な可能性を示しているとした。RJ は，現行司法において具体的にどのようにその理念を入れていくのかにつき定型的なモデルを持たず，司法手続の枠外も含めて，問題の当事者を含むコミュニティ（社会）がそこで生じる問題にいかに「自律的に向き合う」のかを確立しようとする点で，TJ 以上に大きな変革を目指すムーヴメントである。そのため，両者が今後，互いの利点を活かしながら接近していくことで，より効果的な問題解決に繋がりうることが指摘された。

　RJ が TJ に基づく実践に与えうる影響として，問題を解決する主体，すなわち，「『治療』とは誰の目線に基づく，誰による，何のためのものであるのか」という視点の重要性があるように思われる。結果として犯罪行為に至ることのない人生をいかに構築するかに関する近時の諸研究や，RJ・TJ に基づく実践の動向は，「（専門家たる）治療者─被治療者」関係という，犯罪行為者をはじめとする当事者を客体化した手法が，持続的な問題解決をもたらさないことを示している。法曹以外の医療・心理・福祉等の諸専門家が司法の枠組みに入っていく一方で，そこでやはり他律的に彼らを「治療」しようとするのであれば，それは刑罰に代わる強制であり，司法の「下請け」に他ならない。自らの問題に自律的に向き合う場として，法が本来有する人権保障の観点に立ちつつ，当事者の生き直しを支える契機を提供できる司法のあり方が模索されるべきであろう。
　　　　　　　　　　　　　　　　　　　　　　　　　　　（森久智江）

参考文献

(1) Winick, Bruce J, and David B. Wexler., (2003) *"Judging in a Therapeutic Key：Therapeutic Jurisprudence and the Courts"*. Carolina Academic Press.
(2) 指宿信監修／治療的司法研究会編著（2018）『治療的司法の実践　更生を見据えた刑事弁護のために』第一法規

更生保護と刑事司法

　日本では，施設内処遇を「矯正」と呼ぶのに対し，社会内処遇を「保護」と呼ぶことが一般的である。この保護の領域を指して，「更生保護」という語が用いられている。しかし，今日では，更生保護と社会内処遇を同義的に用いるのは現実にそぐわなくなっている。

　世界の動向をみると，社会内処遇は，概念の拡大傾向が見られ，広く非拘禁的措置を含むものと把握されるようになった。しかも，非拘禁的措置は，拘禁に代わる受け皿として社会内で執行される刑罰および刑罰以外の行政的措置まで多様な方策を含む広い概念として用いられている。社会奉仕活動，被害賠償，損害回復，被害者・加害者和解，治療命令，外出禁止命令，電子監視などがそれである。また，保護観察を電子監視や社会奉仕命令などと結びつけることによって，保護観察を独立した制裁あるいは「社会内刑罰」と位置づける国もある。そこでは，保護観察の理念とされたソーシャル・ケースワークは後退し，保護観察は，対象者の福祉的支援から監視機能の強化へと重点を変えつつある。

　このような非拘禁的措置を刑罰化し，監視機能を強化する方向を一方の極とすれば，他方の極には，福祉的ネットから排除され，社会的孤立の中で犯罪に陥った高齢・障害者等を刑事司法手続から外し，福祉へとつなぐ方策として非拘禁的措置を把握する方向もある。例えば，日本における近年の「刑事司法と福祉の連携」の試みである。地域生活定着支援センターの設置，出所者就労支援事業者機構の設立，矯正施設及び更生保護施設への社会福祉士の配置，刑事施設出所後の出口支援から執行猶予や起訴猶予段階における入口支援への拡大など，大きな変化が生まれている。確かに，刑事司法の各段階，特に猶予処分（微罪処分，起訴猶予，執行猶予），量刑，仮釈放や満期釈放のプロセスにおける福祉との連携，また，実体法である刑法の再犯加重や執行猶予など刑罰規定の見直しや，執行裁判所の設置提案など，刑罰を文字通り「最終手段」とし，できる限り刑罰に依存することなく犯罪に対応する社会の実現へ向けた検討は必要であろう。

　しかし他方で，刑事司法と福祉の連携を無批判に促進し，非拘禁的措置を拡大する傾向に対しては慎重でなければならない。それはまた，国家的・社会的な統制網が刑事施設を超えて社会へと拡大していくことをも意味しうるからで

ある。

　非拘禁的措置の社会内刑罰化ではなく，福祉との連携を促進することが，「福祉の刑事司法化」をもたらし，対象者の人権を制限し侵害することになってはならない。そのため，刑事司法と福祉の連携において，福祉が再犯防止を目的として個人に対する権力的・強制的介入をしたり，被支援者の動静を監視し通報するようなことは福祉の本旨に反するし，刑事司法が，事実上，福祉を再犯防止の下請け機関化したりすることは許されない。両者の連携の際には，あらためて対象者の人権保障，適正手続の保障を実質化することが必要であり，また，福祉の側には，その基本的価値や理念を損なうことなく，刑事司法と対等な関係性，自立性を保った上で，対象者の社会復帰に向けて刑事司法手続きに関与するようなあり方が求められる。

　更生保護法は，1条において，更生保護の目的として，改善更生への支援と並んで再犯防止を規定した。しかし，再犯防止概念は，本人支援と社会防衛の両者を内包しており，その用い方によっては，視点が本人支援から社会防衛へと容易に転換しうるものである。戦後改革の中で更生保護は，福祉との関係が近いものとして認識され，保護観察は，指導監督と補導援護という二つの任務の対立緊張関係の中でも，指導監督による監視ではなく，補導援護による更生支援を重視し，ソーシャルワークの理念でもって運用されてきた。従って，更生保護において再犯防止は，対象者との信頼関係を築く努力をし，彼らの生活再建のための支援を提供し，その自立的生活が構築された結果（反射的効果）として実現されるものと考えるべきであろう。

　更生保護は，刑事司法と福祉の間で揺れ動いている。更生保護を刑事司法の一環として再犯防止と社会防衛を目的とする刑事政策へと近づけるのか，それとも，福祉的ネットから排除された犯罪や非行をした人への生存権の保障あるいは社会復帰の支援として福祉政策へと近づけるのかは，今後の更生保護の在り方を根底から変える根本的な問題である。　　　　　　　　　　（土井政和）

参考文献
(1) 刑事立法研究会編（2007）『更生保護制度改革のゆくえ』現代人文社
(2) 刑事立法研究会編（2012）『非拘禁的措置と社会内処遇の課題と展望』現代人文社

刑の量定（判決前調査制度を含む）と更生保護

　現行制度の枠組みで更生保護が刑の量定（量刑）とかかわるのは，主には量刑後の刑または処分の執行や執行後の段階である。

　刑の量定は，裁判所が，法定刑から刑種を選択し，刑法上の加重減軽の順序（72条）にしたがい処断刑を形成し，その範囲内で具体的な宣告刑を決めるという順番で行われる。その際，刑の執行猶予の許否や保護観察の有無も判断される。

　犯罪に関係する事実は多様であるため，裁判所は具体的な裁判でどの個別事情（量刑事情）をどの基準で判断すべきか（量刑基準）が問題になる。量刑基準を定めた規定は現行刑法にはない。かつて立法の試みがあったものの（改正刑法草案48条），実現していない。裁判実務上は，起訴裁量主義に関する刑事訴訟法上の規定（248条）が「犯人の性格，年齢及び境遇，犯罪の軽重及び情状並びに犯罪後の情況」を踏まえ公訴を提起しないことができる旨を定めることを参考に，総合的判断で量刑が行われている。宣告刑の多くは，従前から検察官による求刑の6割から8割程度といわれており，裁判員裁判開始後は量刑データベースも積極的に活用されている。しかし，その量刑相場も事実上のものにすぎず，量刑にあたっての裁判官の裁量は大きい。そのため，量刑判断の透明性を高めることが古くから課題とされてきた。

　量刑事情に関しては，行為責任主義が妥当していることを理由に，裁判実務上，犯行の態様，手段の悪質性，種類，罪質，被害結果の大小・程度，数量，動機，計画性等，犯罪行為に直接関係する事情である（狭義の）犯情に着目して刑の幅を決め，その中で一般予防，特別予防，損害賠償の有無，示談の有無等，刑事政策に関係する情状である一般情状を考慮して具体的な刑を決めるのが一般的であるとされる。刑の執行猶予の許否に関する判断でも，同様に，犯情が重視される。

　しかし，犯罪予防はもちろん責任非難も，犯罪行為の背後にある個別的な事情を検討してこそ実質化できるともいえる。この観点から人間行動科学の専門的知見を踏まえた量刑を行う制度として判決前調査制度が関心を集めてきた。これは，狭義では，刑事手続において適切な処遇決定や量刑を行うために必要な資料を起訴後判決前に調査官に収集させる制度のことを指し，広義では，起

訴猶予にすべきかどうかの判断資料の収集を目的とする起訴前調査も含めた制度のことをいう。刑事手続を事実認定手続と量刑手続とに分け（手続二分），有罪の事実が認定された後にプロベーション・オフィサーが専門的な調査を行い，裁判所がそれを踏まえて量刑を行うのが，伝統的な形態である。

　日本には，これと類似する制度として，社会調査や鑑別が少年司法にあるが，刑事司法にはない。この制度の刑事司法への導入は 1950 年代から検討されてきたものの，調査実施の手続段階（公訴提起前も含めるか）や機構のあり方（裁判所所属機関とすべきか）をめぐり激しい見解の対立があった他，当事者主義をとる一方で手続を二分していない現行刑事訴訟法が予定する手続構造や調査結果の証拠法上の扱いに課題が残るとの指摘もあり，現在まで導入されるに至っていない。

　しかし，近時，死刑事件や少年事件，執行猶予事件等で専門的な知見なしに裁判員裁判で量刑を行うことの難しさや，入口支援等の再犯防止措置への関心の高まりを背景に，判決前調査，そして，これに類似する機能をもつ情状鑑定や更生支援計画が新たに注目を集めている。情状鑑定は，訴因以外の情状につき，裁判所が刑の量定や被告人に対する処遇方法を決定するために必要な知識を専門家が提供することを目的とする。更生支援計画は，福祉的支援が必要な場合に障害特性等を踏まえて法に触れる行為を繰り返さないために必要になる支援を具体化する目的をもっており，一般に福祉専門職により作成される。

　アメリカでは，量刑のあり方や処遇思想の変遷に伴い，判決前調査の焦点が行為者から行為に移る一方，判決前調査報告書が「減軽の専門家（mitigation specialist）」としての公設弁護人事務所所属の司法ソーシャルワーカーにより作成されるようになるなどの新しい動きが見られる。こうした動きは，犯情で大枠を決める量刑のあり方を前提にしても判決前調査の必要性がなくなるわけではないことを示唆する。更生保護関係機関をも含めて人間行動科学の専門性をもつ担い手が量刑と事前にかかわりをもつ制度を具体的に検討することが現在の大きな課題となっている。　　　　　　　　　　　　　　　　（武内謙治）

参考文献

(1) 大阪刑事実務研究会編著（2011，2013）『量刑実務体系1〜5』判例タイムズ社
(2) 須藤明＝岡本吉生＝村尾泰弘＝丸山泰弘編著（2018）『刑事裁判における人間行動科学の寄与——情状鑑定と判決前調査』日本評論社

猶予制度（起訴猶予，執行猶予）と福祉的支援

　定式的かつフルコースの犯罪処理手続の典型例は例えば，犯罪発生・認知→警察捜査→事件の検察官送致→検察官の事件処理・起訴→裁判所による事実認定・量刑→刑務所で刑の執行→執行終了後に釈放，ということになる。

　各年の『犯罪白書』などで犯罪統計を確認すると明らかだが，現実には，この定式的・フルコースの経路をたどるのは，多数ある事件のうち，むしろ少数派である。ここから非定式的な方法でコース外に逸らすダイバージョン（diversion）と総称される措置が，各段階に用意されている。このうち，検察官の事件処理の段階における措置が，起訴猶予である。検察官は，その事件処理において大きな裁量を有しており，犯罪の嫌疑がある（と検察官が考える）ときでも起訴しないことができる（刑事訴訟法 248 条参照）。このような裁量を持たせる仕組みを起訴便宜主義といい，その裁量を発揮して起訴をしない措置が起訴猶予である。起訴猶予により事件は一応の決着をし，刑事司法過程は終了する。

　起訴された事件について裁判所が量刑をする段階での措置が，刑の執行猶予である。執行猶予には，刑の全部の執行猶予（刑法 25 条）と，刑の一部の執行猶予（刑法 27 条の 2）がある。全部執行猶予の場合はまさしく刑の執行が猶予され（問題があって執行猶予が取り消されると，刑が執行される。刑法 26 条・26 条の 2），猶予期間が無事に経過すると刑の言渡しの効力が失われる（刑が執行される可能性がなくなる。刑法 27 条）。他方，一部執行猶予の場合は刑務所での刑の執行が先行する（詳しくは≪刑の一部執行猶予者と更生保護≫参照）。全部執行猶予には，保護観察が付くもの（保護観察付執行猶予。刑法 25 条の 2 参照）と付かないもの（対比的に単純執行猶予と呼ばれる）がある。

　これらの場合，特に問題が発生しない限り，刑は執行されない。しかしながら，その中には，それまでに福祉的支援の網からこぼれ落ちてきて，被疑者・被告人として刑事手続に関わることによって初めてその福祉的ニーズを見出される者が少なからずいる。加えて，それぞれの措置までの間に未決拘禁（逮捕・勾留）に付されていれば，社会と隔絶された生活期間が生じることとなるし，そうでなくとも被疑者・被告人として刑事手続に関わったことにより，スティグマなど一定の負因を新たに有することにもなる。生活再建・社会復帰のために，これらの措置に際して福祉的支援が必要となる所以である。

　このうち，保護観察付執行猶予者に対する支援は，第一義的には保護観察の枠組みの中で行われることになるが（≪保護観察付全部執行猶予者に対する保護観察≫を参照），起訴猶予や単純執行猶予となった者については，同意・申出に基づく任意の支援枠組みが必要となる。このことは戦後直後から認識されていて，これに法制度的に対応したのが旧・更生緊急保護法（昭 25 法 203）により設けられ，現在は更生保護法 85 条以下にその規定をおく更生緊急保護の仕組みである（具体的には【更生緊急保護】参照）。

　近年では，これら起訴猶予や全部執行猶予などは，刑事司法過程においては比較的初めのほうに位置付けられることから，その段階で行われる福祉的支援を総称して「入口支援」と呼ばれることもある（≪入口支援と出口支援≫も参照）。「入口支援」という語が一般的になる以前から，情状弁護の一環として，福祉的支援に係る弁護活動を行ってきた弁護人もいたが，「入口支援」の語の流通と相前後して，こういった弁護活動はより系統的・一般的となってきている（≪更生保護と弁護活動≫参照）。また，一部の地域生活定着支援センターも従前から「入口支援」に携わってきたが，2021 年度から高齢・障害被疑者等支援業務として事業化されている。

　検察庁では，社会福祉士の非常勤配置による福祉的ニーズの発見，起訴猶予見込みの者に対する保護観察所との連携による更生緊急保護の事前調整など入口支援への取組みを強めているほか，保護観察所でも特別支援ユニットを設置して，入口支援を要する者への対応に特化した業務を行っている。

　他方，入口支援には，アセスメントのための時間確保や情報共有のあり方，担い手の多層化と役割分担，社会復帰処方箋である一方で処分決定資料でもあるという入口支援における更生支援計画書の二面性，無罪推定原則との調和，本人の同意・任意性の確保など，多くの課題もある。その理論的・実務的な克服のうえに，入口支援のさらなる拡充を目指していかなければならない。

（正木祐史）

参考文献

(1) 法務省・厚生労働省（2020）『入口支援の実施方策等の在り方に関する検討会検討結果報告書』
(2) 正木祐史（2014）「更生保護法における社会復帰支援についての法的・制度的課題」，『犯罪社会学研究』第 39 号，54-65.

仮釈放制度

　仮釈放は，自由刑の執行終了前に受刑者を刑事施設から仮に釈放する制度である。その目的は，施設内処遇に続き社会内処遇を行う期間を確保することで受刑者の改善更生と社会復帰を図ることにあるが，要件，法的性質，形態，仮釈放期間，審理・決定機関，手続等は国によって異なる。

　仮釈放要件については，各国とも形式的要件たる法定期間と実質的要件としての社会の安全に対するリスク（再犯のおそれ）を法定するのが一般的であるが，イギリスのように一部の自由刑（仮釈放のある終身刑）において裁判所が判決で最低執行期間を決定する国もある。

　我が国の仮釈放は，仮釈放から刑期満了までの残刑の間も社会の中で自由刑の執行が続く刑の一執行形態とされる。法律上，釈放後も刑期が進行し，残刑期間の経過によって刑の執行が終了することから，仮釈放後の保護観察は残刑期間に限定されることになる（残刑期間主義）。これに対し，ドイツの場合，仮釈放は残刑の執行猶予であり，残刑期間を上回る執行猶予期間を設定して，その間，保護観察に付すことができる（考試期間主義）。猶予期間中に執行猶予が取り消されない場合，残刑の執行は免除されることになる。

　我が国やドイツの仮釈放は，受刑者毎に仮釈放の適否を審査する裁量的仮釈放制度である。これに対し，アメリカの一部の州やイギリスなど国によっては，一定の刑期の経過によって自動的に仮釈放にする必要的仮釈放制度が導入されている。アメリカでは，20世紀における社会復帰思想の隆盛とともにパロールと呼ばれる仮釈放が広く適用されるようになったが，1970年代に社会復帰処遇に対する懐疑論や公正モデルが唱えられ，さらに80年代に量刑忠実法が制定されるようになると，裁量的仮釈放を廃止ないし縮小し，代わって必要的仮釈放や監督付釈放等を導入する州が増えている。

　必要的仮釈放は，公正且つ公平な仮釈放を実現することに寄与するとされるが，その最大の利点は，満期釈放を回避し，受刑者の社会内処遇を確保することにある。その一方で，宣告刑の趣旨を損なう，再犯のおそれの高い者まで仮釈放の対象となる，社会内処遇機関の負担が重くなるなどの問題点が指摘されている。我が国でも，刑法全面改正作業の過程において提案されたことがあるが，導入されていない。

　また，アメリカには，善時制に基づく善時的仮釈放の制度があり，必要的仮釈放の一種とされることがある。これは，刑事施設における善行保持や処遇成績を勘案して一定期間毎に善時を日数で付与し，その合計日数分だけ早期に仮釈放するものである。この制度も社会内処遇の確保につながる一方，施設の規律秩序維持の手段となりやすい，施設での善行保持が更生を意味するとは限らず，受刑者の表面的な服従迎合を助長するに止まるといった批判が従来からなされている。

　なお，アメリカには監督付釈放や釈放後監督の制度もある。これは司法的パロールと呼ばれることもあるが，裁判所が判決において一定の拘禁と社会内での監督を言い渡す刑罰ないしその付随処分であって，本来の仮釈放とは異なる。

　仮釈放は，その後の社会内処遇と結び付いてこそ本来の効果を発揮するものである。アメリカで発展したパロールとは，釈放後の監督や処遇と結び付いた仮釈放を指す。戦後，パロール型の仮釈放を採用した我が国を含め多くの国の仮釈放も，期間中，保護観察が必要的とされている。但し，受刑者の予後が良好な場合には例外的に仮釈放後の保護観察を付けないことを認める国もある。

　仮釈放の審理・決定は，日本の場合，法務省の地方支分部局に当たる地方更生保護委員会が所管し，アメリカでも知事が任命する委員から成るパロール・ボードと呼ばれる行政委員会が仮釈放の審理・決定を行っている。これに対し，ドイツでは，刑罰執行裁判所と呼ばれる裁判所が仮釈放（残刑執行猶予）を担っており，刑事施設からの上申又は職権により仮釈放の許否を決定している。法務省下の委員会が仮釈放の適格審査を行うが，検察官や裁判官も委員となっている韓国のような例もある。

　受刑者による仮釈放の審査請求権については，アメリカやイギリス（一部の受刑者）等これを認める国もあるが，我が国の場合，仮釈放の申出は刑事施設の長が行い，受刑者に仮釈放審査請求権を認めていない。戦後の僅かな期間，仮釈放出願制度が導入されていたが，これは受刑者の意思確認に止まり，仮釈放には別途，刑務所長の手続が必要とされていた。　　　　　　　（太田達也）

参考文献

(1) 瀬川晃（1991）『犯罪者の社会内処遇』成文堂
(2) 伊福部舜児（1993）『社会内処遇の社会学』日本更生保護協会

更生保護と弁護活動

(1) 弁護活動の目的

　被疑者・被告人には，弁護人選任権が憲法上保障される（憲法34条前段，憲法37条3項）。実質的な弁護人による援助を受ける権利である。弁護士職務基本規定46条は，刑事弁護に関し，「最善の」弁護をすべきとし，身体拘束からの解放に努めることや（47条），防御権，弁護権に対する違法・不当な制限に対して必要な「対抗措置」を採るよう努める（48条）ことを規定する。言い換えると，弁護活動の目的は，被疑者・被告人の自由と権利を最大化することにある。そして，弁護人には，被疑者・被告人に対人援助ニーズがある場合には，個別具体的なニーズに対応し，自律的選択を可能とする援助をするとともに，通常の環境調整を含む弁護活動をすることが求められる。

　上述の弁護活動の目的に照らせば，「再犯の防止」を弁護活動の直接の目的とすることは本来の弁護活動の目的との乖離を生じさせる。なぜなら，再犯防止を直接の目的とすることは，必然的に被疑者・被告人の権利や自由に対して制約的に働くからである。必要な援助を提供し，被疑者・被告人の主体的な選択が可能な状況を整え，本人の選択を促す活動がなされたとすれば，援助が奏功する可能性は高まり，再犯に及ぶ可能性は結果として減る。このようなプロセスは，本人の選択の結果であると評価でき，問題はない。しかし，再犯を予防するという見地から対応を検討する場合には，被疑者・被告人の権利を最大化するどころか，弁護人自身がその権利を抑制する装置のひとつとなる恐れすらある。援助者としての弁護活動の目的が，明確に意識されることが必要となる。

(2) 他機関連携を含む弁護活動の標準化

　弁護士会独自の取組みから始まった当番弁護士制度による弁護活動の実効性に対する評価が，被疑者国選弁護制度の拡大に繋がり（2016年刑訴法改正により全勾留事件に拡大），被疑者段階からの継続した援助の提供が可能な制度が構築されつつある。

　従来から，環境調整は弁護活動の標準的な内容であった。もっとも，当初社会資源として認識されていたのは，主として被疑者・被告人の家族・親族など，被疑者・被告人がもともと有していた社会的繋がりであった。一方，対人援助職との協働や，福祉機関との連携については，個人の人脈や経験等により協力

者・協力機関を見出すなどの，個々の弁護人の能力や努力に依存する状況が継続してきた。対人援助ニーズを有する被疑者・被告人について，福祉の領域の対人援助職との協働が強く意識されるようになったのは，再犯防止の文脈ではあったが，2009年，地域生活定着支援センターが設立され，長崎をはじめとした一部の地域の取組みにより，「入口支援」としての更生支援計画の策定等が弁護活動の一環としてなされる事例が現れたことが大きい。また，同年の裁判員裁判の開始は，刑の言渡しの後に被告人がどのように社会復帰を果たすかという，実刑が予想される場合には，あまり重視されてこなかった観点が，弁護活動においても強く意識される契機となった。

　2009年以降，大阪弁護士会をはじめとする複数の単位弁護士会で，福祉との連携を可能とする制度が構築されるとともに，先進的な取り組みとしての入口支援，出口支援がなされた事案の情報共有等が積極的になされている。他機関とも連携し，被疑者・被告人が社会において再び安定した生活を送ることができる環境調整が，弁護活動の標準的な内容として認識されている。

(3) 対人援助職との連携に関する課題

　他の対人援助職との連携・協働については，相互に，当該領域の基本的知識や専門職としての役割を理解した上での活動が必要となる。特に，弁護人の被疑者・被告人の自由・権利の最大化という観点からする活動が，他の対人援助職から，被告人の刑を（不当に）軽くするものと受け止められる可能性が指摘されている。対人援助職と連携する場合には弁護活動の目的についての丁寧な説明が求められる。

(4) 弁護人の援助の限界と課題

　弁護人の援助は，現状，刑事事件が継続している限り提供される場合が多い。特に，国選弁護の場合，報酬の対象となるのは，被疑者の場合には身体拘束の終了や終局処分まで，被告人の場合には判決の言渡しの期間でなされた活動に限定される。もっとも，国選弁護人としての活動が終了したとしても，弁護士として，対象者に提供できる援助は存在する。それぞれを連続して提供できる仕組み，あるいは，スムーズに次の援助に繋げる仕組みが構築されることが望まれる。　　　　　　　　　　　　　　　　　　　　　　　　　（高平奇恵）

参考文献
(1) 刑事立法研究会編（2018）『「司法と福祉の連携」の展開と課題』現代人文社
(2) 藤本哲也・生島浩・辰野文理編著（2016）『よくわかる更生保護』ミネルヴァ書房

更生保護と少年司法

少年司法システムの目的と刑事司法システム・児童福祉行政システムとの関係

(1) 少年司法システムと刑事司法システム

少年司法システムは，少年の健全育成を主目的として，「犯罪少年」「触法少年」「虞犯少年」という3類型の非行少年に対し保護処分を科すものである（少年法1条〔以下では少年法は条文のみ記載〕）。少年法は，20歳未満を少年と定め（2条），刑罰の対象となりうる14歳以上の者を「犯罪少年」（3条1項1号），刑事未成年により刑罰を科せない14歳未満の者を「触法少年」として区別する（3条1項2号）。さらに，刑法に違反する行為はしていないが，一定の行状の下で，その性格又は環境に照して，将来，罪を犯し，又は刑罰法令に触れる行為をする虞のある少年を「虞犯少年」と定める（3条1項3号）。保護処分は，少年鑑別所や家庭裁判所調査官による資質や環境面の調査を経て，家庭裁判所が非行事実と要保護性に基づき言渡すもので，「保護観察」「児童自立支援施設又は児童養護施設送致」「少年院送致」が定められている（24条）。

一方，刑事司法システムは社会秩序維持（社会全体の福祉の実現）を主目的として，犯罪者に刑罰を科すものである。刑罰は刑事裁判所において，厳格な事実認定に基づき行為責任の大小に応じて言渡される。刑法では，「死刑」「懲役」「禁錮」「罰金」「拘留」「科料」と，付加刑の「没収」が定められている（刑法9条）。

保護処分と刑罰は，強制力を背景とする点では共通だが，前者が「非行少年個人の福祉」の実現を主目的とし，健全育成のための処分（1条）としての性質を持つ一方，後者は「社会全体の福祉」の実現を主目的とし，応報としての刑罰を科す制裁としての性質を持つ。

わが国では，犯罪少年には少年司法システムが原則対応するが，家庭裁判所が調査・審判の段階で刑事処分相当と認める場合には例外的に検察官送致（逆送）として，刑事司法システムに係属させることとしている（20条1項）。ただし，故意の犯罪行為により被害者を死亡させた罪の事件で，犯行時16歳以上の事件については原則検察官送致となる（20条2項）。他方，刑事司法システムに係属した犯罪少年には，起訴後の公判審理における教育的配慮（50条・刑事訴訟規則277条），科刑の緩和と不定期刑（51条・52条），処遇上の配慮（56条），仮釈放の特則（58条・59条），資格制限の特則（60条）など，健全育成に係る特別

の規定が存在する。なお，成人年齢を 18 歳以上とする民法改正等との関連性から，2021 年の少年法改正により 18 歳・19 歳の者は「特定少年」とされ，原則検察官送致とする事件の範囲が拡大されたほか，虞犯少年規定や健全育成に係る特則の一部不適用，推知報道の禁止の解除などが規定されることとなった。

(2) 少年司法システムと児童福祉行政システム

　児童福祉行政システムは，児童の健全育成を目的に福祉的措置を行うものである（児童福祉法 2 条）。児童福祉法は 18 歳未満を児童と定め（同 4 条），心身に障害のある児童（同 4 条 2 項）や保護者のいない児童，保護者に監護させることが不適当であると認められる児童（同 6 条の 3 第 8 項）など，非行を行っていない者も対象とする。児童福祉行政システムは少年司法システムと同じく健全育成が目標だが，福祉的措置は保護処分と異なり，行政機関である都道府県知事又は児童相談所長が児童および保護者の同意を得て任意で行うのが原則である。そのうえで，たまたま児童の行動の自由を制限し，又はその自由を奪うような強制的措置を必要とする時に限り，家庭裁判所に送致して許可決定を得なければならない（同 27 条の 3）。なお，強制的措置の設備は国立の児童自立支援施設 2 ヵ所にある。

　わが国では，触法少年および 14 歳未満の虞犯少年には児童福祉行政システムが原則対応し，例外的に少年司法システムが対応する。これらの少年には児童福祉機関先議主義が取られ，都道府県知事又は児童相談所長から送致を受けた時に限り家庭裁判所の審判に付することができる（3 条 2 項）。ただし，触法少年の事件のうち，故意の犯罪行為により被害者を死亡させた罪や，死刑又は無期若しくは短期 2 年以上の懲役若しくは禁錮に当たる罪に係る事件等は，原則家庭裁判所送致となる（6 条の 6・6 条の 7）。一方，14 歳以上 18 歳未満の虞犯少年は，少年法上の送致・通告の対象である場合と児童福祉法上の通告の対象である場合とが競合しており，その判断が発見者に委ねられている（6 条 2 項）。また，児童自立支援施設及び児童養護施設は児童福祉法上の施設であり，児童福祉行政システムに則り本人及び保護者の同意を得て入所させることが原則だが，例外的に少年司法システムの下で強制的な保護処分として入所させることが可能である（24 条）。　　　　　　　　　　　　　　　　　　（宍倉悠太）

参考文献

(1) 石川正興編（2010）『犯罪学へのアプローチ』成文堂，22-34.
(2) 石川正興（2019）『犯罪者処遇論の展開』成文堂，209-251.

更生保護と少年司法
◇家庭裁判所における手続き──調査と審判の意義および両者の関係──◇

調査前置主義の趣旨と調査の意義

　家庭裁判所は,事件を受理したら調査しなければならない(少年法8条1項〔以下では少年法は条文のみ記載〕)。調査は,家庭裁判所裁判官が,主に事件記録(法律記録)に基づき,非行事実の存在等について法律的な審査・検討を行う法的調査と,家庭裁判所調査官が,少年の要保護性について,医学,心理学,教育学,社会学その他の専門的知識及び少年鑑別所の鑑別の結果を活用して行う社会調査がある(9条)。

　審判に先立って調査を実施することを調査前置主義という。審判に向けて個々の少年の要保護性に関する資料を十分に収集するとともに,調査の過程で教育的(保護的)措置を講じて要保護性を低減させることもできる利点がある。他方,関係者のプライバシーや無罪推定との関係から,法的調査が社会調査に前置され,裁判官が非行事実の存在等について蓋然的心証を得た場合に限り,社会調査が実施される。

　社会調査は,少年の境遇,経歴,教育の程度や,少年の家族の経歴等(少年審判規則11条),要保護性・処遇選択の資料となり得るものすべてを対象とし,面接調査,照会調査,環境調査,心理テスト・医学的検査,記録調査,被害者調査の方法により行われる。

　少年鑑別所は,主として観護措置(17条1項2号)の対象になった少年を収容して観護処遇を行うとともに,家庭裁判所等の求めに応じて鑑別を行う。鑑別は,主として少年の心身の状況と行動観察を中核とする資質面の調査に重点を置き,その結果は「鑑別結果通知書」として家庭裁判所に報告される。

　調査官は,社会調査の結果を「少年調査票」により裁判官に報告するが(少年審判規則13条1項・2項),その内容は,本件の非行,家庭,生活史,学業・職業関係,交友関係,性格,心身の状況,調査官の意見等から構成されている。

(吉開多一)

参考文献

(1) 田宮裕・廣瀬健二編(2017)『注釈少年法(第4版)』有斐閣,130-145, 218-224.
(2) 河原俊也編著(2017)『ケースから読み解く少年事件─実務の技─』青林書院,

15-17，75-115.

審判の方法と対象

　家庭裁判所は，調査の結果，相当であると認めるとき，審判開始を決定する（少年法21条〔以下では少年法は条文のみ記載〕）。ここで「審判」とは，家庭裁判所が審判期日に少年，保護者等に直接面接して行う審理及び裁判のための手続をいい，「少年審判」ともいう。

　審判の過程自体にも教育的な意味が期待されており，個々の少年の性格・問題状況等に即して柔軟に対応できるよう，「懇切を旨として，和やかに」行われ（22条1項），非公開とされる（同条2項）。

　こうした非形式性から，審判の方法は家庭裁判所の裁量に委ねられる部分が大きいが，保護処分も少年の意思に反してその自由を制約する不利益処分であるから，家庭裁判所の裁量は適正手続に則った合理的な裁量でなければならない（いわゆる流山事件に関する最決昭和58・10・26刑集37巻8号1260頁）。

　審判の対象は，現在の実務では非行事実と要保護性の双方だと考えられている（非行重視説）。非行事実の正確な認定は，少年の人権保障に加え，「少年の納得」を得て，健全育成を実現するためにも重要といえる（前掲流山事件の団藤裁判官補足意見参照）。

　要保護性の内容は議論もあるが，一般に保護処分の要件として理解され，①少年が将来再び犯罪・非行を行う犯罪的危険性（累非行性），②保護処分によって少年が矯正できる矯正可能性，③少年の処遇にとって保護処分が最も有効，適切な手段といえる保護相当性の3つの要素からなるとされている。

　家庭裁判所は，犯罪少年（3条1項1号）による死刑，無期若しくは長期3年を超える懲役・禁錮に当たる罪の事件で，非行事実を認定するため必要があると認めるとき，審判に検察官を出席させることができる（22条の2第1項）。また，12歳以上の少年による一定の重大事件について，被害者等から申出があるとき，傍聴を許すことができる（22条の4第1項）。　　　　　（吉開多一）

参考文献

(1) 田宮裕・廣瀬健二編（2017）『注釈少年法（第4版）』有斐閣，47-48，246-299.
(2) 川出敏裕（2015）『少年法』有斐閣，92-96，139-162.

家庭裁判所における各種処分の決定

　家庭裁判所が少年保護事件について行う決定には中間決定と終局決定がある。中間決定としては審判開始決定，試験観察決定等が挙げられる。審判開始決定は，家庭裁判所が，調査の結果，審判の開始が相当であると認める場合に行われる（少年法 21 条〔以下では条文のみ記載〕）。また試験観察決定は，家庭裁判所が，保護処分の決定に必要と認める場合に相当の期間，少年を家庭裁判所調査官の観察に付する決定である（25 条 1 項）。試験観察は，調査を補強・修正する機能とともに終局的な処分の留保によるプロベーションとしての機能を有する。なお，試験観察の付随措置（同条 2 項）等の少年への教育的・保護的な働き掛けが教育的（保護的）措置として実施されている。終局決定としては以下の 5 種がある。第 1 に審判不開始決定は，家庭裁判所が，調査の結果，審判に付することができず又は審判に付するのが相当でないと認める場合に行われる（19 条 1 項）。第 2 に都道府県知事又は児童相談所長送致決定は，家庭裁判所が，調査又は審判の結果，児童福祉法上の措置を相当と認める場合に，事件を都道府県知事又は児童相談所長に送致する決定である（18 条 1 項，23 条 1 項）。児童福祉法の適用がある少年について申請された強制的措置を家庭裁判所が許可する場合にも同決定となる（18 条 2 項）。第 3 の検察官送致決定には刑事処分相当を理由とするもの（20 条 1 項，23 条 1 項）と年齢超過（20 歳以上）を理由とするもの（19 条 2 項，23 条 3 項）がある。前者は，家庭裁判所が，死刑，懲役又は禁錮に当たる罪の事件について，調査又は審判の結果，その罪質及び情状に照らして刑事処分を相当と認める場合に，検察官に送致する決定である。「逆送決定」とも呼ばれる。なお，故意の犯罪行為により被害者を死亡させた事件で少年が犯行時 16 歳以上である場合には，原則として検察官送致決定となる（20 条 2 項）。また，特定少年（18 歳以上の少年）には検察官送致決定についての特例が定められている（62 条，63 条）。第 4 に不処分決定は，家庭裁判所が，審判の結果，保護処分に付することができず又は保護処分に付する必要がないと認める場合に行われる（23 条 2 項）。第 5 の保護処分決定には①保護観察②児童自立支援施設又は児童養護施設送致③少年院送致がある（24 条 1 項）。なお，特定少年には特例が定められている（64 条 1 項ないし 4 項）。　　　　　（小西暁和）

参考文献

(1) 裁判所職員総合研修所監修（2017）『少年法実務講義案（3訂版）』司法協会
(2) 田宮裕・廣瀬健二編（2017）『注釈少年法（第4版）』有斐閣

保護処分の種類：社会内処遇処分と施設内処遇処分

　保護処分（少年法24条1項）の種類について社会内処遇処分と施設内処遇処分とに分けることができる。保護観察は社会内処遇処分に当たる。保護観察処分少年については，保護観察所長による遵守事項違反に対する警告及び施設送致決定の申請を経た上で，施設内処遇処分への変更が可能となっている（少年法26条の4，更生保護法67条）。なお，特定少年にはこの点についても特例が定められている（少年法66条，更生保護法68条の2）。施設内処遇処分には児童自立支援施設又は児童養護施設送致と少年院送致が含まれ得る。児童自立支援施設（国公私立あり）及び児童養護施設（公立又は私立）は開放型施設であり，厚生労働省が所管する児童福祉施設の一種として児童の自立支援・養護のための福祉的援助を実施する。児童自立支援施設は，「不良行為をなし，又はなすおそれのある児童及び家庭環境その他の環境上の理由により生活指導等を要する児童」を対象とし（児童福祉法44条），また児童養護施設は，保護者のない児童，虐待されている児童，その他環境上養護を要する児童を対象とする（同法41条）。少年院（国立のみ）は閉鎖型施設であり，法務省が所管する矯正施設の一種である。少年院は，保護処分の執行を受ける者及び少年院において懲役又は禁錮の刑の執行を受ける者（少年法56条3項）を収容し，これらの者に対し矯正教育その他の必要な処遇を行う施設である（少年院法3条）。少年院において受けるのが保護処分の執行か刑の執行か，心身に著しい障害があるか否か，犯罪的傾向が進んでいるか否か等に従って第1種から第5種まで少年院の種類が設けられている（同法4条1項）。矯正教育は，「在院者の犯罪的傾向を矯正し，並びに在院者に対し，健全な心身を培わせ，社会生活に適応するのに必要な知識及び能力を習得させることを目的とする」（同法23条1項）。在院者毎に「個人別矯正教育計画」が作成され，処遇の個別化が図られている。（小西暁和）

参考文献

(1) 武千晴（2018）『児童自立支援施設の歴史と実践』勁草書房
(2) 法務省矯正研修所編（2016）『研修教材少年矯正法』矯正協会

修復的司法（restorative justice）

(1) 意義

　修復的司法とは，特定の害（harm，犯罪及びこれに準ずる心身に有害な影響を及ぼす行為。以下「犯罪等」という。）の結果及びその結果が将来において有する潜在的な影響をどのように扱うかについて，その犯罪等に利害関係のある者が，集団的に解決を図る，一つの過程（process）である。修復的司法の定義には，本稿の前提とする，関係修復の過程に重点を置く立場（純粋論者，purist）と修復的な結果の実現に重点を置く立場（最大化論者，maximalist）がある。前者は定義に特定の目的を付加しない中立的な立場で，国連の「刑事事件における修復的司法プログラムの使用に関する基本原則」（2002 年）でも採用された。基本原則は，修復的司法とその実践に関する国際標準を示すもので，詳細な「修復的司法プログラムに関する手引書」が公刊された（UNODC，2006，改訂版 2020）。

(2) 沿革・世界的潮流・実践形態

　修復的司法の考え方は，紀元前から存在していたとされる。しかし，関係者の基本的人権の保障を前提とした現代的な修復的司法は，現行の刑事司法制度では十分に対応できない，犯罪被害の実質的な修復などの諸課題の解決を模索するための実践的なアプローチとして，1974 年にカナダのキッチナーで開始された，被害者・加害者和解プログラム（victim offender reconciliation program，VORP）を嚆矢とする。その後，理論化や実証研究が進められ，1990 年代以降，その実践は世界的に広がった。修復的実践には，VORP のほか，被害者・加害者・地域社会の関係者等が一堂に会する家族集団カンファレンス（family group conference），被害者・加害者調停（VOM），量刑サークル（sentencing circle）など多様な形態が見られる。現在 80 か国余において，何らかの形で導入されている。

　修復的実践の新たな展開としては，刑事司法の枠を超えて，教育（いじめなど），医療過誤と説明責任，職場（多様な形態のハラスメント），児童や高齢者虐待など，多様な場面における紛争の解決・予防のために，修復的な観点からアプローチすることが国内外でなされており，その応用分野が拡大しつつある。

　日本では，NPO 法人対話の会が，少年非行事件での実践を 2001 年に開始したのを嚆矢とし，その後，対象を成人に拡大した。現在，複数の NPO 団体が，教育，児童・高齢者虐待など新分野での修復的実践を行っている。

(3) 修復的司法の実践の効果——再犯防止機能ほか

刑事司法制度との比較において修復的実践の「有効」性を評価しうる分野として，①被害者支援機能，②再犯防止（特別予防）機能，③犯罪者改善更生支援機能などが挙げられる。いずれの分野でも複数の研究例があり，①では弁償や真摯な謝罪を受け，安全感を回復したとする被害者の比率が80%前後であり，③では謝罪し，真実を語り，損害回復をしたいという加害者のニーズの満足度が88%と，いずれも修復的司法過程を経た者の方が刑事司法手続対象者よりも満足度が大幅に高い。また，修復的過程を経た被害者は，心理的な悪影響からの回復が早く，職場復帰までの期間が短縮された。②では，一定の水準を満たした多数の修復的司法プログラムのメタ分析の結果，全体を平均して（成人・少年，犯罪結果が重大か否かを問わず），刑事司法手続を経た者よりも統計的に有意な再犯削減効果が認められた。罪種別の再犯率でも，刑事手続を経た者と比較して，粗暴犯で効果が大きく，住居侵入窃盗，器物損壊，車上荒らし等でも統計的に有意な再犯削減効果が認められている。これらの研究以外にも，家族集団カンファレンスや少年に対する修復的司法プログラムの効果などに絞ったメタ分析もあり，統計的に有意な再犯削減効果とともに，費用対効果においても刑事司法手続よりも優れていることが示された。

(4) 修復的司法の法制化

世界初の修復的司法の法制化は，少年犯罪の処分手続について家族集団カンファレンス前置主義を採用した，ニュー・ジーランドの1989年児童・青年及びそれらの者の家族法である。イギリスでは，少年犯罪者に対する家族集団カンファレンスを活用した処分を少年裁判所が命ずることを規定する1999年少年司法及び刑事証拠法に続いて，2013年犯罪及び裁判所法で，成人に対する修復的実践を導入した。オーストラリア首都特別区では，2004年犯罪（修復的司法）法に基づき，深刻でない犯罪を行った者及びDVを行った者を，警察，検察，裁判所，量刑委員会が，本人の同意を得て，修復的司法カンファレンス実施手続に付託することができる。アジア初の法制化は，台湾での2017年司法改革による関連法律の改正により，成人・少年に対する修復的実践が導入された。

（染田　惠）

参考文献

(1) 染田惠(2006)『犯罪者の社会内処遇の探求―処遇の多様化と修復的司法―』成文堂
(2) UNODC（2020）*Handbook on Restorative Justice Programmes, Second Edition.*

問題解決型法廷（problem-solving court）

(1) 意義

　問題解決型法廷（problem-solving court）とは，単一の犯罪に焦点を当て，そこに関わる諸問題の解決により，再犯を減少させようとする司法の枠組みをいう。その特徴は，治療的法学（therapeutic jurisprudence）の考え方をベースに，行動科学と手続的公正に関する社会心理学の知見などを活用して，多機関連携チームを率いる裁判官が，犯罪者の長所を引き出しつつ，柔軟かつ創造的な処分を行い，犯罪者の更生と社会への再統合を促進しようとする点にある。

　薬物依存，ドメスティック・バイオレンス，青年犯罪など取り組む問題に応じて，それぞれ，ドラッグ・コート，DV コート，ユース・コートがある。

(2) 歴史と必要性・運営の実際

　世界初の問題解決型法廷は，1989 年に，全米初のドラッグ・コートとして，フロリダ州で誕生した。当時，薬物関連犯罪者（薬物依存者，薬物入手のための財産犯，薬物使用に起因する粗暴犯など）が，米国の刑務所人口で高い比率を占めていたが，拘禁刑で，これらの犯罪や再犯は減少せず，新しい効果的対策が模索されていた。そこで，拘禁刑を回避して強制的な薬物乱用者処遇に導入するダイヴァージョン・プログラムを活用しつつ，薬物依存からの回復に裁判所が治療的なアプローチで関与するドラッグ・コートが考案された。その成果をもとに，ドラッグ・コートは全米で約 3,600 か所と普及し，英・豪・加でも，名称は別として，同様の枠組みが導入された。その後，通常の刑事手続で対応困難な特定の問題に，同様の手法で対応する多様な法廷が，全米各地に誕生した。

(3) 実証された効果

　設置例と研究例が最も多いドラッグ・コートについては，154 本の実証研究の系統的レビューとメタ分析の結果，成人・少年共通して，再犯削減効果があることが実証されている（Campbell Collaboration の DB に 2012 年収録の論文）。

コミュニティ・ジャスティス（community justice）

(1) 意義

　コミュニティ・ジャスティスとは，地域に根ざした司法として，地域に密着

し，地域と共に歩む，顔の見える裁判所を目指す裁判所改革の考え方である。その特徴は，地域司法センター（community justice center）の設置を核に，犯罪が多発する地域において，割れ窓理論（broken windows theory）を背景に，センターが，比較的軽微な犯罪をした者に，拘禁刑以外の柔軟な刑事処分と併せて，各種のワンストップ・サービスを提供することにより，その地域全体の犯罪率の減少，地域住民の生活の質と福祉の向上を図ろうとする点にある。

(2) 歴史と必要性・運営の実際

　貧困で，犯罪発生率が高く，学校の就学率が低い地域では，その地域の住民に，刑務所と社会の間を往復する回転ドア（revolving door）現象が生じることがある。その場合，伝統的司法の枠組みに基づく拘禁刑を中心とした取組だけでは，犯罪予防や再犯防止に十分な効果が期待できない。そこで，より根本的な対策として，問題を抱える地域自体を変えようという目的を持って，1993年に全米初の地域司法センターが，ニューヨークのミッドタウン（Midtown）に設置された。その成果を踏まえ，より本格的な拠点として，2000年，ニューヨークのブルックリンに，レッドフック（Red Hook）地域司法センターが設置された。このセンターは，全米初の複数の法域に関するケースを一人の判事で対応する裁判所（multi-jurisdictional courtroom）で，一人の判事が刑事，民事，少年のすべてを担当する。そこでは，治療的法学の考え方等を踏まえて，判事が犯罪者を一人の人間として尊敬の念をもって接し，処分後の指導監督期間内も，判事が継続的に犯罪者と裁判所で会う。こうして犯罪者やその家族等の現況やニーズの把握に努め，多機関連携の下で，指導や家族を含めた支援等を行う。

(3) 実証された効果

　レッドフック地域司法センター設置後，近隣の伝統的裁判所で処分を受けた者と比較して，成人・少年ともに再犯率の減少が見られた。また，住民の犯罪に遭遇する不安は半分以下に低下し，費用対効果では，新規の犯罪被害者減少により，センター運営費用の2倍の費用が節約できた。そこで，これをレッドフック・モデルとして全米に拡大し，70か所を超える地域司法センターが設置されたほか，カナダ，オーストラリア，イギリスで導入が検討されている。

（染田　惠）

参考文献

染田惠，小板清文，郷原恭子，水上太平，櫻田香ほか（2009）「再犯防止に関する総合的研究」，研究部報告42，法務省法務総合研究所

多機関連携による支援

(1) 意義

　多機関連携とは，ある特定の目的を達成するために，複数の行政機関，団体，個人などが緊密な協力体制を構築し，その目的実現を図ることである。この分野で先行し，実績も多い欧米等では，「多機関連携アプローチ」（multidisciplinary approach, multi-agency approach）と呼ばれている。刑事司法との関係では，欧米での実証研究によると，再犯減少効果は，指導と同時に多機関連携の下での多様な支援に重点を置いた犯罪者処遇プログラムに認められ，指導監督のみを強化したプログラムは効果に乏しいとされている。近年，日本の犯罪者処遇分野でも，多機関連携による支援の導入が進められ，後述の法律の新規制定（2016年施行）でその充実・強化が明記された。

(2) 刑事司法的な目的達成のための多機関連携

　多機関連携の利点は，一つの機関等では対応できない①広範かつ，②長期間にわたり対応を要する課題に対し，包括的・統合的・継続的に対応できることにある。犯罪者処遇のための多機関連携では，刑事司法的な目的，すなわち，再犯防止及び犯罪者の社会復帰促進が，犯罪者処遇を本来の設置目的としない関係機関間でも，統一的目標として共有されることが不可欠である。これが，一般的な福祉・教育・医療等分野での多機関連携との基本的な差異となる。

(3) 犯罪者処遇における多機関連携の実際

　犯罪現象は多面的・複合的であり，各人が抱える動的再犯危険因子（dynamic risk factors）は，住居・就労の不安定，犯罪親和的な者との交友，薬物等依存，不健全な余暇活動など多岐にわたる。同時に各人には，犯罪の抑制に寄与する保護因子（protective factors）もある。実務的には，それらをアセスメントによって把握し，多機関連携による指導・支援の下，①動的再犯危険因子に対応した方法で犯罪者のリスク・コントロールを図ると同時に，②各人に内在する長所（strength）を伸ばしたり，環境的な保護因子を強化する（拡大版RNRモデル）。

(4) 諸外国の実践例

　就労・学業・生活の質向上のための公的機関による多機関連携として，スウェーデン王国のKRAMIプロジェクトでは，職業訓練等によって社会適応を促進し，有意義な余暇活動の習慣を身につけさせることを通じて，安定した就

労を確保し，もって犯罪者の社会復帰を図ろうとする。保護観察又は仮釈放中の無職者(18歳〜35歳)の就職及び継続就労を援助する省庁間共同プロジェクトで，1980年に開始され，一般，薬物，女性及び専門の4コースがある。実施主体は法務省矯正保護局と労働省で，一般コースの運営は，KRAMIチームと呼ばれる多機関連携チームが担当する。チームの構成は，保護観察官，雇用カウンセラー，労働省職員，ソーシャルワーカー，余暇カウンセラー，秘書である。

　薬物乱用者処遇のための統合的指導・援助の例として，1995年に開始された，アメリカ・サンフランシスコのドラッグ・コート（HOPEプログラム）がある。その目的は，暴力を伴わない薬物乱用者に対し，統合的かつ集中的な薬物依存症者処遇及び社会復帰支援を実施して，社会内での更生を促進することである。市成人プロベーション部の保護観察官を核とする多様な刑事司法機関及びサンフランシスコ市の機関の職員に加え，医療・福祉系の関係機関やプログラムを提供する民間団体が連携してプログラムの円滑な実施にあたる。

(5) 日本での近年の実践

　①起訴前の者への入口支援及び矯正施設釈放者への出口支援，②高齢又は障害のある犯罪者に対する特別な生活環境の調整，③刑務所出所者等総合的就労支援対策やソーシャル・ファームとの連携ないし活用による就労支援，④矯正施設在所者への教育支援，⑤薬物依存・乱用者処遇における医療機関・依存症回復施設も含めた連携などがある。

　再犯の防止等の推進に関する法律（平成28年法律第104号）では，継続的処遇と多機関連携を再犯防止施策の基本理念の一つとして明記し（3条2項），多機関連携としての国，地方公共団体，民間団体の連携，情報提供・個人情報保護（5条）について初めて明文を置いた。関係機関等の有機的連携は，継続的処遇（through care）として，イギリスでは半世紀以上前から実践されている。我が国も法律上明記され，これまで多機関連携促進の障害となっていた，縦割り行政の弊害や不十分な情報共有等が除去されることが期待される。（染田　惠）

参考文献

(1) 染田惠（2019）「第14章　犯罪者の社会内処遇における多機関連携」，松本勝編『更生保護入門（第5版）』成文堂，195-233.
(2) Andrews, Bonta, and Wormith（2011）"The Risk-Need-Responsivity（RNR）Model：Does Adding the Good Lives Model Contribute to Effective Crime Prevention?", *Criminal Justice and Behavior*, 38, 735-755.

第三の経済部門における犯罪者の包摂と就労支援

　刑罰の目的は国によって若干の差があるが,「犯罪への非難, 犯罪の抑止, 犯罪者の改善更生, 犯罪の危険からの公衆保護」はほぼ共通する目的である。責任主義に基づき罪に対する罰として個々の量刑が決められるが, 犯罪者を応報的に罰するだけでは, その者の再犯を抑止することは難しい。

　そこで, 刑罰としてどのような処遇を実施すれば上記四つの目的を実現できるか, 多くの国々で議論され, 試行錯誤されてきた。特に1990年頃からは有効な処遇を見出すための実証研究(「what works」,「desistance」研究)が活発に行われ, その成果が世界で共有されてきた。こうして, 大方の先進国において, 犯罪者の社会内処遇は次の二類型の要素から成るものへと収れんしてきた。

　1) 行動の規制や制限, 犯罪に繋がる歪んだ認知や行動の変容のための指導
　2) 犯罪者の生活再建や社会復帰を助けるための支援

　これら方向性の異なる二類型の要素から構成されて, 大方の犯罪者処遇は目的刑的要素が折り込まれた緩やかな応報刑として実施されている。

　上記2)の代表的なものは就労支援である。働くことで生活が安定し, 社会と繋がることができる。また, 仕事は人間としての尊厳の源, 物理的・心理的な帰属場所となり得る。しかし, 大半の犯罪者は教育歴が短く職業に必要な知識・技能が十分でないので, 安定した職に就きにくい。そこで, 犯罪者を社会内での就労や職業訓練に導くことが, 更生支援の中核に置かれている。

　犯罪者の社会内での就労や職業訓練は, 拘禁刑の一環としての外部通勤, 拘禁刑の執行猶予の条件, 刑務所からの仮釈放の条件, 無償労働(公益奉仕労働)などとして命令され, 多くの場合, 刑事司法機関から外部の事業体に委託されている。これは, 欧米やオセアニア諸国で盛んに推進されている施策である。

　雇用や職業訓練の委託先には,「社会的連帯経済(Social and Solidarity Economy)」や「ソーシャルファーム(Social Firm)」がある。

　社会的連帯経済は, 地域の社会関係に基礎を置く経済活動あるいは組織体であり,「公共経済」や「資本主義経済」に次ぐ第三の経済部門とされる。1990年頃から欧州, 中南米, 東南アジアなど世界の多くの地域で実施されるようになった。ILOの暫定的定義によると,「経済的・社会的な目的を追求し, 社会的連帯を育みながら, 財, サービス, 知識を生産する企業や組織, 特に協同組合, 互

恵会，協会，財団，社会的企業を示す概念」（筆者の試訳）である。現代社会における失業や不安定雇用の増加による所得格差の拡大と社会の分断化，社会的孤立者の増加と固定化，社会的紐帯の弱体化，気候変動等の問題を解決・緩和することを目的とする。事業領域には農業，林業，リサイクル，環境保全，農産物加工，工業デザイン，社会福祉，教育，飲食，地域活動等がある。社会経済的弱者の包摂，環境保護，社会的連帯の強化が目指されている。

　現代では貧困と犯罪の相関が一層強まり，犯罪者の多くは社会経済的な弱者といえるので，彼らも社会的連帯経済での雇用や訓練の対象者とされる。ただし，事業体として一定の労働生産性を確保し，また，悪風感染を防ぐために，犯罪者の受入数は一定限度内に抑えて，他の類型の社会経済的弱者（長期失業者，障害者，シングルマザー，移民等）と混合配置されることが多い。

　一方，ソーシャルファームは，「社会的企業の一種であり，障害者や労働市場で不利な立場にある人々に持続的な有給雇用を創出することを目的として，市場指向の商品やサービスの生産を行う企業」（Social Farm Europe による定義，筆者の試訳）である。その起源は，1970 年代に北イタリアの社会的協同組合が精神障害者の脱施設化と社会的受け皿の創出を推進した運動にある。現在，欧州のソーシャルファームは，精神障害者に加えて犯罪者も対象としている。

　両者の事業実態はかなり重なるが，ソーシャルファームが労働市場で不利な立場にある人々の雇用創出を使命とするのに対し，社会的連帯経済は社会問題の解決や地域連帯の創出を目的とするので，被雇用者は単なる被支援者ではなく，課題を抱える現代社会における新しい価値の創造者，担い手と見なせる。

　上述の事業体には，労働や職業訓練の受け皿を超えて，犯罪者の社会復帰を促進する機能が期待されている。例えば，個別の犯罪者のニーズに合わせた労働契約，社会的文脈での社会的モデルの提示と寄り添い型の指導，他者との協働と相互扶助の経験の場，現実的な自己概念の形成やキャリア計画の策定指導である。目的刑の枠組での就労支援として，可能性に富む。　（小長井賀與）

参考文献

（1）日本更生保護学会第 3 回大会シンポジウム報告（2015）「ヨーロッパの社会内処遇～更生保護とソーシャル・インクルージョン」，『更生保護学研究』第 7 号
（2）ILO International Training Centre（2017）*Social and Solidarity Economy and the Future of Work*, https://www.ilo.org/wcmsp5/groups/public/---ed_emp/---emp_ent/-coop/documents/publication/wcms_573160.pdf（令和 3 年 5 月 25 日閲覧）

デシスタンスとグッド・ライブズ・モデル（GLM）

(1) デシスタンス

　デシスタンス（Desistance）は，「非行・犯罪からの離脱」を示す言葉であるが，その定義や考え方は統一されていない。犯罪の頻度の減少（例えば「週に数回」が「2週間に一度」になる等）を含まないという考え方もあれば，最後の非行・犯罪からどの程度の期間が経過すればデシスタンスと言えるのかなど，この過程をどう概念化し，測定していくかという点が課題とされている。そのため，本稿では英国政府のホームページで紹介されている考え方を紹介する。

　英国政府は，デシスタンスは継続的なプロセスであり，一夜にして実現するものではないとしている。また，その人が置かれている状況，考え方，大切にしていることに影響され，一人一人の経験は異なるとしている。同政府は，30年以上にわたる実証研究の成果から，デシスタンスを達成するために，リスクだけに着目するのは適切でなく，次のような働きかけをすることを推奨している。

・将来，より善い人生を過ごすことができるという希望の感覚を伝える。
・共通の興味を持つ人との出会いや前向きなサポートネットワークを構築できるよう，向社会的なレクリエーション活動を奨励する。
・エンプロイアビリティ（速やかに異動や転職に対応できるための能力）スキルと有意義な仕事の経験を積む機会を提供する
・他人に何かを与えられることを認識し，コミュニティに貢献することを助ける。
・過去犯罪に至った要因の改善だけに取り組むのではなく，自身の強みを認識し，構築する必要があることを理解する。

(2) GLM

　グッド・ライブズ・モデル（Good Lives Model：GLM）とは，ニュージーランドの心理学者トニー・ワード（Tony Ward）らによって提唱され，犯罪者の持つ強み（ストレングス）に着目したアプローチである。元々は性犯罪者の更生支援のために提唱されたモデルであるが，現在では，若年者，薬物依存者など，様々なタイプの犯罪者に応用されている。

　GML の基本的な概念となるのが「財（Goods）」である。これは，基本財（primary

goods）と副次財（secondary goods）の２種類からなり，後者は前者を達成するための手段や活動を指す。基本材については，以下の例が示されており，人によってその優先順位は異なる。

・生活（健康的な生活と機能を含む）

・知識（彼らにとって重要なことについて，どれだけ情報に通じていると感じるか）

・遊びにおける卓越性（趣味とレクリエーションの追求）

・仕事における卓越性（習熟経験を含む）

・機関としての卓越性（自律性，権力，自己決定）

・心の平穏（感情的な混乱やストレスからの解放）

・友情（親密な関係，恋愛関係，家族的な関係を含む）

・コミュニティ（より広い社会集団へのつながり）

・スピリチュアリティ（人生の意味と目的を見つけるという広い意味）

・喜び（今ここで良いと感じること）

・創造性（別の形で自分を表現する）

　犯罪の発生は，この基本財を社会的に受け入れられる方法で満足させることができないと仮定する。例えば，仕事では大きな成功をおさめているが，友情という財を満たせずにいる場合，家族との結びつきを取り戻し，友人を増やし，親しいパートナーを見つけるために必要な精神的能力と機会の獲得を促す介入を行うことが考えられる。　　　　　　　　　　　　　　　　　　（池田怜司）

参考文献

（1）GOV. UK, https://www.gov.uk/guidance/desistance（2020 年 9 月 1 日閲覧）

（2）Ward, Tony（2013）*The Rehabilitation of Offenders：Risk Management and Seeking Good lives*（和訳「犯罪者の更生：再犯危険性の管理と善い人生の追求」），更生保護学研究，創刊号，57-76.

認知行動療法に基づく多様な犯罪者処遇

認知行動療法は，科学的なエビデンスを根拠に，犯罪者処遇の方法の中で効果的なものの一つとして位置づけられており，多くの国において取り入れられている。以下，カナダと英国における認知行動療法に基づくプログラムと，認知行動療法を含む適切な犯罪者処遇を実践するための研修プログラムについて紹介する。

(1) カナダ

カナダ連邦矯正局（Correctional Service Canada）が受刑者や条件付釈放となった者に対して実施する矯正プログラムは，従来，性犯罪・薬物・暴力・アルコール等の複数のプログラムから成っていたが，2017年6月に，罪名にかかわらず共通して介入が必要な要素から構成された統合プログラム（Integrated Correctional Program Model）が導入された。

統合プログラムは，物質乱用，生活苦からの財産犯，暴力全般，配偶者暴力や家庭内暴力に関する要素を統合的に扱うプログラムであり，マルチ・ターゲットと呼ばれる通常版のほか，これに性犯罪者に特有の要素を加えた性犯罪者用，先住民の独自の文化に配慮した先住民用がある。

統合プログラムは，どの犯罪者にも共通とされる4つの犯罪要因（反社会的な人格，行動，態度，交友）をターゲットとして，対人関係上のスキルや問題解決スキル，認知の再構成，自己統制スキル等を習得させ，受講者が個人的な目標や「良き人生（Good Life）」の要素を健康的・肯定的な方法で達成できるよう，元々持っている強み（ストレングス）に気付き，使えるように支援する。各犯罪者のリスク・レベルに応じ，高密度又は中密度のプログラムが提供されており，高密度と中密度ではセッションの回数やグループサイズ等が異なっている。

(2) 英国

イングランド及びウェールズ（以下「英国」と表記する）の刑務所及び保護観察所で実施されているプログラムには，性犯罪や配偶者暴力のような特定の犯罪を扱うものや，犯罪行動の一般的なパターンを扱うもの，犯罪に関連した薬物乱用を扱うものがある。

一例として，性犯罪者に対するプログラムについて紹介する。英国では，2016年頃から，それ以前に実施されていたプログラムを見直し，新たなプログ

ラムを導入している。プログラムには複数の種類があるが，中核的なプログラムには，各犯罪者のリスク・レベル（中リスク又は高リスク），知的障害の有無別に4種類が設けられているほか，インターネット上のわいせつ画像等をダウンロードした者を対象としたプログラムも設けられている。これらのプログラムは，性犯罪者特有の犯罪誘発要因を踏まえ，生活上の問題への対処，感情コントロール，親密な人間関係を築くためのスキル，性に関する不健全な考えや振る舞いの改善をターゲットとしている。犯罪をしない，より良い未来を実現するために必要なスキルを学び，人生をコントロールする力を身に付けることを目指す内容となっており，未来志向のアプローチが採用されている。プログラムは，原則としてグループで実施される。

(3) 社会内処遇における戦略的研修（STICS）

効果的な犯罪者処遇に関する一般的原則であるRNR（Risk-Need-Responsivity）モデル中の応答性原則には，認知行動的働きかけが最も有効であることが含まれるが，Bontaら（Bonta et al., 2008）は，保護観察官がRNRモデルに基づく実践をごくわずかしか取り入れていないこと，社会内処遇と再犯低下との関連がわずかであることを示した。このBontaらの知見を踏まえ，カナダにおいて，社会内処遇の戦略的研修プロジェクト（Strategic Training Initiative in Community Supervision：STICS）が開発された。STICSは，保護観察官向けの3日間の構造化された研修プログラムであり，特に，クライエントの犯罪指向的態度の表出を認識することと，それらの認知と態度を，認知行動療法に基づく各種の技法を用いて向社会的な認知と態度に置き換える方法を習得することが重視されている。　　　　　　　　　　　　　　　　　　　　　　　　（田中美衣）

参考文献

(1) 性犯罪者処遇プログラム検討会（2020）「性犯罪者処遇プログラム検討会報告書」（http://www.moj.go.jp/content/001331664.pdf）
(2) Bonta, James & Andrews, D.A., 原田隆之訳（2018）『犯罪行動の心理学／The Psychology of Criminal Conduct』北大路書房

生活環境の調整（刑事施設）

(1) 生活環境の調整の目的と意義

　犯罪や非行の原因として，その者の家族関係や友人関係，就労状況などの生活環境が大きな要因を占めていることは少なくない。犯罪をした者や非行のある少年の改善更生を助ける上で，その生活環境をよりふさわしいものにしていくことは，重要な意味を持つ。そこで，「生活環境の調整」という仕組みが設けられており，主に，刑又は保護処分の執行のため矯正施設に収容されている者について，保護観察所の長が，その者の家族その他の関係人を訪問して協力を求めることその他の方法により，釈放後の住居，就業先その他の生活環境の調整を行っている。

　この生活環境の調整は，矯正施設に収容されている者の社会復帰を円滑にする仕組みであることはもちろん，その結果が地方更生保護委員会（以下「委員会」という。）及び矯正施設の長に送付されることから，仮釈放等審理における重要な資料となり，矯正処遇の参考資料にもなるものである。また，当該調整に係る対象者について住居が不定で更生保護施設等の帰住先を確保できない又は帰住希望先が改善更生の観点から適切ではないなどの場合には満期釈放となることが想定されるが，そのような場合であっても，適切な帰住先への帰住に向けた動機付けとともに，改善更生につながる帰住先を整えるため，生活環境の調整は釈放までの間，継続される。

(2) 生活環境の調整の方法

　矯正施設に収容されている者に対する生活環境の調整は，その者が矯正施設に収容された際に，釈放後に帰住を希望する帰住予定地と引受人を申告することとなっており，被収容者本人の希望した帰住予定地で調整を開始することとなる。保護観察官又は保護司が，帰住先・引受人を直接訪問して，帰住先の様子や引受けの意思を確認するとともに，就業・就学先の状況や生計の見込み等を調査しつつ，必要な支援等があれば関係機関等との調整も行う。生活環境の調整の結果については，帰住の可否に関する保護観察所の長の意見を付して，被収容者を収容する矯正施設及び委員会に通知する。

(3) 被収容者に対する生活環境の調整の充実強化について

(一) 委員会が関与した生活環境の調整について

　釈放までの限られた期間内に適切な帰住地を確実に確保するためには，①委員会の保護観察官が早期に被収容者との面接を行い，②被収容者の問題性等をアセスメントし，③適切な帰住地設定を働き掛け，④計画的に生活環境の調整を進めていくことが必要となる。刑の一部の執行猶予制度の施行に併せて，生活環境の調整について，更生保護法82条2項ないし4項に基づき，委員会は保護観察所に対する指導や助言，複数の保護観察所間の連絡調整，そのための受刑者等との面接による調査（通称「82条調査・調整」と呼ぶ。）を行うことができるようになった。

　例えば，委員会が被収容者との面接により，より適切な帰住地を調整する必要があると判断した場合には，保護観察所に新たな帰住地の調整を求める旨を通知し，保護観察所がこれに基づき，新たな調整を行う。委員会が，いわばコントロールタワーとして調整に継続的に関与し，その者の再犯防止と改善更生に最も適した帰住先が確保されるよう，生活環境の調整の充実強化が図られている。

(二) 満期釈放者対策について

　満期釈放者の再犯防止を図るためには，社会復帰後の安定した生活を送るために必要な支援が継続的に得られるようにすることが求められる。そのためには，刑事施設収容中の生活環境の調整の充実強化が特に重要であり，刑事施設被収容者に対し，適切な帰住先や支援を確保し，仮釈放を一層積極的に運用することにより，仮釈放後の保護観察に可能な限りつなげるとともに，満期釈放となった場合についても，受刑中にあらかじめ釈放後の帰住先等を確保し，釈放後においても更生緊急保護の積極的な運用を図っていくことが必要である。

　このような観点から，保護観察所においては，社会復帰対策官が中心となって，実刑部分執行終了により釈放となる保護観察付一部猶予者だけでなく，全部実刑受刑者で満期釈放が見込まれる者についても，釈放までの間，適切な帰住先や支援の確保のための生活環境の調整を積極的に行うとともに，釈放後も更生緊急保護として継続的な支援を実施し地域の支援につなげるための取組を行っている。

　　　　　　　　　　　　　　　　　　　　　　　　（木田真矩子・林　寛之）

参考文献
(1) 日本更生保護協会（2019）『わかりやすい更生保護　更生保護便覧』
(2) 法務総合研究所（2018）『研修教材更生保護（平成30年版)』

生活環境の調整（少年院）

(1) 少年院在院者の生活環境の調整の目的と意義

　生活環境の調整は，矯正施設被収容者の釈放後の住居や就業先などの帰住環境を調査し，改善更生と社会復帰にふさわしい生活環境を整え，円滑な社会復帰を目指す点において，その意義や調整の方法は，刑事施設被収容者と少年院在院者において大きな相違はない。

　しかし，少年法はその第1条において，非行のある少年に対して，その健全な育成を期して「性格の矯正」に加えて「環境の調整」を行うことを保護処分の内容として示しており，少年院在院者に対する生活環境の調整はとりわけ重要となる。少年は経済的にも精神的にも未成熟であり，自立が困難であることが多いことから，引受人の確保，引受人及び家族等関係者の理解と協力の確保はもちろんのこと，釈放後の就業や復学の支援，改善更生を妨げるおそれのある生活環境からの離脱調整などについても，再非行を防ぐ上で不可欠なものとなる。

　例えば，仮に親権者が引受人になることを望んだ場合においても，少年の生活環境の調整としては帰住先の確保だけでは不十分であり，少年の復学先や就労先の調整（特に少年が義務教育期間中であると，在籍中学校との調整のみならず，教育委員会や児童相談所等の関係機関との調整が必要な場合がある。）や，少年の改善更生を妨げるおそれのある交友関係の調整も必要である（不良交友は，非行少年・若年犯罪者に広く見られる問題性であり，多くの非行の主要なリスク要因になっている。）。このように，対象者が少年の場合，少年院出院後の再非行を防ぐ上で，少年院在院中からの生活環境の調整が特に重要な役割を果たすこととなる。

(2) 家庭裁判所による環境調整命令

　上記記載のとおり，少年院収容中の少年は，生活環境の調整がとりわけ重要であることから，少年法24条2項により，家庭裁判所は，少年院送致の保護処分を受けた少年の家庭環境・社会環境などを調整すべきことを，保護観察所長に命令することができる旨が規定されている。

　具体的な命令の内容としては，「親子関係の改善」や「居住地の調整等」といったものであり，この環境調整命令は少年院送致だけでなく保護観察となった少年に対してもすることができる。

(3) 少年院に収容されている者に対する生活環境の調整等の充実強化

　少年院在院者の円滑な社会復帰を実現するため，少年鑑別所，少年院，地方更生保護委員会，保護観察所等においては，少年院在院者に対する処遇に関する情報を共有するとともに，必要に応じ，保健，医療，福祉，教育その他の各種社会資源を活用するなどして，矯正教育並びに生活環境の調整及び保護観察等を実施している。少年院仮退院者による再犯・再非行防止の実効を上げることは重要な課題であることから，平成22年12月に法務大臣あて提出された「少年矯正を考える有識者会議提言」においては，少年院と関係機関等との協働態勢による重層的なかかわりを一層推進すること，取り分け，少年院と保護観察所等との行動連携の充実強化が提言された。

　少年院在院者の中でも，精神障害を有するなど特別な配慮が必要な者や保護者等親族がその引受けに消極的な者，重大な非行を犯した者などについては，特に出院後の帰住先や支援等の確保に困難を伴うことが多い。そのため，このような少年に対しては，少年院入院後の早期の段階において地方更生保護委員会が調査を行い，支援ニーズ等を踏まえ，適切な帰住先や必要とされる支援等を的確にアセスメントし，少年院と協議の上，生活環境の調整の基本方針を策定し，当該基本方針の下，少年院や保護観察所，その他の関係機関が共通認識を持って，有機的に連携して対応することとしている。具体的には，同委員会がコントロールタワーとなって，少年院及び保護観察所が連携して，①指導・支援に携わる関係機関による必要な処遇会議の計画的・積極的な実施，②保護者等親族の協力確保のための継続的調整，③出院前の帰住先見学の実施，④医療情報等の確実な引継ぎなどを行うことによって，在院中から出院後の保護観察満了までの医療・福祉機関を含めた重層的な多機関連携による指導・支援体制を構築することとしている。　　　　　　　　　　　　（木田真矩子・林　寛之）

参考文献
(1) 日本更生保護協会（2019）『わかりやすい更生保護　更生保護便覧』
(2) 法務総合研究所（2018）『研修教材更生保護（平成30年版)』

特別調整

　矯正施設（刑事施設又は少年院をいう。以下同じ。）に収容されている者（以下「被収容者」という。）のうち，高齢者又は障害のある者であって，かつ，矯正施設から出た後に住居がない者に対しては，適切な住居の確保や釈放後に速やかに公共の衛生福祉に関する機関やその他の機関による必要な介護，医療，年金その他の福祉サービス等を受けることができるようにするための調整とともに，積極的に仮釈放による保護観察につなげるなど，釈放後も保護観察所が福祉サービス等を実施する関係機関と連携して社会復帰支援を行うことが再犯防止のためには重要である。

　矯正施設に入所している高齢者又は障害のある者に関しては，釈放後の居住地となる場所がないケースや，他者からの援助がなければ社会内での生活が困難であるケースが少なからず見られる。このような場合には，釈放後すぐに福祉サービス等を受けることができるよう，矯正施設に入所しているうちから社会福祉施設等に入所できるよう調整しておく必要がある。このような調整が，通常の生活環境の調整に対して特別の手続に当たることから「特別調整」と呼ばれ，平成21年度から開始された。

　特別調整の対象は，以下に掲げる要件の全てを満たす者である。

- 高齢（おおむね65歳以上をいう。以下同じ。）であり，又は身体障害，知的障害若しくは精神障害があると認められること。
- 釈放後の住居がないこと。
- 高齢又は身体障害，知的障害若しくは精神障害により，釈放された後に健全な生活態度を保持し自立した生活を営む上で，公共の衛生福祉に関する機関その他の機関による福祉サービス等を受けることが必要であると認められること。
- 円滑な社会復帰のために，特別調整の対象とすることが相当であると認められること。
- 特別調整の対象者となることを希望していること。
- 特別調整を実施するために必要な範囲内で，公共の衛生福祉に関する機関その他の機関に，保護観察所の長が個人情報を提供することについて同意していること。

　特別調整の対象者となるまでの流れは，まず矯正施設又は更生保護法82条3

項に基づき生活環境の調整に関する調査（以下「82条調査」という。）を実施する地方更生保護委員会（以下「地方委員会」という。）において特別調整の要件に該当すると考えられる者（候補者）を選定し，その刑務所等の所在地を管轄区域とする保護観察所に通知する。この通知を受けた保護観察所は，必要により候補者本人と面接するなどして，特別調整の要件に該当するか否かの調査を行う。ここで行われる本人との面接においては，特別調整についての説明及び特別調整の希望についての意思確認も含まれる。この面接等の結果，保護観察所が特別調整の要件に該当すると認めた場合は，矯正施設を通じて本人からの同意書を得て，特別調整の対象者として選定する。また，既に生活環境の調整の対象となっている者については，生活環境の調整を行う保護観察所が必要と認めるときは，矯正施設にその旨通知し，矯正施設から本人に対し説明をして特別調整の候補者とすることのほか，地方委員会が82条調査において必要と認める場合についても，矯正施設と協議の上，本人に説明して特別調整の候補者として選定することができる（候補者となった後の流れは前述と同様）。

　保護観察所は，その保護観察所が所在する都道府県に設置されている地域生活定着支援センター（以下「センター」という。）に対して協力依頼をし，保護観察所とセンターが協働して，社会福祉施設等への入所の調整と同時に，対象者が福祉サービス等を受けるために必要な調整を行う。特別調整の対象者が帰住を希望する場所が，選定をした保護観察所の管轄地以外の場所である場合は，当該場所を管轄する保護観察所と，その保護観察所の所在地に対応するセンターに通知や依頼等がなされ，同様に調整が行われる。

　特別調整については，そもそもの住居確保が困難であるだけでなく，住民票が職権消除されている者が多く，福祉サービスを実施する自治体の決定，受け入れ施設における不安への対応等，様々な課題がある。対象者の円滑な社会復帰と再犯防止のためには，釈放後も保護観察所がセンターや福祉サービス等を実施する関係機関と連携して支援を行うことが効果的であることから，仮釈放の要件を満たす者については，仮釈放による保護観察につなげられるよう，地方委員会が関係機関に対して，円滑な調整を促し，早期の住居確保を図ることが求められる。　　　　　　　　　　　　　　　　　　　　　　　　（長崎敏也）

参考文献

(1) 藤本哲也・生島浩・辰野文理編著（2016）『よくわかる更生保護』ミネルヴァ書房
(2) 清水義悳・若穂井透編著（2014）『更生保護〔第2版〕』ミネルヴァ書房

生活環境の調整における地方更生保護委員会の役割

　更生保護法37条2項では，地方更生保護委員会（以下「地方委員会」という。）は仮釈放を許すか否かに関する審理について必要と認めるときは，保護観察所の長に対し，事項を定めて生活環境の調整を行うことを求めることができるとされている。審理対象者の帰住予定地が再犯防止のために適当でないと判断される場合は，新たな帰住予定地での生活環境の調整を求めることが考えられる。また，医療機関における治療等が必要な場合，家族関係の再調整が必要と認められる場合などには，具体的な調整事項を定めて保護観察所の長に対して調整を求めることとなる。

　更生保護法82条2項及び3項は，仮釈放等の審理事件に限らず，個別の生活環境調整事件への地方委員会の関与を規定したものである。

　地方委員会保護観察官が，矯正施設被収容者との面接等により，生活環境の調整に資する情報を収集し，生活環境の調整を行う保護観察所に対して具体的な指導及び助言を行うことで，生活環境の調整に関与している。

　生活環境の調整を実施する保護観察所においては，被収容者に係る情報等が十分にないことも多く，当該帰住予定地への帰住可否の判断についての調査が中心となり，帰住不可の判断をした場合に，より適切な帰住地の選定や確保に向けた調整まで行うことが困難なケースが多い。一方，地方委員会保護観察官は定期的に矯正施設を訪問し，被収容者との面接や矯正施設職員との協議等を適宜実施することにより，被収容者の問題性や支援等のニーズを把握し，適切な帰住地等のアセスメントを行うことが可能であるほか，支援の動機付け等を適期に行うとともに，面接等の調査結果を踏まえ，必要な調整を適時，適切に保護観察所に指導及び助言することにより，被収容者の再犯防止のために適当な帰住地や支援等の調整を効果的に実施することが可能となる。また，満期釈放見込みとなった者についても，更生緊急保護の措置により継続的な支援が必要と認められる場合には，満期釈放を前提とした帰住地の確保や支援の調整を保護観察所に対して指導及び助言し，更生緊急保護やその後の地域における支援へのつなぎにおいても重要な役割を果たすことが期待される。

　保護観察所が行う生活環境の調整に対する地方委員会の具体的な関与の事例

としては，以下のようなものがある。

1　特別調整対象者の早期選定

　矯正施設入所後早期に地方委員会保護観察官が被収容者と面接を実施し，当該被収容者が特別調整の要件を満たすことを確認。矯正施設に対して，特別調整候補者としての検討を依頼。これを踏まえて，保護観察所において特別調整対象者として決定。地域生活定着支援センターによる帰住地及び福祉的支援の確保に向けた具体的な調整が早期に開始され，円滑に帰住地確保に至った。

2　更生保護施設の受入れ促進

　更生保護施設への帰住を希望する矯正施設被収容者について，数カ所の更生保護施設を調整。過去複数回の受刑歴があり，それぞれ懲罰頻回で満期釈放。いずれの施設も矯正施設から送付された当該被収容者に係る身上調査書等の記載内容のみで，帰住不可の判断。地方委員会保護観察官が面接を行い，施設内では懲罰なく前向きに生活していること等を調査結果として，保護観察所に対して通知。更生保護施設職員による面接を実施し，その上での帰住可否の判断を求めた結果，帰住可となり，仮釈放により更生保護施設に帰住した。

3　被収容者の問題性に応じた帰住地の確保

　矯正施設収容中の薬物依存のある刑の一部猶予者について，親族の許への帰住を強く希望するも，親族は本人との同居に拒否感があり，同居しない旨意思表示しているが，本人は親族の許以外への帰住地変更を拒否。地方委員会保護観察官が面接し，ダルクへの帰住が適当である旨を繰り返し伝えるとともに，保護観察所に対し，親族に，本人と面会し，同居はできないこと，ダルクへの入所が適当であることを直接伝えるよう助言。被収容者本人は親族との面会の結果，ダルク入所を希望し，地方委員会保護観察官が被収容者の帰住希望地域にあるダルクスタッフとの面接を調整するなどした結果，当該ダルクへの受入れが決定。一部猶予期間開始後，当該ダルクに帰住し，一定期間プログラム中心の生活を送った。　　　　　　　　　　　　　　　　　　　　（林　寛之）

参考文献

(1) 蛯原正敏・清水義悳・羽間京子編著（2020）新・MINERVA 社会福祉士養成テキストブック 15『刑事司法と福祉』ミネルヴァ書房

(2) 松本勝編著（2019）『更生保護入門〔第 5 版〕』成文堂

保護観察付全部猶予確定前の生活環境の調整

(1) 目的と意義

　保護観察所の長は，刑法25条の2第1項の規定により刑の全部の執行猶予中保護観察に付する旨の言渡しを受け，その裁判が確定するまでの者について，保護観察を円滑に開始するため必要があると認めるときは，その者の同意を得て，住居，就業先その他の生活環境の調整を行うことができる（更生保護法83条）。

　保護観察付全部猶予の言渡しがあった場合，その多くは，14日間の上訴期間が経過し，刑が自然確定することによって保護観察が開始されるが，保護観察付全部猶予の言渡しを受けた者の中には，住居，就労，家族関係などの面で問題を抱えているため，言渡し後短期間のうちに再犯に及ぶおそれがあったり，そうでなくても所在が不明になるなど裁判確定後の保護観察の実施が困難になることも少なくない。

　このような事態を防ぎ，円滑に保護観察を実施していくため，保護観察所の長は，保護観察付全部猶予の言渡しを受けた者に対し，その裁判確定前の段階から生活環境の調整を行うことができる仕組みが設けられている。具体的な調整の内容としては，刑事施設や少年院に収容された者に対する生活環境の調整と同様に，住居，就業先や通学先，家族その他関係人の理解・協力，公共の衛生福祉に関する機関その他の機関からの必要な保護等の確保のほか，改善更生を妨げるおそれのある生活環境から影響を受けないように必要な調整を行うことなどが挙げられる。

　保護観察付全部猶予確定前の生活環境の調整が必要な場合としては，①住居が不定であるとき又は頻繁に転居を繰り返すなど居住関係が不安定であるとき，②無職であり，かつ，就業の見込みがないとき，③家族を始めその者の更生に特に協力が期待される者との間に良好な関係を築いていないとき，④共犯者，暴力団関係者など改善更生の妨げとなる者からの接触が見込まれるとき，⑤その他裁判確定前の生活環境の状況，裁判確定までの期間等に照らし，保護観察の円滑な開始のために必要があるときなどが想定されている。⑤の例としては，生活保護を始めとする福祉的支援の調整，依存症からの回復を図るための地域の医療機関・自助グループとの調整，子女の養育に関する学校・児童相

談所との調整等が必要である場合を挙げることができる。

(2) 実務の流れ

　具体的な実務の流れとしては次のとおりである。まず，裁判所において保護観察付全部猶予の言渡しがなされると，裁判所から保護観察所に対し，保護観察言渡連絡票により，氏名，住所等の人定事項のほか，判決内容，執行を全部猶予した情状，特別遵守事項に関する意見の見込み等の情報が伝えられる。また，保護観察付全部猶予の言渡しがなされた段階で，検察庁において裁判確定前の生活環境の調整の必要があると認めるときは，保護観察所に対してその旨の通知をすることとされている。保護観察付全部猶予の言渡しを受けた者が，裁判確定前に保護観察所に出頭したときは，通常，裁判確定後に保護観察を担当することとなる保護観察官が面接し，生活環境の調整を行う必要があるか否かを判断するために必要な事項の聴取その他の調査を行うこととなるが，この段階では，保護観察所が有する保護観察付全部猶予の言渡しを受けた者に関する情報は乏しいため，裁判所，検察庁に加え，保護観察付全部猶予の言渡しを受けた者及びその関係人から，必要な情報を積極的に入手することが重要である。これらの情報に基づき，生活環境の調整を行う必要があると認めたときは，書面によりその者の同意を得るとともに，調整を要する事項や内容，調整の方法等について定めた生活環境の調整の計画を作成する。また，裁判確定後の保護観察を担当する予定の保護司に対して生活環境の調整の担当を依頼することもあり，この場合，保護司は必要な調整を速やかに行った上で保護観察所に対して報告を行う。

　なお，保護観察付全部猶予の言渡しを受けた者のうち，身柄を勾留されていたものについては，更生緊急保護の対象にもなっており，例えば，元々ホームレスであった者や犯罪をしたことにより元の住居に居住することができなくなってしまった者のように直ちに当面の住居の調整が必要である場合には，保護観察付全部猶予確定前の生活環境の調整を行うのではなく，保護観察付全部猶予の言渡しを受けた者から更生緊急保護の申出を受けた上，更生保護施設への委託保護を行うことにより住居を確保することも少なくない。

（中臣裕之）

補導援護・更生緊急保護における生活環境の改善調整と家庭裁判所における環境調整命令

(1) 生活環境の改善調整の目的

　犯罪をした人や非行のある少年の再犯や再非行を防止し，改善更生を図るためには，対象者本人に対する働きかけとともに対象者を取り巻く環境を改善することも重要である。生活環境は，犯罪非行を誘発する要因になると同時に，改善更生を促進する要因にもなりうるからであり，必要に応じてその環境面への働きかけが行われている。

(2) 補導援護における生活環境の改善調整

　保護観察においては，指導監督と補導援護が車の両輪とも称されるが，そのうち，補導援護は保護観察の援助的・福祉的側面とされており，保護観察対象者が将来にわたって自立した生活を送ることができるよう手助けを行う措置となる。この措置に当たっては，対象者の自助の責任を踏まえることとされており（更生保護法58条），その依存心を助長させ，かえって自立を妨げることがないように配慮して行う必要がある。

　更生保護法58条には，補導援護の方法として，「生活環境を改善し，及び調整すること」が明記されている。その具体的な内容は，生活保護法に規定される保護施設その他の施設への入所をあっせんすること，対象者の改善更生を助けることについて家族や関係人の理解と協力を求めること，公共職業安定所に対し就労支援等を依頼すること，通学を継続できるよう学校に対して理解と協力を求めること，医療機関に対して必要な医療の提供を依頼すること，生活保護法の生活扶助等の保護が受けられるようにあっせんすることなどがある。

　例えば，無職の保護観察対象者に対しては，再犯率の高さから，就労支援の重要性が増しており，協力雇用主と連携するなどして，対象者の就職先の確保が行われている。また，薬物依存の問題を抱えた対象者については，長期間にわたる支援が再犯の防止には非常に重要となる。そのため，ダルク等の民間支援団体，精神保健福祉センター，医療機関等と連携体制を構築し，保護観察終了後の支援をにらんだ調整が行われている。

　対象者にとって大きな影響力を持つ家族に対しては，その監護意欲や監護力を高めるため，多くの保護観察所が，薬物依存等の問題を抱えた対象者の家族

や保護観察少年の家族を対象とした講習会やグループワークを「家族会」「保護者会」等の名称で開催している。

(3) 更生緊急保護における生活環境の改善調整

　更生緊急保護は，刑事上の手続又は保護処分による身柄拘束を解かれた者に対して行う措置である。こうした者の中には，釈放後，頼るべき家族や住居，仕事がなく，所持金も十分でないため，社会生活に適応できずに再犯等に至る者もいることから，更生緊急保護対象者からの申出に基づいて必要な援助等を行っている。

　更生緊急保護における生活環境の改善調整は，補導援護に準じて行われている（更生保護法85条1項）が，改善更生のために必要な限度で行うもの（更生保護法85条2項）とされている。更生緊急保護の対象者は，保護観察中の者とは異なり，その改善更生は，本来は自身の努力で成し遂げられるものであり，措置は，改善更生のために必要かつ相当な限度において行い，その対象者の自助の責任を損ない，自立の妨げとなることがないよう配慮する必要がある。

　起訴猶予により更生緊急保護が見込まれる勾留中の被疑者で，高齢又は，身体，知的，精神等の障害により，釈放後の自立した生活を営むことが困難な者に対しては，いわゆる「入口支援」として，検察庁と連携し，福祉サービスの受給や住居の確保などの調整が行われている。

(4) 家庭裁判所における環境調整命令

　家庭裁判所は，保護観察及び少年院送致の保護処分において，保護観察所の長をして，家庭その他の環境調整に関する措置を行わせることができる（少年法24条2項）。実務上，これを「環境調整命令」と呼んでいる。

　保護観察においては，家庭裁判所の命令がなくとも，補導援護又は応急の救護として，必要に応じて生活環境に対する調整が行われており，保護観察処分少年にあって，環境調整命令に出会うことはきわめて少ない。一方，少年院送致処分を受けた少年にあっては，環境調整命令は少なくない。

　環境調整命令のあった事例を見ると，本人の持つ資質面や家庭の問題が深刻であり，家庭裁判所が特に調整の必要性を判断したことがうかがわれる。昨今，発達障害等，何らかの障害を抱えた少年や，ネグレクトや虐待のある家庭で成育している少年等に対して，多機関の連携した対応が必要性を増している。環境調整命令にあっては，家庭内での問題と少年自身の障害等が絡み合った事案も見受けられることから，医療機関や福祉事務所，児童相談所等，他の専門機関との連携を踏まえた調整が，特に重要となっている。　　　（綿引久一郎）

仮釈放の意義と目的

　刑法 28 条の規定により，懲役又は禁錮の刑の執行のために刑事施設に収容されている人を，その刑期の満了前に仮に釈放することができる。これを仮釈放制度という（なお，拘留又は労役場留置中の者に対する仮出場，少年院収容中の者に対する仮退院，婦人補導院収容中の者に対する仮退院を含め，広義の仮釈放という。）。仮釈放を許された人は，仮釈放の期間中保護観察に付され，遵守事項を遵守する義務がある。遵守事項に違反すれば，仮釈放を取り消されることがある。その場合は，再び刑事施設において刑の執行を受けるので，条件付き仮釈放である。仮釈放中に刑期は進行し（残刑期間主義），仮釈放期間が経過すれば，刑の執行は終了する（残刑執行主義）。したがって，仮釈放の法的性格は，刑の一形態ではなく，刑の執行の一形態とされている。現行法の下では，仮釈放の許可が行政機関である地方更生保護委員会（以下，「地方委員会」という。）により行われていることからも，刑の執行の一形態とすることが妥当である。

　我が国では，明治 13 年（1880 年）の旧刑法において仮釈放制度が導入され，明治 40 年（1907 年）の現行刑法も仮釈放を採用した。当時の仮釈放制度は保護観察と結び付いていなかった。昭和 24 年の犯罪者予防更生法により，仮釈放者に保護観察が付く仮釈放制度が開始した（なお，大正 11 年（1922 年）の旧少年法は少年の仮釈放者に少年保護司の観察を付し，昭和 11 年の思想犯保護観察法は治安維持法上の罪を犯した仮釈放者に保護観察を付した。）。

　仮釈放の目的には，大別して 4 つの見解がある。第一は恩恵である。刑事施設内で良好な行状を保持した受刑者に対して褒賞として与えられ，刑事施設内の秩序が維持される。第二は，刑罰の個別化である。これは，個々の受刑者を取り巻く諸条件，すなわち，時間の経過による環境の変化や受刑者自身の心身の変化に対応して刑罰を個別化し，不必要又は不適当な拘禁を止め，自由刑の弊害を避ける制度である。第三は社会防衛である。受刑者を拘禁状態から一挙に完全に拘束のない状態に釈放するのではなく，一定期間保護観察による指導監督を行い，規制を加えることにより再犯を防止し，社会に適応できないことが明らかなときは，再び施設に収容でき，社会防衛に資するという。第四は，改善更生である。受刑者に満期前釈放の希望を与えて改善更生を促し，仮釈放後は保護観察に付して指導監督と補導援護を行い，社会内での改善更生を図る。

この考えには，施設内処遇と社会内処遇の連携によって犯罪者の改善更生を図るという側面もある。現行の更生保護法も，仮釈放を「犯罪をした者の改善更生」のための制度としている。

　しかし，仮釈放の運用は低調である。刑事施設から出所した人員のうち仮釈放者が占める仮釈放率は，制度発足当初こそ70％を超えていたが，発足から15年を経過後はおおむね50％台が続いている。執行すべき刑期に対する出所までの執行期間の比率である刑の執行率も上昇を続け，それに伴い，保護観察期間も短くなっている。

　仮釈放制度は受刑者の改善更生と再犯防止を目的とし，刑事政策上，重要な意義を有する。その機能が発揮されるには，再犯の危険性がある者も十分な保護観察期間を確保することが望ましい。しかし，現実には，危険な受刑者は仮釈放が難しく，仮釈放が認められても保護観察期間が短くなる。これは，現行の仮釈放制度が残刑期間主義をとり，保護観察が残刑期間に限定されるところにも問題がある。そこで，施設内処遇と社会内処遇をより適切に連携させる観点に立ち，立法による制度改革が刑事政策上の課題となり，必要的仮釈放，考試期間主義，分割刑，刑の一部執行猶予が検討された。必要的仮釈放は，刑期の一定割合を経過すれば必ず仮釈放して保護観察に付する制度である。考試期間主義は，仮釈放の期間を残刑期間に限定せず，仮釈放の時点で再犯の危険性を基準として期間を定め，その間保護観察に付する制度である。分割刑は，判決において，一定期間の懲役刑又は禁固刑と，その後の一定期間の保護観察の両方を言い渡す制度である。刑の一部執行猶予は，一定期間の刑の言渡しと同時に，その刑の一部の執行を猶予して保護観察に付する制度である。このうち刑の一部執行猶予が平成28年に施行され，一定期間の施設内処遇後，相応の期間，保護観察による社会内処遇を実施できることになった。

　現行制度の運用でも，昭和58年，平成24年，令和3年に法務省矯正局及び保護局の両局長通達により仮釈放の積極化が通達された。令和3年の通達では，令和元年の犯罪対策閣僚会議の再犯防止推進計画加速化プランを踏まえ，満期釈放者対策の一つとして仮釈放の積極化を推進することとし，釈放後の帰住地確保に向けた地方委員会の82条調査の早期開始，継続的な調整実施が挙げられた。

（宇戸午朗）

参考文献

大塚仁ほか編（2015）『大コンメンタール刑法〔第三版第1巻〕』青林書院，709-718.

法定期間（仮釈放の形式的要件）

　懲役又は禁錮の刑を言い渡されて受刑している人の仮釈放は，受刑が始まれば，いつでも許すことができるというものではない。刑期の一定期間の執行が終了していなければ，仮釈放を許すことはできない。この仮釈放許可のために必要とされる執行済刑期を仮釈放の法定期間という。これが仮釈放の形式的要件である。法定期間も刑法28条に規定があり，有期刑は執行すべき刑期の3分の1の期間，無期刑については10年が経過していなければならない。未決勾留日数の通算がある場合，有期刑の法定期間である刑期の3分の1の算出基準となる刑期は，実務においては，宣告刑期ではなく，現実に執行すべき刑期としている。

　法定期間が定められている根拠については以下に紹介するような説がある。応報充足説は，法定期間はしょく罪を実践させるべき最低限の期間，最小限無視してはならない責任の量と考える。社会感情是認説は，いくら改悛の状があって仮釈放させるとしても，これだけの期間は服役しないと，社会感情の是認が得られない期間とする。一般予防説は，刑の威嚇効果の点から必要となる最低限の刑の執行期間とする。個別予防説には，仮釈放の実質的要件たる改悛の状の判断を行うのに必要な期間とする仮釈放要件判定説や，仮釈放後の保護観察の期間を確保する観点から定められたとする社会内処遇確保説がある。綜合事情説では，責任主義（応報）と改善主義（予防）の調和点を見出そうとする。社会一般の正義感情を満足させ，かつ，刑を言い渡す司法の機能に対する社会の信頼を失わない限度で，改善主義を追求するところで定められているとする。司法処分尊重説は，裁判所が宣告した刑をできるだけ尊重すべき，という制約原理が法定期間に働くと考える。仮釈放は宣告刑を一部修正する側面があり，実質的な修正をできるだけ抑えるために定められているというのである。その他に，純粋な教育刑論から，仮釈放は受刑者の改善更生の状況によって決すべしという法定期間不要説，施設内処遇と社会内処遇の連携の最も効果的な点で，刑期の長短によって法定期間を変えるべきといった処遇連携説も提起されている。

　近年，刑の執行率が70%を下回るケースはほとんどなく，実務において，刑の数が1個の受刑者について法定期間の経過の有無が仮釈放の許否に影響を及

ぼすことはない。ただし，2個以上の懲役又は禁錮の刑がある受刑者については，各刑について法定期間が経過していることが仮釈放の要件となる。複数の刑があるため，全ての刑の法定期間が経過するまで長い年月がある事案は，早期の仮釈放は困難となる。そのような場合，検察官は，裁量又は刑事施設の長の申請により，先に法定期間が経過した刑の執行を停止して他の刑の執行をさせる，刑の執行順序の変更を指揮することができる。これにより，仮釈放の資格を早く取得させることが可能となる。懲役又は禁錮の刑に加え，労役場留置の執行がある場合も，同様に刑の執行順序の変更を行うことができる。

　なお，少年の時に懲役又は禁錮の刑の言渡しを受けた人の法定期間は少年法に規定されており，刑法に規定された法定期間は適用されない。少年法に規定する法定期間は，少年に対する死刑と無期の緩和，及び不定期刑に関連している。そこで，これらの規定についてまず説明する。これらの規定は，少年が未熟であることや，可塑性，教育可能性等を考慮して設けられている。少年法51条の規定により，犯罪をした時点で18歳未満であった少年については，死刑をもって処断すべきときは無期刑を科すこととされ，また，無期刑をもって処断すべきときでも，有期の懲役又は禁錮を科すことができ，その場合の刑期は10年以上20年以下とされている。以上が死刑と無期の緩和である。少年に有期の懲役又は禁錮をもって処断すべきときは，少年法52条の規定により，長期は15年，短期は10年を超えない範囲で不定期刑を言い渡すとされている。

　少年の時に刑の言渡しを受けた場合の法定期間は少年法58条に規定がある。無期刑については7年である。ただし，少年法51条の規定により死刑をもって処断すべきところ無期刑を科された者は，すでに刑の緩和がなされているため，成人と同じ10年となる。有期刑を科された者については刑期の3分の1，不定期刑の場合は刑の短期の3分の1の期間が法定期間とされている。なお，不定期刑の仮釈放者については，地方更生保護委員会の決定をもって刑の執行を終了させることができ，それによって，仮釈放中の保護観察も終了する。

（宇戸午朗）

参考文献

(1) 太田達也（2017）『仮釈放の理論―矯正・保護の連携と再犯防止』慶應義塾大学出版会，23-47.

(2) 大塚仁ほか編（2015）『大コンメンタール刑法〔第三版第1巻〕』青林書院，720-721.

改悛の状（仮釈放の実質的要件）

　刑法28条は，「改悛の状があるとき」に仮釈放を許すことができるとしている。これは仮釈放の実質的要件である。旧法の犯罪者予防更生法では，その具体的基準が当時の「仮釈放及び保護観察等に関する規則」に定められ，そこに「悔悟の情」「改善更生の意欲」「再犯のおそれがないこと」「社会の感情が是認すること」の4つを掲げ，これらを総合的に判断し，保護観察に付することが改善更生のために相当と認められるときに仮釈放を許すものとしていた。

　平成18年の「更生保護のあり方を考える有識者会議」の報告においては，これらの仮釈放許可基準が「不明確との批判にこたえるため，許可基準を改正する方向で検討を加えるべき」とされた。

　有識者会議の報告を踏まえて施行された更生保護法では，仮釈放の許可の具体的基準は「犯罪をした者及び非行のある少年に対する社会内における処遇に関する規則28条」に定められた。そこでは，「①悔悟の情及び改善更生の意欲があり，②再び犯罪をするおそれがなく，③保護観察に付することが改善更生のために相当であると認められるときにする。ただし，④社会の感情がこれを是認すると認められないときは，この限りでない」とされた。これらは許可基準の明確化を図るための変更とされ，また，運用通達「犯罪をした者及び非行のある少年に対する社会内における処遇に関する事務の運用について」及び同通達に係る依命通知により，規則に定められた許可基準に該当するかどうかの判断に当たっての留意事項が示された。以下は，その概要である。

　「悔悟の情及び改善更生の意欲があること」は，仮釈放を許すための中心的要件である。仮釈放の審理に当たっては，まずこれを判断する。「悔悟の情」とは，自らの犯した罪を悔い，自己の責任を自覚し，再び犯罪をしない決意を意味する。「改善更生の意欲」とは，再び犯罪をすることのない健全な生活態度を保持し，自立した生活を営もうとする意欲を意味する。その前提として，被害者等に対してどのように償うべきかを認識し，実行する気持ちも必要である。いずれも審理対象者の主観的な状態を判断するものであるが，被害者等への慰謝の措置，矯正処遇への取組状況や生活態度，釈放後の生活計画等の客観的な状況も考慮する必要がある。なお，「悔悟の情及び改善更生の意欲」はその有無について判断し，その程度まで問うものではなく，犯罪を否認している場合でも，

直ちに悔悟の情がないと判断せず，その余の事情も考慮する。

　次に判断する要素が「再び犯罪をするおそれがない」ことである。通常，悔悟の情及び改善更生の意欲が認められる場合，再び犯罪をするおそれがないと推認される。ここではその判断にとどまらず，その者の性格，年齢，犯罪歴や過去の保護観察の経過を含む経歴，心身の状況，犯罪の動機・態様・結果及び社会に与えた影響，釈放後の生活環境，さらに矯正処遇や予定される保護観察処遇等の事情を考慮して，なお，再犯のおそれがないと認められるかどうかを判断する。ここでいう「再犯のおそれ」は，仮釈放中の再犯のおそれ及び仮釈放期間経過後の再犯のおそれが含まれ，仮釈放期間中については，何らかの犯罪をするおそれが合理的に想定しえない程度に至っていなければならず，仮釈放期間経過後は，再犯のおそれが相当程度現実的でなければ，再犯のおそれはないと認められる。考慮すべき観点は再犯の要因となり得る事情があるかどうかで，例えば，「経歴」については再犯歴・再非行歴の有無及び内容，過去の保護観察の経過等を，「心身の状況」については犯罪的傾向の有無及びその程度等を，「犯罪の動機・態様・結果及び社会に与えた影響」については再犯性の高いものであるか否か等を，「保護観察において予定される処遇の内容及び効果」について再犯防止の効果の程度等を，それぞれ特に考慮する。

　「保護観察に付することが相当であると認められるとき」とは，仮釈放許可の包括的要件である。通常，先の２つが認められれば，保護観察に付することが改善更生のために相当である。例外的に，予定されている矯正処遇を考慮すると，直ちに保護観察に付するよりも矯正処遇を継続することが改善更生に資すると認められる場合などが想定され得る。

　「社会の感情がこれを是認する」と認められるかどうかは，以上３つの要件が認められる者について，仮釈放を許すことが刑罰制度の応報的原理及び一般予防機能を害しないかどうか，最終的に確認するものである。判断に当たっては，被害者等の感情，地域社会の住民の感情，裁判官又は検察官から表明されている意見等を考慮する。なお，被害者等や地域社会の住民の感情は重要な考慮要素となるが，「社会の感情」とは，それらの感情そのものではなく，刑罰制度の原理・機能という観点から見た抽象的・観念的なものであり，被害者等が仮釈放に反対しているからといって一律に仮釈放を許さないのは適切でない。

（宇戸午朗）

仮釈放期間

　仮釈放期間とは，仮釈放後に再犯や遵守事項違反があった場合に仮釈放の取消しが可能な期間を指す。我が国のように仮釈放期間中に亘って保護観察が行われる場合（更生保護法 40 条），仮釈放期間は保護観察期間と一致する。

　仮釈放期間の在り方には，大別して残刑期間主義，考試期間主義，折衷主義の三つがある。残刑期間主義は，刑期から仮釈放までの執行済み刑期を差し引いた残刑の期間を仮釈放期間とするものである。我が国の場合，仮釈放は自由刑の執行の一形態であって，仮釈放後も刑期が進行することから（同 77 条 5 項），残刑期間の経過によって刑の執行が終了し，仮釈放期間も終わることになる。無期の場合，仮釈放期間は無期となる。但し，少年に対する自由刑においては，残刑期間より早期に仮釈放期間を終了する特例がある（少年法 59 条）。

　考試期間主義は，処遇の必要性に応じて仮釈放期間を一定の範囲内（2 年以上5 年以下など）で定めるものである。ドイツでは，仮釈放は残刑の執行猶予とされることから，全部執行猶予において宣告刑より長い猶予期間を設定するように，残刑期間よりも長い仮釈放期間を設定することが可能となっている。

　折衷主義は，仮釈放期間を残刑期間とすることを原則としながら，残刑期間が一定期間（6 月など）に満たない場合は当該一定期間を仮釈放期間とする場合や，残刑期間に一定の期間を加算する場合などの総称である。

　残刑期間主義は，再犯リスクの高い期間より短い期間しか保護観察を行い得ないという限界がある。これに対し，考試期間主義や折衷主義は，再犯防止や社会復帰のための処遇期間を確保することができる反面，刑期より長い間，国による介入が行われることから責任主義違反や判決の事後修正であるとの批判がある。我が国でも，1961 年の改正刑法準備草案が折衷主義を採用していたほか，法制審議会でも導入の検討が何度か行われたが，導入には至っていない。

（太田達也）

参考文献
(1)　森下忠（1993）『刑事政策大綱（新版）』成文堂
(2)　太田達也（2017）『仮釈放の理論—矯正・保護の連携と再犯防止』慶應義塾大学出版会

中間処遇

　中間処遇は，一般に，受刑者の円滑な社会復帰を図るため，刑事施設から釈放した後，社会内の施設や開放的な施設に居住させて行う処遇を指す。海外には，受刑者に対し薬物プログラム等の処遇や生活支援を行う地域矯正センターやハーフウェイ・ハウス（米），認可施設（英）等の中間施設がある。

　我が国では，明治以来，民間の保護団体が出所者等の支援を行ってきたが，戦前から戦後にかけて司法保護団体から更生保護会へと組織が整備されている。さらに平成7年には更生保護事業法によって更生保護法人の制度が創設され，保護観察中の応急の救護や更生緊急保護の対象者等に対し一時的な保護を行い，或いは更生保護施設に宿泊ないし通所させて，就労支援や生活指導のほか，多様な処遇プログラムを行っている。平成23年には登録した民間の法人や団体に生活指導等を委託する自立準備ホームの仕組みができたほか，平成19年以降，国立の自立更生促進センターや就業支援センターも設置されている。

　一方，我が国では，昭和54年以来，制度としての中間処遇が実施されている（長期刑仮釈放者処遇等実施要領）。これは，無期刑受刑者及び執行刑期10年以上の長期刑受刑者のうち中間処遇に同意した者に対し，仮釈放後1か月間，更生保護施設に宿泊させ，一定の処遇を行うことで円滑な社会復帰を図るものである。長期の受刑による刑務所化と非社会化を解消するとともに，社会生活に必要な種々の手続や社会適応訓練を行うことが目的である。具体的な処遇内容は，健康保険等各種手続や社会見学などの社会生活訓練，就労指導・支援，最終帰住地の環境調整，被害者へのしょく罪指導等である。

　なお，令和になり，薬物依存のある受刑者を早期に仮釈放し，更生保護施設等に宿泊させ，地域の薬物依存回復訓練につなげる薬物中間処遇も試行されている。　　　　　　　　　　　　　　　　　　　　　　　　　　　　（太田達也）

参考文献

(1) 藤野隆（1989）「長期刑仮出獄者の中間処遇—その試行段階から現状まで」，『犯罪と非行』第80号，66-92.
(2) 青木純一（2017）「長期刑仮釈放者を受け入れる中間処遇実施施設として」，『更生保護』第68巻第7号，34-37.

地方更生保護委員会（組織，委員）

　刑法 28 条は，仮釈放は行政官庁の処分によって許すことができると規定している。更生保護法 16 条の規定により，地方更生保護委員会（以下，「地方委員会」という。）が，刑法に規定する行政官庁として，懲役又は禁錮の刑により受刑している人の仮釈放を許す権限を有している。

　地方委員会は，法務省の地方支分部局として，高等裁判所に対応して全国に 8 か所設置（さいたま市，大阪市，名古屋市，福岡市，広島市，仙台市，札幌市，高松市）されている。地方委員会は，管内に所在する矯正施設からの仮釈放等の許可や，管内の保護観察所に係属する事件の仮釈放の取消等を扱う。地方委員会は，3 人以上の委員をもって組織される。委員は，一般職の国家公務員であるが，更生保護法により任期は 3 年と定められている。

　地方委員会は，仮釈放の許可のほか，仮釈放の取消し，仮出場の許可，少年院からの仮退院又は退院の許可，少年院から仮退院中の者を少年院に戻して収容するよう家庭裁判所へ申請すること，不定期刑の終了，保護観察付執行猶予者の保護観察の仮解除又はその取消し，婦人補導院からの仮退院の許可又はその取消し，保護観察付一部執行猶予者の住居の特定等の権限も有している。仮釈放の許可等の権限は，3 人の委員による合議体によって行使される。これらの判断は，裁判所が言い渡した刑罰や保護処分を終了，中断，再開させ，裁判による身体の拘束を終了，再開させるため，重大な法的効果を生じさせ，司法判断に準じる重要な役割を担っている。こうした判断事項の性質に鑑みれば，公正・中立かつ適切に判断できる知識や能力，経験を有する者が集まり，それぞれが客観的な事実と自己の見識に従い，互いに意見を交わす体制で行う方が，より慎重かつ適正な判断がなされる。そこで，任期制により任命された委員によって構成される合議体が，その責任において判断する制度が採用されている。かつて，委員には更生保護官署出身者が占める比率が高かったが，平成 18 年の更生保護のあり方を考える有識者会議の報告において，審理の公平性，的確性，透明性等を高めるため，地方委員会の委員に民間出身者等も積極的に登用すべきとの提言がなされ，以降，社会福祉，学校教育等の分野からの出身者も委員に任命されている。委員のうちから委員長が，法務大臣によって任命され，委員長は，会務を総理し，その地方委員会を代表する。

　地方委員会には，以上の固有の権限のほか，更生保護事業法や保護司法に規定する法務大臣の権限の一部が委任されている。この権限には，更生保護事業を営む更生保護法人の定款や認可事項の変更の認可，保護司がその職務を行う区域である保護区の名称，区域，定数の変更の決定等がある。これらの認可，決定は，委員全員をもって構成する委員会議の議決により行われ，多数決により決せられる。

　地方委員会はまた，管内の保護観察所の監督に関する事務もつかさどる。地方委員会と保護観察所は，それぞれ独自の事務をつかさどっており，本来上下関係にはない。しかし，地方委員会と保護観察所は相互に密接な関連があることから，地方委員会に，保護観察所に対する中間監督機関としての一定の権能が付与されている。地方委員会の権限は，保護観察所の事務の適正性を監査することなどにとどまり，保護観察所の固有の権限である個別の事件の処理に関して，その方針を指示したり，指揮する権限は含まれない。

　地方委員会の権限及び所掌事務は，広範かつ多岐にわたるため，これを補助する機関として事務局が置かれている。事務局には保護観察官が配置され，仮釈放の許可に必要な調査等の事務に従事する。全国8つの地方委員会の合議体の合計数は22あり，最も多い関東委員会には5部，最も少ない四国委員会には1部の合議体が置かれている。以上のとおり，地方委員会の権限等は広く多いが，その主要な権限行使となる仮釈放の審理についてみると，令和元年（平成31年を含む。）の全国の仮釈放審理終結人員は12,964人だった。これを合議体の数で割ると589人となり，これが，仮釈放事件にかかる1つの合議体の年間平均審理件数となる。　　　　　　　　　　　　　　　　　　　　　（宇戸午朗）

調査（25条調査・36条調査）

　仮釈放等の許可の権限は，地方更生保護委員会（以下，「地方委員会」という。）が有し，3人の委員をもって構成する合議体により，その権限が行使される。合議体が，決定について判断する場合は，審理を行わなければならない。審理において必要があるときは，更生保護法25条により，審理対象者との面接その他の調査を行うことができる。なお，「審理」は，決定事項について判断を下すため合議体で行う心証形成に向けた活動とされ，「調査」は，審理に供される種々の情報の収集活動と位置付けられている。

　地方委員会が行う決定は仮釈放以外にもあり，いずれも審理を行うとともに，必要な調査を行うことができるが，実務上，「25条調査」というときは仮釈放の審理における調査を指すことが多く，本項もこれを中心に述べる。25条調査では，仮釈放等の許可基準に該当するかどうかを判断するために必要な事項が調査される。その調査事項は，犯罪又は非行の内容，動機及び原因並びにこれらについての審理対象者の認識及び心情，共犯者の状況，被害者等の状況，審理対象者の性格，経歴，心身の状況，家庭環境及び交友関係，矯正施設における処遇の経過及び審理対象者の生活態度，帰住予定地の生活環境，引受人の状況，釈放後の生活計画，その他審理のために必要な事項である。具体的な調査は，委員自らが行うほか，一部を除き，保護観察官に行わせることもできる。調査の必要に応じ，刑事施設の長に記録や意見の提出を求め，裁判官，検察官又は精神医学等の専門家に意見を求めることになっている。裁判官又は検察官から，仮釈放等に関する意見があらかじめ表明されているときは，これを考慮するものとされている。なお，審理対象者との面接に関しては，仮釈放を許すか否かの審理においては，委員は審理対象者と面接しなければならないことになっている。ただし，審理対象者の重い疾病又は傷害により面接を行うことが困難と認められるときのほか，面接の必要がないと認められる一定の場合は，省略することができる。該当する場合として，開放的施設における処遇を受けている者について仮釈放を許す場合，少年院在院者のうち個人別矯正教育計画における矯正教育の期間が2年以内の者について仮退院を許す場合，出入国管理及び難民認定法に基づき本法からの退去を強制される見込みがある者について仮釈放を許す場合等がある。これは，委員自ら面接をするまでもなく他の諸事情か

ら結論が明白な場合にまで，委員面接を絶対に行わなければならないとすべき
理由はなく，他方，限られた委員数で多くの事件を効率的かつ適切に処理する
ためには，委員面接を行うか否かによって結論が変わらない事案については委
員面接を省略する一方で，慎重な判断を要する事案に時間をかけるなど，メリ
ハリのある審理が求められることによる。

　仮釈放等の審理は，通常，矯正施設の長からの仮釈放等の申出を受理して開
始されるが，申出がなくても審理を開始することができる。更生保護法36条は，
申出によらない審理を開始するか否かを判断するための調査を規定し，実務上，
これを「36条調査」と呼んでいる。36条調査は，委員又は保護観察官が行う。
調査の方法は，審理の対象となる者との面接や，家族，友人，雇用主等釈放後
の生活に関係する人に関する調査，また，刑事施設等の長から必要な情報を得
ることなどによる。調査対象者に対し，釈放後の生活計画等を記載した申告票
の提出を求めることもできる。36条調査の結果は，仮釈放等の審理が行われる
ときに重要な資料として活用される。また，調査対象者の帰住予定地の保護観
察所が行う生活環境の調整にも活用される。

　刑の一部執行猶予制度の導入に伴って，平成25年に更生保護法の一部改正
が行われ，その一つとして同法82条に地方委員会が行う生活環境の調整が加
えられた。従来，地方委員会には，生活環境の調整に資する情報の収集を目的
とした調査を行う権限は与えられていなかった。同条に加えられた規定により，
その目的のための調査を行うことができるようになった。36条調査が，仮釈放
審理を開始するか否かを判断するために行われるものであることに対し，82条
の規定は，生活環境の調整に資する情報の収集を目的とした調査を行うことを
できるようにしたものである。刑の一部執行猶予の言渡しを受け，実刑部分を
受刑中の者に対して，改善更生に適した帰住予定地が適切かつ迅速に設定され
るよう働き掛けるほか，当該対象者以外の者にあって，刑事施設における行状
等に特段の問題はないと認められるものの帰住予定地が確保されていない者，
保護観察所からの生活環境調整状況通知書において「調整継続」又は「帰住不
可」のまま推移している者等に対して，積極的にこの調査を行うことにしてい
る。　　　　　　　　　　　　　　　　　　　　　　　　　　　　（宇戸午朗）

仮釈放審理

　仮釈放の許可等は，地方更生保護委員会（以下，「地方委員会」という。）の審理を経て決定される。審理は，地方委員会の委員3人をもって構成される合議体により行われる。審理とは，決定を行うため事実関係についての心証を形成し，法律関係を明確にする作用である。仮釈放の許可のほかにも，仮釈放の取消し，仮出場，少年院からの仮退院・退院の許可，不定期刑の終了，婦人補導院からの仮退院とその取消し，保護観察付一部執行猶予者の住居特定は地方委員会が決定をもって行う処分であり，合議体の審理を経て行われる。少年院への戻し収容の申請も合議体が審理して行う。審理では，公正，中立かつ的確な判断をすることができる有識者である3人の委員が，相互に意見を交わすことによって，慎重かつバランスの取れた結論に至ることが期待されている。審理は，各委員が，合議体が行うべき判断について意見及びその理由を述べ，評決する。仮釈放等を許すか否かの採決を行う合議体の合議を評議といい，評議は，書面を持ち回って採決する方法は行わず，委員全員が一堂に会して行う運用とされている。

　仮釈放の審理は，刑事施設の長から仮釈放の申出があって開始される。申出がない場合でも，地方委員会が必要と認めた時に，職権により審理を開始することができる。その場合は，あらかじめ，矯正施設の長の意見を聴かなければならない。申出によらない審理を開始するか否かを判断するときに行う調査が，更生保護法36条に規定するいわゆる36条調査である。なお，受刑者本人には，仮釈放の申出の権利は認められていない。

　仮釈放等の審理において必要と認められるときに行う審理対象者との面接等による調査が，更生保護法25条に規定するいわゆる25条調査である。仮釈放を許すか否かの審理においては，その全件について，委員が，審理対象者と面接しなければならないこととされている。これは，審理対象者との面接が，仮釈放等の許可基準に該当するか否かを判断する上で極めて重要だからである。ただし，審理対象者の重い疾病などにより面接を行うことが困難と認められるなど一定の場合は，省略することができる。面接を行う委員は，審理対象者の陳述の内容，態度等から，判断に必要な事項を把握し，的確な心証を得るよう努めるものとされている。面接は，原則として矯正施設内で行われ，必要と認

めるときは，保護観察所の保護観察官や，精神医学等専門的知識を有する者の立ち会いを求め，その意見を聴くこととされている。

　合議体は，審理対象者の生活環境について更に調整すべき事項があると認めるときは，保護観察所の長に対し，生活環境の調整を求めることができる。例えば，新たな帰住予定地を確保すること，就業先や通学先を探すこと，公的機関から必要な保護を受けられるようにすること，帰住先で同居する者と審理対象者との関係を調整することなどが挙げられる。また，犯罪被害者等から，審理対象者の仮釈放に関する意見等を述べたい旨の申出があったときは，事件の性質その他の事情を考慮して相当でないと認めるときを除き，その意見等を聴取するものとされている。聴取した意見等は，仮釈放の許可の判断や，特別遵守事項の設定等に当たって考慮することとされている。

　仮釈放を許す旨の決定をしたときに仮釈放の審理は終結する。仮釈放を許す旨の決定をしない旨の判断をしたときも審理は終結する。仮釈放を許す旨の決定に当たっては，釈放すべき日を定め，居住すべき住居を特定する。特別遵守事項を定めることもできる。仮釈放の許可以外にも合議体が審理を行って決定する事項があるが，それらもすべて決定をもって審理が終結する。決定しない場合は，決定しない旨の判断により審理は終結する。

　仮釈放等の許可をした後，その決定を受けた者が，釈放までの間に，刑事施設の規律及び秩序を害する行為をしたときや，釈放後の住居等生活環境に著しい変化が生じたときなどその釈放が相当でないと認められる事情が生じたときは，審理を再開しなければならない。審理の再開により，仮釈放等の許可はその効力を失う。再開後の審理は，従前の審理が継続しているとみなされる。審理を再開したときは，速やかに，仮釈放等を許す旨の決定をするか，これをしない旨の判断をするよう努めることとされている。　　　　　　　　（宇戸午朗）

仮釈放の取消し

懲役又は禁錮の刑により受刑し，仮釈放された人が，

① 仮釈放中に更に罪を犯し，罰金以上の刑に処せられたとき
② 仮釈放前に犯した他の罪について罰金以上の刑に処せられたとき
③ 仮釈放前に他の罪について罰金以上の刑に処せられた者に対し，その刑の執行をすべきとき
④ 仮釈放中に遵守すべき事項を遵守しなかったとき

その仮釈放を取り消すことができる（刑法29条1項）。

　仮釈放の取消しの権限は地方更生保護委員会（以下,「地方委員会」という。）に属し，仮釈放者の事件が係属する保護観察所を管轄する地方委員会が，その取消しを行う。仮釈放の取消しは，遵守事項違反があった④の場合も，再犯や余罪の判決確定等による①ないし③の場合も，必ず取り消されるものではなく，裁量によりこれがなされる。裁量であることは，犯罪者の社会復帰と社会の保護を目的とした仮釈放制度全体を踏まえ，仮釈放の取消しが合目的的に運用されることを期待する趣旨と解されている。仮釈放の取消しはまた，裁判によって刑罰として刑事施設へ拘禁されていた人について，保護観察を実施して改善更生を図るという目的により刑の執行の形態を変更させ,緩和していた状態を，本来の刑の執行態様に戻す措置である。

　遵守事項を遵守しなかったことを理由とする仮釈放の取消しは，保護観察所長の申出により行う。これは，保護観察が，保護観察所の長の権限において行われるところから，保護観察所の長の判断を前提としているものである。保護観察所の長は，遵守事項に違反した者について，遵守事項違反の情状，保護観察の実施状況等を考慮し，その改善更生のために保護観察を継続することが相当であると認められる特別の事情がないときに申出を行う。特別な事情とは，遵守事項違反の事実があっても，本人に悔悟の情と改善更生の意欲があり，再犯のおそれが低く，社会感情も保護観察の継続を是認すると認められるような場合をいう。申出を受理した地方委員会は，仮釈放を取り消す決定をするか否かに関する審理を行い，仮釈放の許可基準に照らし，保護観察所長の申出が相当と認めるときに仮釈放の取消しの決定を行う。

　仮釈放中に更に罪を犯したときや，仮釈放前に犯した罪が確定したときなども仮釈放の取消しをすることができるが，通常，地方委員会は，その事実を知ることはできないので，保護観察所の長は，その事実があったと認められたときは，地方委員会に通知することになっている。通知書には，仮釈放の取消しに該当する具体的事由，保護観察の経過及び仮釈放の取消しに関する意見が記載され，地方委員会は，これに基づいて仮釈放の取消しの審理を行う。

　なお，仮釈放中に再犯があっても，その判決が確定するまでは，①の「仮釈放中に更に罪を犯し，罰金以上の刑に処せられたとき」に該当しない。再犯刑の確定を待っていては，仮釈放期間が満了し，仮釈放の取消しができないような場合に，再犯事実の内容が遵守事項違反に該当すれば，④の「仮釈放中に遵守すべき事項を遵守しなかったとき」により仮釈放の取消しを行うことがある。遵守事項違反により仮釈放を取り消す場合は，その遵守事項違反の事実を認定する必要がある。再犯があった場合は，その犯罪行為は一般遵守事項の「再び犯罪をすることがないよう，又は非行をなくすよう健全な生活態度を保持すること」違反に該当する。再犯事実について公訴が提起されれば，通常，遵守事項違反の事実があるとして仮釈放の取消しを行うのが実務である。

　特別遵守事項違反を問う場合は，保護観察所がその違反の事実を証明しなければならない。違反があった時にその証明が可能な特別遵守事項が設定されていなければ，仮釈放の取消しはできない。仮釈放者の特別遵守事項は地方委員会が設定するが，具体的で，違反の有無が客観的に判断しうるものとなるよう定めることとされ，標準設定例も示されている。地方委員会が仮釈放の許可と同時に特別遵守事項を設定する時は，これを踏まえて設定する。

　保護観察所の長が，仮釈放の取消しの申出又は取消し事由の通知を行う場合は，原則として保護観察官に対象者の質問調査を行わせる。地方委員会は，仮釈放取消しの審理において必要と認めるときは，委員又は保護観察官をして対象者と面接させる。仮釈放を取り消された者が，仮釈放取消しの処分に不服がある場合は，中央更生保護審査会に審査請求できる。仮釈放取消しの処分をしたときは，対象者に対し，審査請求できる旨を教示しなければならない。

　仮釈放を取り消されると，仮釈放から仮釈放が取り消された日までの期間は執行済みの刑期に算入されず，仮釈放された全期間の刑が改めて執行される。仮釈放取消しになった者について，再度の仮釈放を行うことは可能である。

（宇戸午朗）

仮出場

(1) 仮出場の概要

　拘留の刑の執行のため刑事施設に収容されている者又は罰金・科料を完納することができないために労役場に留置されている者については，情状により，いつでも行政官庁の処分によって仮出場を許すことができるとされ（刑法30条），地方更生保護委員会（以下「地方委員会」という。）が，この行政官庁として仮出場を許す権限を有している（更生保護法（以下「法」という。）16条2号）。

　仮出場は，その期間中保護観察に付されることはなく，その取消しの制度もないので，仮出場の日をもって刑の執行は終了することになり，実質的には終局的な釈放といえる。遵守事項のような行為規範や生活行動指針のような生活指針が設定されることもない。また，労役場から仮出場を許された者については，執行未済に該当する罰金・科料を徴収することはできないと解されている。

　一方，仮出場を許された者については，更生緊急保護の対象とされており（法85条1項8号），更生保護事業の対象でもある（更生保護事業法2条2項6号，3項）。したがって，適当な住まい，仕事がない，医療・保健，福祉サービス等の調整が課題になるなど，釈放時に，親族又は公共の衛生福祉機関等から改善更生に必要な援助を受けることができない場合には，更生保護施設で保護を受けるなど，社会生活に円滑に移行するための支援を受けることが可能である。

(2) 仮出場許可の基準

　刑法30条は「情状により，いつでも」仮出場を許すことができると規定し，個別的な事情により仮出場を認め得る。犯罪をした者及び非行のある少年に対する社会内における処遇に関する規則（以下「規則」という。）29条では，仮出場許可基準について，「心身の状況，収容又は留置の期間，社会の感情その他の事情を考慮し，相当と認めるとき」と規定されている。

(3) 仮出場の手続

　刑事施設の長は，拘留の刑の執行のために収容している者又は労役場に留置している者について，仮出場許可の基準に該当すると認めるときは，地方委員会に対し，仮出場を許すべき旨の申出をしなければならない（法34条2項，規則12条2項）。地方委員会は，刑事施設の長の申出がない場合であっても，必要があると認めるときは，仮釈放の場合と同様，仮出場を許すか否かの審理を開

始することができる（法35条1項）。地方委員会が申出によらない審理を開始するに当たっては，あらかじめ，審理の対象となるべき者が収容されている刑事施設の長の意見を聴かなければならない（同条2項）。

　地方委員会は，仮出場を許す処分をするときは，決定をもってするものとされ（法39条1項），3人の委員をもって構成する合議体が，審理を行った上で，その権限を行使する（法23条1項1号，法24条）。

　地方委員会は，仮出場を許す処分をするに当たっては，仮釈放の場合と同様，釈放すべき日を定めなければならないとされているが（法39条2項），仮釈放の場合と異なり，居住すべき住居を特定する規定はない。

　なお，許可決定後に，釈放することが相当でないと認められる特別の事情が生じたと認めるときは，仮釈放の場合と同様，仮出場を許すか否かに関する審理を再開しなければならない。この場合，当該決定はその効力を失う（同条4項）。

(4) 仮出場の運用

　仮出場許可人員は，昭和25年から同27年にかけては250人前後，昭和20年代後半から同30年代前半は100人台で推移していたが，その後おおむね減少を続け，昭和54年から令和元年までの間では，平成12年及び同14年にそれぞれ1人あったのみで，それ以外の年は許可人員なしとなっている（保護統計年報）。

（西岡総一郎）

参考文献
(1) 法務総合研究所（2018）『研修教材更生保護（平成30年版）』
(2) 更生保護50年史編集委員会（2000）『更生保護50年史』

保護観察の目的

　保護観察は，犯罪をした人や非行のある少年を，刑務所や少年院などの矯正施設に収容するのではなく，社会の中で通常の生活を営ませながら，一定の期間，決められた約束事（遵守事項）を守るよう指導監督するとともに，必要な補導援護を行うものである。

　法49条1項は，「保護観察は，保護観察対象者の改善更生を図ることを目的として…実施する」と規定している。一方で，法1条は，同法の目的として，「社会内において適切な処遇を行うことにより，再び犯罪をすることを防ぎ，又はその非行をなくし，これらの者が善良な社会の一員として自立し，改善更生することを助ける」ことを掲げている。したがって，保護観察の目的には，対象者の改善更生とともに再犯の防止があるということになる。

　対象者が改善更生すればおのずと再犯は防止されることになり，逆に，その人が再犯に至ってしまえば改善更生への道は遠くなることから，改善更生と再犯防止は不即不離の関係にあるといえる。しかしながら，両者は必ずしも一体のものではなく，時に緊張関係にも立つものである。その際，どちらか一方を偏重し，他方をおろそかにすることは避けなければならない。たとえば，対象者が遵守事項を遵守せず，行状が不安定になるなどして保護観察による改善更生が困難と認められる場合には，再犯に陥る前に矯正施設への収容を求めるなどの措置を適時・適切にとる必要がある。ただし，再犯を防止することを重視するあまり社会復帰支援の側面を軽視したり，まだ十分打つ手があるにもかかわらず安易に施設収容の措置を選択したりすることは適当ではない。

　また，単に行動を監視するだけの電子監視や，薬物使用の有無をチェックするためだけの薬物検出検査の義務付けなどは，改善更生という観点を欠くものとして，保護観察の目的からは外れると考えられる。　　　　　（吉田研一郎）

参考文献

(1)　川出敏裕・金光旭（2018）『刑事政策〔第2版〕』成文堂
(2)　今福章二・小長井賀與編（2016）『保護観察とは何か』法律文化社

保護観察の対象者

　我が国の保護観察には，家庭裁判所において少年に対してなされる保護処分としての保護観察と，地方裁判所や簡易裁判所においてなされる刑事処分としての保護観察がある。また，諸外国においては，いったん刑務所や少年院などの矯正施設に収容した後に仮釈放して行うものをパロール（parole），当初から社会内で処遇するものをプロベーション（probation）などと呼んで区別しているところがあるが，我が国では両者を総称して保護観察と呼んでいる。

　法48条は，保護観察の対象者として，①少年法の規定により保護処分に付されている者（保護観察処分少年），②少年院からの仮退院を許されて保護観察に付されている者（少年院仮退院者），③刑事施設からの仮釈放を許されて保護観察に付されている者（仮釈放者），④刑の全部の執行猶予又は刑の一部の執行猶予の言渡しを受けて保護観察に付されている者（保護観察付執行猶予者）の4種類を規定している。このほか，⑤売春防止法により補導処分に処せられ，婦人補導院からの仮退院を許された者は，保護観察に付することとされている（同法26条第1項）が，近年はほとんど例がない。

　これらの者に対する保護観察を，実務上，上記の順に1号観察，2号観察，3号観察，4号観察，5号観察と呼んでいる。このうち1号観察及び2号観察は保護処分としての保護観察であり，3号観察，4号観察及び5号観察は刑事処分としての保護観察である。また，1号観察及び4号観察（刑の全部の執行猶予者に対するもの）はプロベーション型の保護観察であり，2号観察，3号観察及び5号観察はパロール型の保護観察である。

　保護観察の種類により，保護観察の期間，保護観察中にとり得る措置等に違いがあるが，保護観察の実施方法，一般遵守事項や特別遵守事項の内容，指導監督や補導援護の方法等については共通である。　　　　　　（吉田研一郎）

参考文献

藤本哲也・生島浩・辰野文理編著（2016）『よくわかる更生保護』ミネルヴァ書房

一般遵守事項

　遵守事項とは，保護観察対象者が遵守しなければならない事項であり，この
うち対象者に共通して法律において定められているものが一般遵守事項である
（法50条）。これに対し，個々の対象者の事情に応じて，その改善更生のため特
に必要と認められる範囲内で具体的に定められるものを特別遵守事項という。
保護観察における指導監督は，対象者が遵守事項を遵守するよう必要な指示そ
の他の措置をとる方法をもって行われ，対象者が遵守事項を遵守しない場合に
は，保護観察処分少年であれば警告や少年院への施設送致，少年院仮退院者で
あれば少年院への戻し収容，仮釈放者であれば仮釈放の取消し，保護観察付執
行猶予者であれば執行猶予の取消し等の処分がとられることがある。
　一般遵守事項は，以下のようなものが法律において定められている。
　健全な生活態度を保持すること…法50条1項1号において「再び犯罪をす
ることがないよう，又は非行をなくすよう健全な生活態度を保持すること」と
規定されており，対象者は，改善更生のための基本的事項として再犯や再非行
がないよう健全な生活態度を保持することが義務づけられている。ここにいう
健全な生活態度の保持とは，社会通念上是認される範囲内の生活行動を保持す
ることを意味している。
　保護観察官及び保護司による指導監督を誠実に受けること…法50条1項2
号においては「次に掲げる事項を守り，保護観察官及び保護司による指導監督
を誠実に受けること」と規定されており，「イ保護観察官又は保護司の呼出し又
は訪問を受けたときは，これに応じ，面接を受けること」及び「ロ保護観察官
又は保護司から，労働又は通学の状況，収入又は支出の状況，家庭環境，交友
関係その他の生活の実態を示す事実であって指導監督を行うため把握すべきも
のを明らかにするよう求められたときは，これに応じ，その事実を申告し，又
はこれに関する資料を提示すること」を守ることが求められている。保護観察
は面接等を中心とした対象者との接触を通じて対象者の生活実態を把握すると
ともに，対象者の認知，思考，感情，欲求，生活態度，価値観，心理的葛藤そ
の他の状態を知り，その行状を十分に把握することで適切な指示等を行うこと
が可能となるものであることから，対象者との接触，面接及び生活実態の把握
を確実なものにするために，これらの事項が定められている。

　住居の特定及び届出並びに転居や旅行における許可…法50条1項3号から5号においては，住居の特定と把握に係る一般遵守事項が定められている。すなわち「三　保護観察に付されたときは，速やかに，住居を定め，その地を管轄する保護観察所の長にその届出をすること」や「四　前号の届出に係る住居（略）に居住すること」が定められているほか，「五　転居又は七日以上の旅行をするときは，あらかじめ，保護観察所の長の許可を受けること」が必要となる。なお，仮退院や仮釈放の場合は，仮釈放等の決定に併せて居住すべき住居が定められることが原則のため，届出の必要はない。

　保護観察においては，対象者の生活状況を把握し，往訪，呼出し等を適切に行うためにその住居を把握しておく必要があることに加え，健全な生活態度を保持させる上で，特定の住居を確保させ，その居住環境を把握し，また，必要に応じてその改善のために働き掛けを行う必要があるため，これらの一般遵守事項が設けられている。

　転居又は旅行の許可は，転居後の住居又は旅行先の生活環境，転居の理由又は旅行の目的，対象者の心身の状況，保護観察の実施状況等を考慮し，当該転居又は旅行によって，対象者の改善更生が妨げられるおそれがないと認められるときになされる。

　一般遵守事項は，保護観察の開始に当たって，その内容を記載した書面を交付することにより，対象者に通知しなければならないものと定められている。遵守事項は対象者に制約を課し，これに違反した場合は本人にとって不利益となる不良措置がとられる可能性があることから，書面によって確実に通知する趣旨である。書面の交付に当たっては，遵守事項を遵守することの重要性について自覚を促すため，これを遵守する旨の誓約をすることを求めることとなっている。

（守谷哲毅）

特別遵守事項

特別遵守事項とは，保護観察対象者がその保護観察の期間中遵守しなければならない事項として，個々の対象者の事情に応じて，その改善更生のため特に必要と認められる範囲内で具体的に定められるものである（法51条）。これに対し，対象者に共通して法律において定められているものは，一般遵守事項と呼ばれる。

特別遵守事項は，当該遵守事項が守られなかった場合に仮釈放の取消し等の処分がなされ得ることを踏まえ，法律に定められた一定の類型（特定の行動の禁止や特定の行動の実行又は継続等）に該当し，対象者の改善更生に特に必要と認められる範囲で具体的に定められる。法律に定められている類型としては，以下のようなものがある。

犯罪又は非行に結び付くおそれのある行動の禁止…例えば遊興を原因として生活困窮に陥り窃盗等を行った者に対して「パチンコ店やスロット店に出入りしないこと」等を定める例が挙げられる。

健全な生活態度を保持するための行動の実行又は継続…例えばいわゆる無為徒食の生活が犯罪・非行に結びついた対象者に対して「就職活動を行い，又は仕事をすること」等を定める例が挙げられる。

保護観察官や保護司への事前申告…指導監督を行うため事前に把握しておくことが特に重要と認められる生活上又は身分上の特定の事項について，緊急の場合を除き，あらかじめ申告することを義務づけるものとして，例えば所在不明になるおそれの高い対象者について，「3泊以上の旅行をするときは，緊急の場合を除き，あらかじめ，保護観察官又は保護司に申告すること」等を定める例が挙げられる。

専門的処遇プログラムの受講…医学，心理学，教育学，社会学その他の専門的知識に基づく特定の犯罪的傾向を改善するための体系化された手順による処遇を義務づけるものとして，認知行動療法等を基盤として開発された専門的処遇の受講を定める例が挙げられる。現在，性犯罪者処遇プログラム，薬物再乱用防止プログラム，暴力防止プログラム及び飲酒運転防止プログラムの4つが専門的処遇に該当する。

宿泊による指導監督を受けること…法務大臣が指定する施設等，対象者の改

善更生のために適当と認められる特定の場所で宿泊の用に供されるものに，一定の期間宿泊して指導監督を受けることを義務づけるものとして，例えば特に濃密な指導監督が必要とされる対象者について，保護観察官が直接かつ濃密な指導監督等を行う自立更生促進センターへの宿泊及びそこでの指導監督を受けることを義務づけることが挙げられる。

　社会貢献活動…対象者について，社会に役立つ活動を行ったとの達成感を得させたり，地域住民等から感謝されることなどを通じ自己有用感を獲得させたりして改善更生の意欲を高め，また，他者一般を尊重し社会のルールを遵守すべきことを認識させる目的で行われる社会貢献活動を，一定の時間行うことを義務づけるものである。具体的な活動として，福祉施設における介助補助活動や公共の場所の環境美化活動等が行われている。

　その他指導監督を行うために特に必要な事項…例えば更生保護施設を居住すべき住居として仮釈放を許可した場合に，併せて「更生保護施設の規則で禁じられた無断外泊及び飲酒をしないこと」等を定める例が挙げられる。

　なお，対象者の改善更生の度合いに応じて，特別遵守事項を取り消して制約を緩和し対象者の意欲を喚起したり，逆に特別遵守事項を追加又は変更して制約を厳しくしたりすることが，再犯防止及び改善更生という目的に適うものであることから，保護観察の開始前や開始後において特別遵守事項の設定，変更又は取消しを行うことができるようになっている。保護観察処分少年及び保護観察付全部猶予者の特別遵守事項は，保護観察所長が，裁判所の意見を聴いた上で設定又は変更することができ，必要がなくなったと認めるときはこれを取り消すものとされている。保護観察付一部猶予者については，猶予期間の開始前は，地方更生保護委員会が，決定をもって設定又は変更することができ，取り消すものとされており，猶予期間の開始後は，保護観察所長が，裁判所の意見を聴いた上で設定又は変更することができ，必要がなくなったと認めるときはこれを取り消すものとされている。少年院仮退院者，仮釈放者及び婦人補導院仮退院者の特別遵守事項については，保護観察所長の申出により，地方更生保護委員会が，決定をもって設定及び変更することができ，取り消すものとされている。特別遵守事項が設定，変更又は取り消されたときは，対象者に対して，書面により通知しなければならない。　　　　　　　　　（守谷哲毅）

生活行動指針

　保護観察所長は，保護観察対象者について，保護観察における指導監督を適切に行うため必要があると認めるときは，当該対象者の改善更生に資する生活又は行動の指針を定めることができるものとされており，これを生活行動指針という（法56条1項）。対象者は，生活行動指針が定められたときは，これに即して生活し及び行動するよう努めるべき義務を負うこととなり，指導監督を受けることとなる。この点においては，特別遵守事項と大きく異なるものではないが，特別遵守事項が，それに違反した場合に仮釈放の取消し等の不良措置につながるのに対して，生活行動指針は，違反したとしても直接的に不良措置に結びつかない点において異なる。生活行動指針の内容は，改善更生に資すると考えられる生活上の指針や教訓のような行為規範も想定されており，例えば「浪費をせず，地道で堅実な生活に努めること」といったものも定められる。

　運用においては，ある事項をまず生活行動指針として定めておき，対象者が生活行動指針に規定された事項に即して行動しないなど，その後の生活状況により仮釈放の取消し等の不良措置がとられ得ることを明確に意識させ遵守させる必要性が認められた段階で特別遵守事項として設定したり，比較的抽象的な事項を生活行動指針として定めておき，これがおよそ守られずそのままでは改善更生を図るための指導監督を行うことが困難である場合に，生活行動指針をより具体化して特別遵守事項を設定したりすること等が行われる。

　生活行動指針は，保護観察の開始時のみならず，指導監督を適切に行うため必要と認められるときに定めることができるものとされており，指針を定めた際には対象者に書面を交付して通知することとなる。また，保護観察所長は生活行動指針を変更することができるほか，必要がなくなったときは取り消すものとされている。変更又は取消しがなされた際にも，対象者に書面により通知がなされる。　　　　　　　　　　　　　　　　　　　　　（守谷哲毅）

保護観察の実施方法

　保護観察は，保護観察対象者の改善更生のため，指導監督及び補導援護を行うことにより実施する（法49条1項）。その際，保護観察処分少年又は少年院仮退院者に対する保護観察は，健全育成を期して実施しなければならない（同条2項）。また，規制薬物等に対する依存がある者に対する保護観察は，医療・衛生福祉機関等と緊密な連携を確保しつつ実施しなければならない（法65条の2）。

　保護観察における指導監督・補導援護は，対象者の特性，とるべき措置の内容その他の事情を勘案し，保護観察官又は保護司をして行わせる（法61条1項）が，補導援護は，更生保護事業者等に委託して行うことができる（同条2項）。

　保護観察は，対象者の性格，年齢，経歴，心身の状況，家庭環境，交友関係等を十分に考慮して，その者に最もふさわしい方法により，その改善更生のために必要かつ相当な限度において行う（法3条）。このように保護観察の実施に当たっては，個別性・必要性・相当性が基本原則となる。

　また，保護観察の実施に当たっては，公正を旨とし，対象者に対しては厳格な姿勢と慈愛の精神をもって接し，関係人に対しては誠意をもって接し，その信頼を得るように努めなければならない（犯罪をした者及び非行のある少年に対する社会内における処遇に関する規則3条）。

　保護観察所長は，保護観察の開始に際し，対象者について，犯罪又は非行の要因及び改善更生に資する事項について分析し，指導監督・補導援護の方法等を定めた保護観察の実施計画を作成しなければならない（同規則42条1項）。この計画は，保護観察の実施状況等を考慮し，必要な見直しを行わなければならない（同条2項）。計画の作成や見直しは，令和3年から導入されたアセスメントツール（CFP）を中核とするアセスメントに基づいて行われる。

　以上のとおり，保護観察は，主に保護観察官と保護司の協働態勢により，個別性・必要性・相当性を処遇の基本原則としつつ，実施計画に基づき，指導監督と補導援護を一体的かつ有機的に行うものである。　　　　　（押切久遠）

指導監督の方法

　法49条1項において，保護観察は，指導監督と補導援護を行うことにより実施するとされている。また，法61条においては，指導監督と補導援護は，保護観察官又は保護司が実施者であると定められ，さらに，補導援護が更生保護事業を営む者等に委託できるのに対し，指導監督は保護観察官又は保護司以外の者に行わせることはできないとされている。

　補導援護が保護観察の援助的・福祉的側面といわれるのに対し，指導監督は権力的・監督的側面，あるいは権威的な作用や機能があると位置づけられる。

　法57条1項において，保護観察における指導監督は，次の第1号から第3号に掲げる方法によって行うものとされている。

　「面接その他の適当な方法により保護観察対象者と接触を保ち，その行状を把握すること」（第1号）

　保護観察は，接触に始まり，接触に終わると言われるが，なかでも面接は，対象者の内面や行動（就労・余暇活動・交友関係等）の実態や変化を把握し，処遇する側と対象者の間の信頼関係を醸成し，改善更生への変容を直接的に図れる接触の手段といえる。その上で，補完するその他の適当な方法として，電話や郵便やメール等の手段も用いて接触を保ち，行状を把握することとしている。

　「保護観察対象者が遵守事項を遵守し，並びに生活行動指針に即して生活し，及び行動するよう，必要な指示その他の措置をとること」（第2号）

　定められた遵守事項を遵守し，生活行動指針に即した生活と行動をするよう指示したり，生活状況全般に関してというよりも，個別具体的に注意や助言等を与えたりすることを意味している。また，遵守事項や生活行動指針の設定・変更・取消し，あるいは不良措置やその他の措置をとることをも指している。なお，教育的な効果を特に意図して構成されたしょく罪指導プログラムや，交通保護観察対象者に対する交通に関する指導もここに含まれる。

　「特定の犯罪的傾向を改善するための専門的処遇を実施すること」（第3号）

　性犯罪，薬物犯罪，暴力犯罪，飲酒に起因した犯罪のような，反復性のある犯罪的傾向を改善するため，心理臨床の技術である認知行動療法等の専門的な知見に基づく処遇を実施することを指している。なお，ここでいう専門的処遇は，いわゆる専門的処遇プログラム（法51条2項4号）よりも広い概念であり，

例えば，自発的意思に基づく簡易薬物検出検査を活用した処遇も含まれる。

法57条2項では，「特に必要があると認めるときは，指導監督に適した宿泊場所を供与することができる」とされている。この宿泊場所は，福祉的な観点から供与するというより，濃密な指導監督のために供与するものであり，例えば，国が運営する自立更生促進センターがこれに該当する。

平成28年の刑の一部の執行猶予制度の導入に伴い，規制薬物等に対する依存がある保護観察対象者に関する保護観察の特則が設けられ，それまでは依存の改善のために，補導援護として「医療及び療養を受けることを助けること」ができる程度であったが，指導監督ができることとされた。

再犯防止には依存症の治療が重要であるが，医療を受けることについては，インフォームド・コンセントと自由な意思に基づく必要があり，対象者に強制することはできず，それゆえ特別遵守事項として設定することはできない。そこで，法65条の3第1項で，新たな指導監督の方法として，次のとおり定められた。

「規制薬物等に対する依存の改善に資する医療を受けるよう，必要な指示その他の措置をとること」（第1号）

ここでの医療は，薬物中毒症状による幻覚・妄想を軽減するための診察や投薬に限らず，依存の原因の一つとなっている精神疾患に対する治療も広く含む。

「公共の衛生福祉に関する機関その他の適当な者が行う規制薬物等に対する依存を改善するための専門的な援助であって法務大臣が定める基準に適合するものを受けるよう，必要な指示その他の措置をとること」（第2号）

第1号の医療機関と異なり，専門的な援助にはその実施機関に様々なものがあることから，法務大臣が基準を定めた上で，これに適合するものを受けるよう指示等できる。具体的な機関・団体としては，精神保健福祉センターやダルク等を想定している。　　　　　　　　　　　　　　　　　　　　　　（上岡靖之）

参考文献

太田達也（2014）『刑の一部執行猶予』慶應義塾大学出版会

補導援護の方法

　法49条1項において，保護観察は，指導監督と補導援護を行うことにより実施するとされている。

　指導監督が，保護観察の権力的・監督的側面であると見ることができるのに対し，補導援護は，保護観察の援助的・福祉的側面であり，非権力的・支援的・ケースワーク的な作用や機能があると位置づけられる。

　法58条において，補導援護は，自助の責任を踏まえつつ，次の第1号から第7号に掲げる方法によって行うものとされている。

　「適切な住居その他の宿泊場所を得ること及び当該宿泊場所に帰住することを助けること」（第1号）

　改善更生に適した住居への居住の助言，住居確保の手続を助けること，家族と連絡をとらせること，帰住方法の教示，帰住への同行等が挙げられる。ここには，現に宿泊場所があっても，反社会的集団が居住しているなど改善更生に不適当な所であれば，適切な宿泊場所を得るよう助けることも含まれる。

　「医療及び療養を受けることを助けること」（第2号）

　必要な医療等を受けるよう助言すること，病状に応じて医療機関に関する情報を提供すること，通院又は服薬を継続するよう助言すること等が挙げられる。

　「職業を補導し，及び就職を助けること」（第3号）

　就労意欲の喚起，就労態度の習得や就労習慣の定着の助言，職業訓練の実施，就労に関する情報提供，ハローワークの利用の促進等が挙げられる。なお，職業訓練を行うことを目的に，法務省が設置・運営する施設として，沼田町就業支援センターと茨城就業支援センターがある。

　「教養訓練の手段を得ることを助けること」（第4号）

　円滑な社会生活を送る上で必要な知識や教養を身に付けさせ，情操をかん養するため，スポーツ，音楽その他のレクリエーション，ボランティア活動等への参加を促すこと，余暇の過ごし方について助言すること等が挙げられる。

　「生活環境を改善し，及び調整すること」（第5号）

　家族や関係人の理解と協力を求めることのほか，社会福祉施設への入所のあっせん，ハローワークへの職業紹介の依頼，改善更生に協力する事業主への雇用の依頼，学校への協力の依頼，医療機関への診察や治療の依頼等が挙げら

れる。

「社会生活に適応させるために必要な生活指導を行うこと」(第6号)

薬物依存回復訓練を実施すること，薬物依存やアルコール依存の回復支援団体に関する情報を提供すること，調理・洗濯・掃除等の日常生活の知識や技術を習得させること，生活技能訓練（SST）を実施すること等が挙げられる。

「前各号に掲げるもののほか，保護観察対象者が健全な社会生活を営むために必要な助言その他の措置をとること」(第7号)

適切な金銭管理に関し助言すること，健康保険等の手続をとることを助けること，法律相談等のため適切な相談機関を紹介すること等が挙げられる。第6号が適応能力向上のための処遇を想定しているのに対し，本号は，対象者からの相談に応じるなどして個別具体的な助言を行うことを想定している。

法61条において，保護観察の指導監督と補導援護は，保護観察官又は保護司が実施者であると定められ，このうち補導援護は，更生保護事業を営む者等に委託して行うことができるとされている。例えば，更生保護施設による就労・福祉の支援や金銭管理の助言，ダルク等の回復支援団体による薬物依存回復訓練，実習農場を持つ沼田町による職業訓練等について，委託して行っている。

なお，法58条にある「自助の責任を踏まえつつ」は，下位法令において，「依存心を助長したり，自発性や自主性を損なったりすることのないよう」「必要かつ相当な限度において行う」と敷衍されている。

これは，人間には，誰にでも，生まれつき，自ら成長し，発展と適応へ向かう欲求と能力が備わっているとの考えに立ち，他人に依存せず自分の力で生活する責任を有することを表すものであり，単なる「自己責任」とは異なる。

（上岡靖之）

参考文献

太田達也（2014）『刑の一部執行猶予』慶應義塾大学出版会

応急の救護

　応急の救護とは，保護観察対象者が，適切な医療，食事，住居その他の健全な社会生活を営むために必要な手段を得ることができないため，その改善更生が妨げられるおそれがある場合において講じる緊急的な補導援護をいう。

　上記の場合，まずは公共機関から必要な応急の救護を得られるよう援護し（法62条1項），これによっては必要な応急の救護が得られない場合には，保護観察所長は，予算の範囲内で自らその救護を行い（同条2項），その際，更生保護事業を営む者等に委託して行うことができる（同条3項）。

　その対象となるのは，保護観察対象者である。保護観察の対象とならない者（例えば，刑事施設を満期釈放となった者や保護観察付全部執行猶予の言渡しを受けてその裁判が確定するまでの者等）については，更生緊急保護の措置が適用される。

　法62条2項の規定により保護観察所長が行う救護は，具体的には，①宿泊場所，宿泊に必要な設備及び備品の供与，②食事の給与，③旅費の給与・貸与，④その他必要な金銭，衣料，器具その他の物品の給与・貸与と規定されている（犯罪をした者及び非行のある少年に対する社会内における処遇に関する規則65条）。

　措置を行う上での留意事項は，次の3点である。

　自助の責任…応急の救護の措置をとるに当たっては，対象者の自助の責任の自覚を損なわないよう配慮しなければならない。そもそも応急の救護は，当面の窮地を脱するために金品等を提供する緊急的な措置であるため，これを過度に運用すれば，対象者に対して依存心を生じさせ，社会復帰を阻害することにつながりかねない。これに関連して補導援護全般については「必要かつ相当な限度において行うものとする」と規定されており（同規則41条2項），これに留意して措置を講じることが肝要である。

　公共施設優先の原則…医療や保護，福祉等の公共サービスは，全ての国民に対して平等に適用されるものであり，対象者だからといって権利を奪われるものではなく，その適用を受けるのは当然である。まずは，公共サービスが得られるように「つなぐ」ことから始まり，それで十分である場合には，保護観察所による応急の救護の措置は必要としないこととなる。しかし，現実には，対

象者にとって公共機関から援助を受けるための手続が煩雑で日時を要することもあり，事実上，当該機関からの援助のみでは十分でない場合も少なくない。

　社会資源の活用…保護観察所においては，地域における公共サービスに関する情報を収集し，サービスの要件や内容等に関する知識について，ある程度習熟しておくことが求められる。また，たとえ公共機関からの援助が受けられたからといって，それで終わりにするなど「丸投げ状態」にするのではなく，日頃から協力体制を構築し，緊密な連携を保っておく必要がある。

　措置の事例として，次の2つを挙げる。

　（事例1）Aは，少年院を仮退院して両親のもとに帰住したが，以前の不良仲間が自宅に押し掛けるようになった。そこで，保護観察所では，Aからの希望を聴取した上で，不良交友を断絶するために，県外の更生保護施設へ委託する手続をとり，Aは転居先で保護観察を受けることとなった。

　（事例2）Bは，保護観察付全部執行猶予の判決を受けて，高齢の両親のもとを住居として保護観察を開始することとなった。求職活動を続けた結果，社員寮付きの会社へ就職が決まったが，Bにはそこへ移動する交通費がなく，かつ両親にも負担能力がなかった。そこで，保護観察所では，Bの意向を参酌の上，転居に必要な旅費を支給することとした。　　　　　　　　　　（岡田和也）

参考文献

(1) 川出敏裕・金光旭著（2018）『刑事政策〔第2版〕』成文堂
(2) 藤本哲也・生島浩・辰野文理編著（2016）『よくわかる更生保護』ミネルヴァ書房

出頭命令・引致・留置

　保護観察対象者は，一般遵守事項により，保護観察官又は保護司の呼出し又は訪問を受けたときは，これに応じ，面接を受けることが義務付けられる（法50条1項2号のイ）。このことにより，保護観察において接触を基本として行われる指導監督は，その実効性が一定程度担保されることとなる。しかしながら，対象者が接触に消極的であったり，これを忌避したりするような場合には，その行状把握は困難となり，指導監督の実施に支障を来す事態が生じ，結果として，遵守事項違反に関する調査，再犯・再非行のおそれの有無とその程度の把握及びこれらを踏まえた措置の判断等が適正に行い得ないこととなる。こうした場面で，保護観察における指導監督及び遵守事項違反に対する措置の実効性を確保する手段となるものが，出頭命令，引致及び留置の各措置である。これらの措置は，強制力を背景として，対象者を一定の場所に出頭させ，又は連行するとともに，必要な調査及び措置の判断等が行えるよう一定時間その身柄を留め置くことを目的として，保護観察所長等にその権限が付与されている。

　出頭命令…地方更生保護委員会又は保護観察所長は，その職務を行うため必要があると認めるときは，対象者に対し，出頭を命ずることができる（法63条1項）。出頭命令を要する職務内容につき，法は具体的な定めを置いていないが，出頭命令に応じない（おそれのある）ことは引致の要件の一つであり，出頭命令を発するに当たっては，対象者を強制的に連行してでも行うべき職務の遂行が予定されており，実務的には，対象者が遵守すべき事項を遵守しなかったことが疑われる場合において，その出頭を確保した上，遵守事項違反に関する調査及び同違反に対する措置の判断等を行おうとする際に発せられることが通例である。

　引致…地方更生保護委員会又は保護観察所長は，一定の要件に該当すると認める場合に，裁判官があらかじめ発する引致状により対象者を引致することができる（法63条2項・3項）。引致は，令状に基づき，対象者の身体の自由を拘束して保護観察所等へ強制的に連行する措置であり，引致後は24時間以内，身柄を留め置くことができる（法63条8項）。

　引致の要件は，対象者について，①正当な理由なく居住すべき住居に居住しないとき，又は，②遵守事項を遵守しなかったことを疑うに足りる十分な理由

があり，かつ，出頭命令に応ぜず，又は応じないおそれがあるとき，のいずれかに該当すると認める場合である（法63条2項1号・2号）。1号は，一般遵守事項への違反状態を指すものであるから，いずれの要件も遵守事項違反の蓋然性があることを含んでいる。引致は，通常，遵守事項違反に関する調査及び同違反に対する措置の判断等を行うため，強制的に対象者の身柄を確保する必要性に基づいて行われる。

引致の実施主体は，地方更生保護委員会又は保護観察所長であり，その所在地を管轄する裁判所の裁判官が，請求に基づいて引致状を発付する（法63条4項）。引致状は保護観察官が執行するが，保護観察官による執行が困難であるときは，警察官にその執行を嘱託することができる（法63条6項）。なお，引致の手続に関しては，刑事訴訟法中，勾引に関する規定が読み替えて準用される（執行時における引致状の呈示（刑事訴訟法73条1項前段），引致状の緊急執行（同法73条3項），護送中の仮留置（同法74条），引致完了時の引致の理由の告知（同法76条1項本文・3項））。

留置…引致状により引致された対象者について，遵守事項を遵守しなかったことを理由として行う処分等の審理を開始するとき，又はその審理を開始する必要があると認めるときは，当該対象者を刑事施設又は少年鑑別所に留置することができる（法73条1項・76条1項・80条1項）。この留置は，処分等の審理を適正に行うとともに，事後に予定する処分等の実効性を確保するため，引致状により引致された者であることを前提としてその身柄拘束を継続するものである。

留置の期間は，原則として引致された日から起算して10日以内であり，その期間内に，処分等の採否が決せられることとなる。なお，留置期間中であっても，留置の必要がなくなったと認めるときは，直ちに対象者を釈放しなければならない（法73条2項，76条3項，80条2項）。　　　　　　（大日向秀文）

参考文献

(1) 豊田健・坂田正史（2015）大塚仁ほか編『大コンメンタール刑法〔第三版第1巻〕』青林書院，624.

(2) 田宮裕・廣瀬健二（2017）『注釈少年法〔第4版〕』有斐閣，612-615.

保護観察処分少年に対する保護観察

　保護観察処分は，少年法24条1項に定められた保護処分の一つである。現行の少年法では，少年を20歳に満たない者と定義し（同法2条1項），その可塑性の高さに鑑み，非行少年に対しては，犯罪に対する応報として処罰するのではなく，将来二度と犯罪ないし非行を行わないように，少年の健全育成を期すことを目的として（同法1条）保護処分に付している。家庭裁判所は，非行事実のみならず，その少年は将来再び非行を行う危険性があるか否かという要保護性の観点からも調査を行い，決定を行う。少年の保護観察については，こうした保護処分の趣旨を踏まえ，その者の健全な育成を期して実施しなければならないとされている（法49条2項）。成長発達の途上にある少年の可塑性に働きかけて成長を助けることが再非行防止の要諦である。

　保護観察所は，保護観察処分少年に対し，必要に応じて特別遵守事項を定め，保護観察官又は保護司が面接等の手段により生活状況等を把握し，指導監督・補導援護を実施する。特別遵守事項は，保護観察決定をした家庭裁判所の意見を聴き，これに基づいて設定される。交通事件により保護観察に付された少年（交通短期を除く。）に対しては，交通に関する課題の実施が設定される。

　保護観察を決定した家庭裁判所から，保護観察所に対し，短期保護観察又は交通短期保護観察が相当である旨の処遇勧告がなされると，保護観察はこの勧告に従って行われる。短期保護観察は，交通事件以外の事件による保護観察処分少年のうち，非行性の進度がそれほど深くなく，短期間（おおむね6〜7か月）の保護観察により更生が期待できる者を対象としており，一般遵守事項として「生活の記録」を提出させ，「課題」を履行させることによって実施される。交通短期保護観察は，交通事件による保護観察処分少年のうち，一般非行性がないか又はその進度が深くなく，交通関係の非行性も固定化していない者を対象とするものであり，集団処遇を中心とした短期間（おおむね3〜4か月）の処遇が集中的に実施される。

　保護観察処分少年に対しては，個々の特性等に応じて，社会貢献活動・社会参加活動や就労支援のほか，少年の非行事実等に照らして必要と認められる場合，その特性等に十分配慮した上で，専門的処遇プログラムが実施されることがある。殺人等の凶悪重大な事件を起こした少年に対しては，しょく罪指導プ

ログラムを実施するなど，被害者への対応に関する助言・指導も行われている。このほか，少年の保護観察対象者に対する処遇として，学校との連携や BBS 会員によるともだち活動なども取り入れられている。

　少年の改善更生には保護者の存在も大きく影響するため，保護観察処分少年（20 歳未満に限る。）の保護者に対しては，少年の生活の実態を把握して適切にその監護に当たること，少年の改善更生を妨げていると認められる保護者の行状を改めること，少年の監護に資する講習会等に参加することなどについて，指導や助言を行うなどの措置をとることができる（法 59 条）。

　保護観察所長は，保護観察処分少年が遵守事項を遵守しなかったとき，これを遵守するよう警告を発することができる。警告を発した日から起算して 3 月間を「特別観察期間」とし，警告を受けた保護観察処分少年の指導監督を強化する。警告を受けた保護観察処分少年が，なお遵守事項を遵守せず，その程度が重いと認めるときは，家庭裁判所に対し，施設送致申請をすることができる。また，保護観察処分少年に，新たに少年法 3 条 1 項 3 号に掲げるぐ犯事由があると認めるときは，家庭裁判所に通告することができる。

　保護観察処分少年に対する保護観察期間は，原則，20 歳に達するまで（その期間が 2 年に満たない場合には 2 年間）であるが，保護観察を継続しなくとも，健全な生活態度を保持し，善良な社会の一員として自立し，確実に改善更生することができると認められるに至ったときは，保護観察所長の判断により，解除の措置がとられる。また，一定期間，指導監督，補導援護等を行わず経過を観察する一時解除の措置がとられることもある。保護観察を解除するか否かの判断が行われるのは，一般の保護観察では，おおむね 1 年，交通の保護観察では，おおむね 6 月を経過したときである。

　なお，令和 3 年 5 月 21 日に可決成立した「少年法等の一部を改正する法律」では，18・19 歳で新たに保護観察処分を受けた少年を「特定保護観察処分少年」とし，保護観察期間や不良措置等に特別の規定を設けている。

（朝倉祐子）

参考文献

(1) 川出敏裕（2015）『少年法』有斐閣
(2) 今福章二（2015）「少年保護観察の現状と課題」，『家庭の法と裁判』，32-41.

少年院仮退院者に対する保護観察

　少年院からの仮退院は，保護処分の執行のため少年院に収容されている者を，その収容期間満了前に，仮に退院させる制度である。

　少年院仮退院者は，仮退院した日から少年院の収容期間（収容すべきだった期間）の満了まで，保護観察に付される。少年院の収容期間は，原則 20 歳に達するまでであるが，少年院送致決定時に 19 歳を超えている場合には，少年院長の権限により，決定があった日から 1 年に限り収容を継続することができる。また，心身の障害や犯罪的傾向など一定の事由がある場合には，少年院長の申請に基づき，23 歳を超えない範囲（精神の著しい障害など一定の事由がある場合には 26 歳を超えない範囲）で，家庭裁判所が収容の継続を決定する。

　仮退院の許可は，地方更生保護委員会が決定する。許可の基準は，刑事処分を受けた者に対する仮釈放と異なり，法定期間に相当するものはなく，少年院法 16 条に規定する処遇の段階が最高段階に達し，仮退院させることが改善更生のために相当であると認めるとき，その他仮退院させることが改善更生のために特に必要であると認めるときに許可がなされる。処遇の最高段階とは，3 級から 1 級まである段階の 1 級を指す。少年院における教育と社会内における保護観察とがあいまって，保護処分としての効果を上げることができるという観点から，出院者のほとんどは，仮退院を許可され，保護観察を受ける。そして，円滑に社会復帰できるよう，矯正教育と保護観察処遇の一貫性と継続性についても配慮し，少年院在院中から，家族，出院後の住居，就業先等を調整し，必要に応じて，関係機関を交えた処遇協議を行っている。

　保護観察は，少年院仮退院者の年齢，経歴，家庭環境等を考慮した上で，少年が未成熟で可塑性に富むことに鑑み，その者の心理その他の特性に対する理解をもって，健全な育成を期して実施することとされている。

　処遇においては，少年院仮退院者の改善更生の進度，再非行の危険性及び補導援護の必要性がそれぞれ異なるので，他の保護観察と同様，個別処遇の考え方を原則としている。例えば，資質や環境に複雑な問題がある者，重大な非行をした者，再非行の危険性が高いとアセスメントされた者等は，保護観察官や保護司の接触回数を増やすなどして関与を深め，きめ細かな指導や支援を行うこととしている。

　処遇の内容は，保護観察官や保護司による面接が中心であるが，その特性や必要に応じて，関係機関・団体との連携や，さまざまな施策により，再非行を防止し，改善更生につなげている。医療保健・福祉機関や学校との連携，就労支援制度の利用が例として挙げられる。そのほか，専門的処遇プログラムについては，少年院仮退院者の非行事実等に照らして必要と認める場合には，その特性等に十分配慮した上で実施している。しょく罪指導プログラムでは，被害者等の心情の理解や被害弁償等の対応等について助言・指導を行い，社会貢献活動は，保護観察対象者の自己有用感や社会性を育むことを目的として実施している。BBS 会主催のグループワークに対象者を参加させて余暇時間の充実を図ったり，BBS 会員による「ともだち活動」として，学習支援を依頼したりすることもある。

　少年院仮退院者に対する良好措置には，退院申出があり，不良措置には，戻し収容の申出がある。退院は，少年院仮退院者が健全な生活態度を保持しており，保護観察を継続する必要がなくなったと認められる場合に，保護観察所長の申出に基づき，地方更生保護委員会が決定し，保護観察を終了するものである。一方，遵守事項を守らなかった少年院仮退院者については，それを守らなかったことの情状，保護観察の実施状況等を考慮し，少年院に戻して処遇を行うことが必要かつ相当と認めるときに，保護観察所長の申出に基づき，地方更生保護委員会が家庭裁判所に対して戻し収容の申請をすることができる。この申請を受けた家庭裁判所は，申請を相当と認めるときは戻し収容の決定をすることができ，その際には，少年院に収容する期間を定めなければならない。

　なお，令和 3 年 5 月 21 日に可決成立した「少年法等の一部を改正する法律」では，18 歳以上の少年を「特定少年」とし，新たに少年院送致となった特定少年の収容期間や，仮退院した特定少年の不良措置等について特別の規定を設けている。　　　　　　　　　　　　　　　　　　　　　　　　　　　　　（小森典子）

参考文献
藤本哲也・生島浩・辰野文理編著（2016）『よくわかる更生保護』ミネルヴァ書房

仮釈放者に対する保護観察

　仮釈放者に対する保護観察は，刑法及び法に規定されている。刑法28条は「懲役又は禁錮に処せられた者に改悛の状があるときは，有期刑についてはその刑期の三分の一を，無期刑については十年を経過した後，行政官庁の処分によって仮に釈放することができる」と規定し，法40条は「仮釈放を許された者は，仮釈放の期間中，保護観察に付する」と規定している。

　この点，戦前においては，旧刑法（明治13年）の下で，仮釈放後に警察の特別監視を受けることとされていたほか，現行刑法（明治40年）下でも，監獄法に基づく警察監督制度が設けられており，仮釈放者に対する監視監督という色彩が強い制度運用がなされていた。

　戦後，犯罪者予防更生法が制定（昭和24年）され，犯罪をした者の改善及び更生を助けることを目的とすることが明記され（同法1条）て，仮釈放者を保護観察に付することが規定された（同法33条）。これにより，仮釈放制度は，施設内の行状に対する褒賞と社会内での監視監督というモデルから，仮釈放と保護観察を組み合わせて改善更生と社会復帰を図るというモデルへの転換がなされた。

　なお，「仮釈放」の用語は，従前，矯正施設から仮に釈放することの総称とされてきたが，平成17年の刑法改正及び刑事収容施設及び被収容者等の処遇に関する法律の制定により，刑事施設からの仮釈放のみを指す用語となった。

　仮釈放者に対する保護観察の期間は，仮釈放の日から，その残刑期間が満了するまでである。これを残刑期間主義という。無期刑の仮釈放者の保護観察期間は，無期限（恩赦（減刑又は刑の執行免除等）があった場合を除く。）であるが，少年（令和4年4月1日以降は18才以上の少年を除く。）のとき無期刑の言渡しを受けた者は10年となる。

　仮釈放者に対する保護観察における良好措置には，不定期刑仮釈放者に対する刑の執行終了（法78条）がある。不定期刑の短期が経過している仮釈放者について，保護観察所長の申出に基づき地方更生保護委員会の決定によって行われるが，近年はほとんど例がない。

　仮釈放者に対する保護観察における不良措置には，仮釈放の取消し（刑法29条）がある。このうち，遵守事項違反を理由とする仮釈放の取消しは，保護観察

所長の地方更生保護委員会への申出（法75条2項）を要する。

　仮釈放者の所在が判明しないため保護観察が実施できなくなったと認めるときは，地方更生保護委員会が，保護観察所長の申出により，保護観察を停止することができる（法77条）。保護観察を受けないまま刑期が進行することを防止する制度である。

　保護観察停止の決定がなされると，刑期の進行が停止し，刑の消滅時効が完成するまで保護観察は終了しない。保護観察停止中の仮釈放者の所在が判明したときは，地方更生保護委員会は直ちに保護観察停止を解く決定を行い，保護観察が再開されるが，保護観察が停止されていた期間分，保護観察期間は延長されることになる。なお，保護観察停止中の者を引致した場合は，保護観察の停止を解く決定があったものとみなされる。

　保護観察中に所在不明となった者が，所在不明中に重大再犯を起こした事件などを契機に，平成17年12月から，所在不明となった仮釈放者等について，保護観察所長から対応する警察本部に協力を依頼し，警察から情報提供を得て所在判明に努める制度（即時連絡制度）が実施されている。所在不明となった仮釈放者については，保護観察停止決定がなされた後，あらかじめ裁判官から引致状の発付を受けておき，警察において職務質問等により所在不明者を発見したときは即時に保護観察所が連絡を受け，保護観察官が速やかに保護観察所に引致して仮釈放の取消し等の措置につなげる体制がとられている。

　仮釈放者の保護観察期間は，無期刑仮釈放者を除けば，6月未満の者が約8割を占める。平成29年に策定された再犯防止推進計画等に基づく現下の再犯防止対策では，満期釈放者を減少させるため，仮釈放の積極化に取り組んでいるが，仮釈放期間は，釈放後の生活を安定させるためには短期間に過ぎるため，仮釈放期間満了後も息の長いシームレスな支援を実施することが必要不可欠である。特に，引受人等がなく更生保護施設に入所した仮釈放者については，保護観察の終了後も継続的な支援を要する者が多いため，平成29年度から開始された更生保護施設退所後も相談支援を行うフォローアップ事業等の更なる拡充が望まれる。　　　　　　　　　　　　　　　　　　　　　　　　（梶川一成）

参考文献

太田達也（2017）『仮釈放の理論—矯正・保護の連携と再犯防止』慶應義塾大学出版会

無期刑・長期刑仮釈放者に対する保護観察

　長期刑とは，執行すべき刑期が10年以上の有期刑及び無期刑を指す。長期刑仮釈放者は，①収容期間が相当長期に及ぶため，その間の社会情勢の変化が著しく，日常生活に支障を来すおそれがあること，②在所中は受動的な生活形態であるため，出所後に自律的で計画的な生活をすることが困難であること，③親族との関係が希薄化していたり，そもそも頼るべき者がいなかったりすること，④社会経験が不足しているため，日常生活におけるささいな問題場面での対応を誤って，問題行動に発展するおそれがあること，⑤社会生活に対する不安感が強く，挫折しやすいことなどの特性が認められ，出所後の社会復帰の過程において著しい困難を伴う場合が多い。そのため，更生保護官署においては，長期刑受刑者に対して，より慎重かつ適切に仮釈放の審理を行い，保護観察においても，より重点的な処遇を行うための体制を設けている。

　長期刑受刑者の仮釈放審理…長期刑受刑者は，犯した罪が重大であり，それが社会に与えた影響も大きいため，仮釈放の決定に当たっては，より慎重な判断が求められる。具体的には，法定期間経過後に申出によらない仮釈放審理を開始するか否かを判断するための調査（いわゆる36条調査）を開始し，以後定期的に調査を行うこととしているほか，地方更生保護委員会委員が複数回面接を行うなど慎重な審理をすることとしている。

　また，長期刑受刑者の中でも，特に無期刑受刑者については，本来その刑期は終身にわたるものであるため，仮釈放の審理に際しては特に配慮が必要である。複数委員による面接，被害者等意見聴取及び検察官への求意見を実施することとしているほか，受刑期間が30年を経過した時点において，申出によらない仮釈放審理を行うこととしている。なお，無期刑については，その刑の執行状況や仮釈放の運用状況の透明化を図るため，毎年1回，法務省のホームページにおいて，過去10年間の当該状況を公表している。

　長期刑仮釈放者の保護観察…長期刑仮釈放者に対する保護観察の特徴としては，第一に，濃密な処遇が求められる点が挙げられる。前述のとおり，長期刑仮釈放者は，仮釈放直後から生活が不安定になって再犯の危険性が高まるおそれがあることから，仮釈放後1年間を重点的な処遇の実施期間と位置付け，保護観察官による定期的な面接，対象者に対する毎月複数回の保護司宅への来訪

指示，保護観察官又は保護司による毎月の対象者宅への往訪のほか，当該仮釈放者の保護観察の経過や問題性，強みその他のアセスメント結果を踏まえ，必要な措置を速やかに講じることとしている。

　また，長期刑仮釈放者に対しては，更生保護施設における中間処遇を実施している。これは，対象者の同意の下で，仮釈放後の一定期間（おおむね1月間），更生保護施設に居住させ，社会適応訓練を中心とした処遇を行うものである。中間処遇の対象に選定された者が当初帰住を希望していた帰住予定地は，第二帰住地として調整され，中間処遇終了後に同地に帰住することとなる。

　長期刑仮釈放者に対する保護観察の特徴の二点目として，被害者等を意識した処遇が特に求められることが挙げられよう。一般の対象者についても，被害者等に対する謝罪や被害弁償に向けた指導が必要であることは当然であるが，長期刑仮釈放者の場合は，その犯罪行為の結果，被害者の生命が奪われ，又は，心身に重大な被害をもたらしたケースがほとんどであり，被害者やその家族等の対象者に対する感情が特にしゅん烈である場合が多い。保護観察実施者は，この事実に配慮して，保護観察開始当初から対象者のしょく罪意識を喚起させ，慰謝・慰霊の措置や被害弁償を継続するよう指導・助言しなければならない。

　なお，無期刑仮釈放者については，相当長期間にわたる保護観察により再犯のおそれがなくなり，被害者等に対する慰謝・慰霊の措置等に誠意をもって継続的に取り組んでいるような場合には，恩赦（刑の執行の免除）の上申を検討することも考えられる。

　さらに，長期刑仮釈放者は，その保護観察も長期間にわたる場合が多い（特に，無期刑仮釈放者は，恩赦がなされない限り，生涯にわたり保護観察に付されることとなる。）ため，担当保護司の指名についても，その任期や担当の引継ぎなどを意識して行わなければならないなど留意すべき点が多い。　　　（井澤　哲）

参考文献

(1) 保護局観察課（2001）「長期刑受刑者に対する仮出獄の審理及び仮出獄者に対する処遇等の充実に関する通達の改正について」，『更生保護』2001年2月号，18-21.

(2) 三本松篤（2009）「無期刑仮釈放者の保護観察実施上の問題点とその処遇の方策について」，『犯罪と非行』第161号，61-73.

保護観察付全部執行猶予者に対する保護観察

刑の一部の執行猶予制度が平成28年から導入されたが，ここでは刑法25条の2第1項の規定により保護観察に付されている者（以下「保護観察付全部執行猶予者」という。）に対する保護観察について述べる。

刑法25条1項は，「3年以下の懲役若しくは禁錮又は50万円以下の罰金の言渡しを受けたときは，情状により，裁判が確定した日から1年以上5年以下の期間，その刑の全部の執行を猶予することができる」と定めている。また，同条2項は，全部執行猶予中の者が「1年以下の懲役又は禁錮の言渡しを受け，情状に特に酌量すべきものがあるとき」も同様とする。これら全部執行猶予の言渡しを受けた者については，刑法25条の2第1項により，刑法25条1項の場合（初度目の場合）には裁判官の裁量によって猶予期間中保護観察に付することができ，同条2項の場合（再度目の場合）には猶予期間中必要的に保護観察に付することとなる。ただし，初度目に保護観察に付された者が，執行猶予期間内に更に罪を犯した場合は，再度目の執行猶予とはならない。

全部執行猶予者と一部執行猶予者を合わせて，保護観察付執行猶予者といい，実務においては4号観察対象者と呼んでいる。保護観察の期間は，執行猶予期間（1年以上5年以下）と同じであり，執行猶予の期間を経過すれば保護観察終了となる。

保護観察所長は，保護観察付全部執行猶予の判決の言渡しを受け，その裁判が確定するまでの者について，保護観察を円滑に開始するために必要があると認めるときは，その者の同意を得て，家族その他の関係人を訪問して協力を求めることなどの方法により，その者の住居，就業先などの生活環境の調整を行うことができる（法83条）。

保護観察所は，判決を言い渡した裁判所に対応する検察庁から「刑執行猶予通知書」を受理して保護観察を開始する。保護観察官は，保護観察付全部執行猶予者と面接し，保護観察の趣旨その他必要と認める事項を説示するなど，必要な手続を行う。

保護観察付全部執行猶予者が実刑判決を受けたときなどは，執行猶予の言渡しを取り消さなければならない（刑法26条）。同条による取消しは必要的取消しである。

　保護観察付全部執行猶予者が，①猶予期間中の再犯により罰金に処せられたとき，②遵守事項に違反し，その情状が重いとき，③猶予判決の言渡し前に他の罪について禁錮以上の刑に処せられ，全部執行猶予とされたことが発覚したときは，執行猶予の言渡しを取り消すことができる（刑法26条の2）。同条による取消しは，裁量的取消しである。保護観察所長は，保護観察付全部執行猶予者について，執行猶予を取り消すべきものと認めるときは，対応する検察庁の検察官に対し，書面で申出をしなければならない（法79条）。申出を受けて検察官が裁判所に執行猶予の取消請求をした場合，裁判所が取消決定又は取消請求棄却の判断を行う。

　健全な生活態度を保持している保護観察付全部執行猶予者の保護観察については，行政官庁の処分によって仮に解除することができる（刑法25条の2第2項）。この行政官庁は地方更生保護委員会とされ（法16条6項），手続としては，地方更生保護委員会が保護観察所長の申出により，決定をもってするものとされている。仮解除中の保護観察付全部執行猶予者については，保護観察を実施することを前提とした規定は適用されない。すなわち，保護観察は実施せず，その者について定められている特別遵守事項は，仮解除の処分と同時に取り消されたものとみなされ，遵守事項違反を事由とする執行猶予の取消申出はできない。なお，地方更生保護委員会は，仮解除中の保護観察付全部執行猶予者について，保護観察所長の申出があった場合において，その行状に鑑み再び保護観察を実施する必要があると認めるときは，決定をもって，仮解除を取り消さなければならない（法81条5項）。　　　　　　　　　　　　　　　（秋山智子）

参考文献
(1)　法務総合研究所編（2019）『令和元年版犯罪白書』第3編第1章第5節コラム9
(2)　藤本哲也，生島浩，辰野文理編著（2016）『よくわかる更生保護』ミネルヴァ書房

保護観察

刑の一部執行猶予者と更生保護

　刑の一部の執行猶予制度は，平成25年の通常国会において，刑法の一部改正法及び薬物使用等の罪を犯した者に対する刑の一部の執行猶予に関する法律（以下「薬物法」という。）として成立し，平成28年に施行されたものである。

　本制度は，刑の言渡しの際，言渡し刑期のうち一部（実刑部分）は実際に服役させ，服役後残りの刑期につき1年以上5年以下の期間を定めてその執行を猶予するものである。なお，実刑部分に関しては仮釈放を許すことが可能である。本制度の適用条件には，刑法によるものと薬物法によるものの2種類がある。

　刑法による適用は，刑法27条の2により，①3年以下の懲役又は禁錮に処する場合，②前に禁錮以上の刑に処せられたことがないか，あってもその刑の全部の執行を猶予された者（いわゆる初入者），又は言渡しの時において最終の禁錮以上の刑執行終了から5年を経過した者（いわゆる準初入者）であること，かつ，③犯罪の軽重及び犯人の境遇その他の情状を考慮して，再犯防止のために必要かつ相当であると認められること，とされている。言渡しの対象となる罪名に限定はなく，保護観察は裁量的に付される（刑法27条の3）。

　薬物法においては，覚醒剤等の規制薬物等の使用等の罪を犯した者（使用又は単純所持等）に対し，刑事施設における処遇に引き続き社会内において規制薬物等に対する依存の改善に資する処遇を実施することが，再犯防止のために必要かつ相当であると認められるときは，初入者等に該当しなくても適用できることとされ（薬物法3条），その場合には執行猶予に必ず保護観察を付すこととされている（同法4条1項）。また，保護観察においては，規制薬物等の使用を反復する犯罪的傾向を改善するための専門的処遇を受けることを特別遵守事項として定めなければならないものとされている（法51条の2第1項）。

　本制度導入の意義としては，第1に，仮釈放制度における残刑期間主義の制約等の克服である。受刑者の再犯防止及び改善更生を図るため，仮釈放により社会内処遇を実施することの意義は大きいものの，仮釈放制度は残刑期間主義をとっていることから，再犯のおそれがあり相当期間の保護観察処遇が必要である者や，帰住先が定まらず満期釈放となる者などに対しては，釈放後に改善更生を妨げる様々な困難が想定されるにもかかわらず十分な社会内処遇が実施できないといったジレンマを抱えている。

　この点，本制度では，判決においてあらかじめ，再犯防止のために必要かつ相当な執行猶予期間（社会内処遇の期間）が年単位で定められることから，確実に十分な期間の社会内処遇が予定できる。また，一連の法改正において，法82条の生活環境の調整に関する規定に，地方更生保護委員会による保護観察所に対する指導，助言，連絡調整や同委員会による調査等を実施することができる旨の事項が新設され（同条2項から4項），矯正施設入所者全般に対する生活環境の調整の充実強化が図られることとなった。

　現状の刑の一部の執行猶予制度の運用においては，実刑部分終了後に必要的に保護観察に付される薬物法の適用者のみならず，刑法適用者に対してもほとんどの者に保護観察が付されており，充実した生活環境の調整と社会内処遇の実施により，再犯防止と改善更生の促進が期待されていると考えられる。

　第2は，薬物事犯者に対する関係機関連携の進展である。本制度の中核的な適用対象である薬物事犯者に関しては，薬物依存が慢性的な疾患であるとの前提の上で，薬物を使用しようと思えば使用することも可能である社会内において，刑期終了後も薬物依存の改善に資する地域の支援に継続的に関わることが必要と考えられる。更生保護法に新設された「規制薬物等に対する依存がある保護観察対象者に関する特則（法65条の2から65条の4）」では，薬物依存の改善に資する地域の医療や公共の衛生福祉に関する機関等との緊密な連携を確保しつつ保護観察を実施する旨が規定されており，平成27年には法務省と厚生労働省が共同で，「薬物依存のある刑務所出所者等の支援に関する地域連携ガイドライン」を策定した。このガイドラインは，薬物依存の改善と回復を支援するネットワークの整備を図り，矯正，更生保護，地域へとつながる切れ目のない支援モデル体制を構築しようとするものである。このように，本制度の導入は，薬物事犯者全般に対する関係機関連携の進展という成果をもたらしている。　　　　　　　　　　　　　　　　　　　　　　　　　　　　　　（生駒貴弘）

参考文献

(1) 今福章二（2013）「更生保護と刑の一部の執行猶予」，『更生保護学研究』第3号，20-35.

(2) 新井吐夢（2016）「刑の一部執行猶予と保護観察」，『保護観察とは何か――実務の視点からとらえる』法律文化社，27-43.

保護観察におけるアセスメント

　保護観察におけるアセスメントの歴史は，昭和46年に導入された「分類処遇」
制度に遡る。同制度は，保護観察対象者を処遇の難易によってA又はBに分類
し，その区分に応じた処遇活動を行うことを主な内容とする施策である。制度
の導入当初は，青少年用，成人用の2種類の分類票が用いられていたが，昭和
61年の改正において，調査研究によって開発された3種類の分類票（1・2号用，
3号用，4号用）が導入され，対象者の再犯・再非行の危険性の査定に臨床的所見
を加味して，より積極的な処遇を行うべき対象者（A分類対象者）を選別するも
のとなった。同制度は，統計的分析に基づくアセスメントの手法を取り入れた
初めての施策であったといえる。

　次に，平成20年6月の更生保護法の施行に伴い導入されたのが「段階別処遇」
制度である。対象者による重大再犯事件の発生に端を発した更生保護制度改革
を通じ，寛厳よろしきを得た強じんな保護観察制度を実現することを目的に，
その根幹をなす制度として導入されたのが同制度である。同制度では，対象者
を処遇の難易により区分した4段階（S，A，B，C）に編入するとともに，各処
遇段階に求められる処遇の強度に応じた処遇活動を行うほか，各処遇段階にお
ける処遇の実施状況に即して，処遇段階の変更，不良措置，良好措置等の措置
が的確にとられるようにする仕組みが導入された。同制度の導入により，従来
は事件担当の保護観察官（主任官）の個人的裁量に左右されがちであった保護
観察実施上の各種判断の過程が事務手続として構造化され，その判断の理由が
明確化される効果がもたらされた。一方で，対象者の再犯又は再非行のリスク
の程度に関する評価方法や保護観察開始後の措置等の判断が，ややもすると機
械的で硬直化した運用になりがちになるなどの課題も抱えていた。

　こうした経緯を踏まえて，令和3年1月に導入されたのが「アセスメントに
基づく保護観察」制度である。同制度は，再犯リスクの程度の評価や処遇方針
の決定に資する情報を的確に把握・分析するためのアセスメント機能の強化を
図るとともに，的確なアセスメントに基づく保護観察の実施を徹底することに
より，効果的に再犯又は再非行の防止と改善更生の促進を図ることを目的とし
て構想され導入されたものである。

　そして，対象者に係る情報の収集及び分析の方法を理論的かつ実証的な根拠

に基づいて構造化することを目的として，約2年間の試行期間を経て新たに開発されたのが「CFP（Case Formulation in Probation/Parole）」である。CFP は，同制度の中核となるアセスメントツールとして位置付けられている。

　CFP の理論的基盤は，①RNR モデル，②「強み」の重視，③ケースフォーミュレーション，の主に3つの要素に支えられている。

　「RNR（Risk-Need-Responsivity）モデル」とは，再犯又は再非行のリスクの程度に応じ，再犯又は再非行に結び付く要因を介入の対象とし，処遇の対象となる者に個別的に最も適合する方法を選択して処遇を行うことを重視する実践的理論であり，犯罪者処遇の基本的モデルとして提唱され，多くの国において採用されている。

　「強み」とは，対象者の改善更生を促進し，犯罪又は非行から離脱させる要因であり，ストレングス，保護的要因，デシスタンス要因，スタビライザーなどとも呼ばれる。

　「ケースフォーミュレーション（事例の定式化）」とは，対象者が抱えている問題を分析し，その問題の成立ちに関する仮説を立てることにより，適切な介入計画につなげていく手続である。ケースフォーミュレーションを行うことは，対象者に関する情報を整理・統合し，処遇の計画の作成・実行及び将来発生し得る問題の予期を助け，対象者の変化に関する理解を助けるなど，処遇の実施者による事例の理解を深め的確な目標設定に導く効果がある。CFP においては，後述する要因関連性分析で主に取り入れられている技法である。

　CFP を用いた分析は，①開始時統計的分析，②要因分析，③要因関連性分析の3段階で実施される（項目末尾の説明図「CFP を活用した保護観察」参照）。

　「開始時統計的分析」は，保護観察開始時における対象者の属性，犯罪・非行歴等について，再犯又は再非行の予測因子に該当するか否かを確認し，再犯又は再非行の統計的確率の高さについて評定するものである。

　「要因分析」は，対象者の犯罪又は非行に結び付く要因（問題）及び改善更生を促進する要因（強み）について，8つの領域（家庭，家庭以外の対人関係，就労・就学，物質使用，余暇，経済状態，犯罪・非行や保護観察の状況，心理・精神状態）ごとに整理し，分析するものである。

　「要因関連性分析」は，対象者の問題及び強みの相互作用，因果関係等について分析することにより，対象者の問題及び強みに関する情報を整理・統合し，対象者が犯罪又は非行に至る過程等に関する仮説を立て，保護観察処遇による介入の対象とすべき要因を明らかにするものである。

「アセスメントに基づく保護観察」制度は，こうした CFP を用いた分析など
によるアセスメントの結果に基づき，必要かつ相当と考えられる保護観察処遇
の密度（面接の頻度及び方法，指導監督，補導援護その他の処遇による介入の程度等）
を 5 つの処遇区分（S，AA，A，B，C）で査定するとともに，アセスメントの結
果を踏まえて保護観察の実施計画を策定し，保護観察を実施する。また，保護
観察の実施状況に応じて，上記処遇区分を適宜変更して処遇を強化又は緩和す
るとともに，特別遵守事項及び生活行動指針の設定・変更・取消しや，不良措
置，良好措置等の各種判断に際しても，一貫してアセスメントに基づく判断を
適時適切に行う。

　なお，CFP が個々の対象者に関するアセスメントの実施方法を構造化した
ツールであるのに対して，保護観察類型別処遇は，対象者の問題性その他の特
性を，その犯罪・非行の態様等によって類型化して把握し，類型ごとに共通す
る問題性等に焦点を当ててアセスメントの着眼点や処遇の方法等を呈示するも
のである。つまり，CFP と類型別処遇とはアセスメントにおいて相補的に機能
するものであることから，この 2 つの施策は保護観察におけるアセスメントの
二本柱として位置付けられるものであるといえる。　　　　　　　（生駒貴弘）

参考文献

(1) James Bonta & D.A. Andrews 著，原田隆之訳（2018）『犯罪行動の心理学／The Psychology of Criminal Conduct』北大路書房
(2) 林直樹・下山晴彦・『精神療法』編集部編（2019）「心理療法（精神療法）におけるケース・フォーミュレーションの役割」，『精神療法』増刊 6 号，金剛出版，14-20.

Ｃ　Ｆ　Ｐ　を　活　用　し　た　保　護　観　察

1　CFP（Case Formulation in Probation/Parole）とは

○保護観察官が保護観察対象者の**アセスメント（見立て）**を行うためのツール
○**令和３年１月から**本格導入（試行は平成３０年１０月から実施）

2　CFPの目的

これまで　保護観察官がアセスメント（見立て）を行う体系的な手法が確立されていない
　　　　　⇒アセスメントや，アセスメントを踏まえた処遇方針の決定が，個々の保護
　　　　　　観察官の経験や力量に左右されてしまうことがあった

CFPの導入　保護観察官は，ＣＦＰを活用した体系的なアセスメント
　　　　　を実施
　　　　　⇒より適切に処遇方針を決定
　　　　　⇒より効果的に再犯防止・改善更生を実現

ＣＦＰは，犯罪者の再犯
防止等に関する理論的・
実証的根拠を踏まえて
開発されている

3　CFPの内容

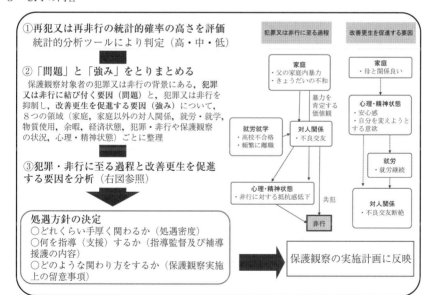

①**再犯又は再非行の統計的確率の高さを評価**
　統計的分析ツールにより判定（高・中・低）

②**「問題」と「強み」をとりまとめる**
　保護観察対象者の犯罪又は非行の背景にある，犯罪
又は非行に結び付く要因（問題）と，犯罪又は非行を
抑制し，改善更生を促進する要因（強み）について，
８つの領域（家庭，家庭以外の対人関係，就労・就学，
物質使用，余暇，経済状態，犯罪・非行や保護観察
の状況，心理・精神状態）ごとに整理

③**犯罪・非行に至る過程と改善更生を促進**
する要因を分析（右図参照）

処遇方針の決定
○どれくらい手厚く関わるか（処遇密度）
○何を指導（支援）するか（指導監督及び補導
援護の内容）
○どのような関わり方をするか（保護観察実施
上の留意事項）

保護観察の実施計画に反映

出典：法務省保護局資料による

類型別処遇

　保護観察における類型別処遇は，保護観察対象者の問題性その他の特性を，その犯罪・非行の態様等によって類型化して把握し，類型ごとに共通する問題性等に焦点を当てた処遇の方法等に関する知見を活用した処遇を実施するものである。

　この施策は平成2年から開始され，当初は全11類型で構成されていた。当時は少年非行が戦後最大のピーク期にあり，特に「シンナー等乱用」，「家庭内暴力」，「校内暴力」，「暴走族」などの深刻な社会問題となっていた類型対象者に対する処遇の充実強化が急務であった。各保護観察所では，様々な試行錯誤と，独自の処遇手引書の作成等による知見の集積が活発に行われた。

　平成15年には，変化する社会情勢，犯罪情勢に対応するために，「問題飲酒」，「高齢」及び「ギャンブル等依存」の各類型が追加されるなどの改編により全13類型となり，また「家庭内暴力」類型には従来の子から親への暴力に加え，「児童虐待」と「配偶者暴力」が下位類型として設定されるなど認定対象が拡大された。また，各類型別の処遇上の知見が集積された「類型別処遇マニュアル」が作成され，全国の保護観察官と保護司に提供された。

　平成16年から同20年にかけての更生保護制度改革では，「覚せい剤事犯」及び「性犯罪等」類型，また類型区分ではないが暴力的犯罪傾向を有する対象者に対する専門的な処遇プログラムが確立されるなどの発展を遂げた。

　令和3年1月には，「アセスメントに基づく保護観察」が開始され，対象者の分析のための中核的手法としてCFP（Case Formulation in Probation/Parole）が導入されるとともに，充実したアセスメントに基づいて各種判断や事件管理を実施することが定められたが，類型別処遇は，類型ごとに共通する問題性等に焦点を当てた分析の着眼点や処遇の方法等を呈示するものとして，CFPと並ぶ保護観察におけるアセスメントの基盤として位置付けられる。

　上記CFPと併せて，令和3年1月から開始された新たな「保護観察類型別処遇要領」に基づき，各類型に認定された対象者に対する処遇指針として「類型別処遇ガイドライン」が定められ，保護観察官及び保護司に提供された。本ガイドラインは，CFPによる分析と共通する着眼点を呈示する構成となっており，各類型の犯罪や非行のパターンを，「環境」—「行動」—「心理・精神状態」で

読み解くことを前提として，各類型に対応する処遇の方法等を呈示する内容となっている。本ガイドラインは，対象者のアセスメント，保護観察の実施計画の作成及び処遇の実施等の場面で活用されている。

　また，社会情勢，犯罪情勢の変化等を踏まえ，「ストーカー」，「特殊詐欺」，「嗜癖的窃盗」の新たな3類型が加えられるとともに，シンナー及び覚醒剤とそれ以外の依存性物質（アルコールは別類型）を統合する形で「薬物」類型とされたこと，「精神障害」類型の下位類型として「発達障害」及び「知的障害」が新設されたこと，学業の継続や就学支援が必要な対象者として「就学」類型が新設され，その下位類型として「中学生」が位置付けられたこと，などの再編が行われた。結果，各類型を問題性の共通しているものごとに4つの領域にまとめて再編成し，以下の全16類型（及び3つの下位類型）が設定されている。

【関係性領域】①児童虐待，②配偶者暴力，③家庭内暴力，④ストーカー

【不良集団領域】⑤暴力団等，⑥暴走族，⑦特殊詐欺

【社会適応領域】⑧就労困難，⑨就学（中学生），⑩精神障害（発達障害，知的障害），⑪高齢

【嗜癖領域】⑫薬物，⑬アルコール，⑭性犯罪，⑮ギャンブル，⑯嗜癖的窃盗

　なお，類型対象者として認定されなかった対象者についても，類似した問題性を有すると認められる場合には当該類型に準じた処遇を実施するほか，矯正施設からの釈放後の保護観察において当該類型に認定されることが予想される者の生活環境の調整においても，必要に応じ類型別の知見を踏まえた調整を行うものとされている。

　保護観察事件における犯罪・非行の傾向や対象者の特性等は時代とともに常に変化しており，保護観察における類型別処遇は今後とも，社会情勢や犯罪情勢の変化等に対応して類型区分の再編等を行いながら，発展を続けていくべきものと考えられる。

（生駒貴弘）

参考文献

(1) 法務総合研究所編（2019）『令和元年版犯罪白書』179-242.

(2) 今福章二（2016）「保護観察とは」，『保護観察とは何か—実務の視点からとらえる』法律文化社，2-24.

専門的処遇プログラム

　特定の犯罪的傾向を有する仮釈放者及び保護観察付執行猶予者に対しては，指導監督の一環として，その傾向を改善するため，心理学等の専門的知識に基づき，次の4種類の専門的処遇プログラムが実施されている。

　性犯罪者処遇プログラム…自己の性的欲求を満たすことを目的とする犯罪行為を繰り返すなどの傾向を有する者に対し，性犯罪に結び付くおそれのある認知の偏り等の問題性について理解させるとともに，再び性犯罪をしないようにするための具体的な方法を習得させ，前記傾向を改善するものである。

　薬物再乱用防止プログラム…従前，覚醒剤事犯者に対し，覚せい剤事犯者処遇プログラムが実施されていたところ，刑の一部の執行猶予制度の施行に伴い，平成28年6月から，依存性薬物（規制薬物等（薬物使用等の罪を犯した者に対する刑の一部の執行猶予に関する法律2条1項に規定する規制薬物等をいう。），指定薬物（医薬品医療機器等法2条15項に規定する指定薬物をいう。）及び危険ドラッグ（その形状，包装，名称，販売方法，商品種別等に照らして，過去に指定薬物が検出された物品と類似性があり，指定薬物と同等以上に精神毒性を有する蓋然性が高い物である疑いのある物品をいう。）をいう。）の使用を反復する傾向を有する者に対象を拡大し，薬物再乱用防止プログラムが実施されている。依存性薬物の悪影響と依存性を認識させ，乱用するに至った問題性について理解させるとともに，再び依存性薬物を乱用しないようにする具体的方法を習得させ，実践させる内容となっており，簡易薬物検出検査が併せて実施されている。

　暴力防止プログラム…暴力犯罪を反復する傾向を有する者に対し，怒りや暴力につながりやすい考え方の変容や暴力の防止に必要な知識の習得を促すとともに，同種の再犯をしないようにする具体的方法を習得させ，前記傾向を改善するものである。

　飲酒運転防止プログラム…飲酒運転を反復する傾向を有する者に対し，アルコールが心身及び自動車等の運転に与える影響を認識させ，飲酒運転に結び付く問題性について理解させるとともに，再び飲酒運転をしないようにする具体的方法を習得させ，前記傾向を改善するものである。　　　　　　　　（山口保輝）

しょく罪指導プログラム

　犯罪被害者等基本法に基づき策定された犯罪被害者等基本計画に、「犯罪被害者等の意向等に配慮し、謝罪及び被害弁償に向けた保護観察処遇における効果的なしょく罪指導を徹底していく」ことが盛り込まれたこと等を背景として、平成 19 年 3 月から、保護観察所において「しょく罪指導プログラム」が実施されている。

　プログラムにおける「しょく罪指導」は、保護観察対象者に対して、被害者及びその家族又は遺族（以下「被害者等」という。）の被った精神的、身体的及び経済的被害の実態並びにその心情等を正しく理解させ、自らの犯罪と向き合い、犯した罪の重さを認識させ、悔悟の情を深めさせることを通じ、再び犯罪をしない決意を固めさせるとともに、被害者等に対し、その意向に配慮しながら誠実に対応させるための指導と定義されている。

　プログラムの実施対象者は、被害者を死亡させた事件又はその身体に重大な傷害を負わせた事件により保護観察に付された者等である。プログラムは、①自己の犯罪行為を振り返らせ、犯した罪の重さを認識させること、②被害者等の実情（気持ちや置かれた立場、被害の状況等）を理解させること、③被害者等の立場で物事を考えさせ、また、被害者等に対して、謝罪、被害弁償等の責任があることを自覚させること、④具体的なしょく罪計画を策定させること、の 4 課題で構成される。これらの課題について、その履行状況を対象者に書面により提出させ、保護観察官又は保護司が個別指導を行うことによりプログラムが実施される。

　策定したしょく罪計画については、被害者等の意向に十分配慮した上で、被害者等が謝罪や被害弁償等を受け入れる意思を表明した場合には、保護観察の過程において、その誠実な実行について助言・指導がなされる。

（山口保輝）

参考文献

法務省保護局観察課（2015）「更生保護におけるしょく罪指導について」,『更生保護』第 66 巻 10 号, 日本更生保護協会

社会貢献活動

　平成18年7月，刑事施設の被収容人員の適正化を図るとともに犯罪者の再犯防止及び社会復帰を促進するとの観点から，刑事施設に収容せずに行う処遇の在り方等について，法務大臣から法制審議会に諮問がなされた。この結果，制裁ではなく，保護観察対象者の改善更生のため保護観察の一内容として社会貢献活動を行わせることが相当とされ，平成22年2月，法務大臣に対し，社会貢献活動を特別遵守事項の類型に加える旨の答申がなされた。同答申を踏まえ，保護観察所において，平成23年度から社会貢献活動を試行的に先行実施し，その検証等を行うとともに体制整備を進め，平成25年6月，更生保護法の一部改正により特別遵守事項の類型に社会貢献活動が加えられ，平成27年6月から本格的に運用を開始した。

　平成29年12月に策定された再犯防止推進計画において，社会貢献活動は，実施状況に基づいて取組内容等を見直し，一層の充実を図ることとされた。平成30年度には，平成25年の法改正の際の附帯決議の趣旨を踏まえ，社会貢献活動の在り方を考える検討会が開催された。同検討会において，社会貢献活動が再犯・再非行の抑制に寄与する可能性があるなど，一定の処遇効果が認められることが検証されるとともに，より効果的な制度活用を図るための改善点が示された。これらを踏まえ，対象者を選定する際の条件の緩和，実施回数の一律5回から標準3回（上限5回）への変更等の新たな運用を令和元年10月から開始している。

　社会貢献活動は，対象者に地域社会の利益の増進に寄与する社会的活動を行わせ，善良な社会の一員としての意識の涵養及び規範意識の向上を図るものであり，①社会経験を積み，コミュニケーション能力が向上することなどにより，社会性が向上すること，②達成感を得たり，感謝される体験をしたりすることなどにより，自己有用感が高まること，③社会的孤立が改善されることなどにより，心理的に安定すること，④しょく罪の意識が高まることなどにより，規範意識が強化されることなどの処遇効果を生じさせることを目的としている。なお，活動を通じ，対象者の立ち直りを支えることへの理解が地域において一層広がることも期待されている。

　対象者は，前記①ないし④その他の活動効果を生じさせることが再犯・再非

行の防止又は改善更生のために必要かつ相当である者であり，特別遵守事項に設定して実施する。特別遵守事項に設定しない場合でも，社会貢献活動を実施することが当該対象者の再犯・再非行の防止又は改善更生に資すると認められる場合には，生活行動指針に設定するなどして，特別遵守事項に設定して実施する場合に準じて実施する。また，短期保護観察の課題として実施することもある。

　代表的な活動内容としては，福祉施設での介護補助，公共の場所での環境美化等が挙げられる。特に専門的な知識や技術がないと実施できないもの，危険を伴うもの，宗教的活動に当たるものについては実施しない。標準回数は 3 回であり，対象者の特性，活動内容・時間等に応じて 5 回を上限として設定できる。

　監督者については，原則として，保護観察官又は保護司を 2 人以上（保護観察官 1 人以上）配置する。また，協力者については，対象者とのコミュニケーションを図るなどして活動効果を高めるため，更生保護女性会員，BBS 会員その他の適当な者に依頼する。

　監督者は，協力者との役割分担について調整し，活動中は，対象者の動機付けを高めるための声掛けをする，対象者同士でペア又はグループになって活動を行わせるなど，活動内容や対象者の特性等に応じて働きかける。

　活動後，監督者は，活動前に設定した目標の達成度や活動中にできたこと・できなかったことなどを対象者に振り返らせる。その際，対象者同士で活動の感想を共有させるなどのグループワークを行ったりする。監督者は，対象者にフィードバックを行う中で，対象者が達成感を得たことや感謝される体験をしたことを確認するなど，処遇効果が高まるよう必要な指導・助言を行う。

　なお，活動中の事故に対応するため，参加者について，社会貢献活動保険の加入の手続を行う。　　　　　　　　　　　　　　　　　　（酒谷徳二）

参考文献

(1)　法務省（2019）「社会貢献活動の在り方を考える検討会報告書」http://www.moj.go.jp/content/001288753.pdf（2020 年 10 月 20 日閲覧）

(2)　法務省保護局観察課（2016）「社会貢献活動について」，『更生保護』第 67 巻 12 号，日本更生保護協会

性犯罪者に対する処遇

　性犯罪は，被害者の心身に多大な苦痛を与え，その尊厳を著しく侵害する極めて悪質な犯罪であり，性犯罪者の再犯を防止することは，保護観察における重要な課題の一つである。

　平成16年に奈良県で発生した女児誘拐殺人事件は，性犯罪者の再犯を国が防止できなかった事案として大きく報道され，性犯罪者に対する再犯防止対策が不十分であるという批判が高まった。このことを契機として，平成17年，法務省は民間有識者らによる検討会を設置して性犯罪者に対する処遇の充実強化策の検討を行い，平成18年から，認知行動療法，特にマーラット（Marlatt, G. A.）らが考案したリラプス・プリベンション（Relapse Prevention）の技法を取り入れたプログラムを刑事施設及び保護観察所で導入した。

　保護観察所において成人の保護観察対象者に対して実施されている性犯罪者処遇プログラムは，強制わいせつや強制性交等，痴漢などの接触型の性犯罪のほか，下着盗や公然わいせつ，のぞき，盗撮などの非接触型の性犯罪をじゃっ起した者，すなわち性的欲求に基づいて罪を犯した者を幅広く対象にしている。プログラムは主に以下の3つのプログラムから構成されている。

　コア・プログラム…5回のセッションを通して，性犯罪に関連する自身の認知や行動のパターンを理解し，性犯罪につながる状況に対処するスキルを身に付け，再犯の防止に向けた計画（再発防止計画）を作成する。

　指導強化プログラム…定期的な面接により生活実態を把握するとともに，コア・プログラムの状況を踏まえた指導・助言を行う。面接の頻度は個々の対象者の問題性に応じて設定され，保護観察期間を通じて実施される。

　家族プログラム…対象者の家族に対して実施するもので，性犯罪者を家族に持つことの苦悩に耳を傾け，心理的にサポートするとともに，家族として必要な理解を促すことで家族の機能を高める。

　他の保護観察と同様，性犯罪者に対する保護観察も保護観察官と保護司の協働態勢により実施されるが，認知行動療法等に関する専門的な知識が必要となるコア・プログラムについては，保護観察官が個別又はグループワーク形式で，直接実施する。保護観察における特別遵守事項として受講を義務づけた上で実施される場合がほとんどであり，正当な理由のない不受講（欠席）は仮釈放の取

消しなどの不良措置につながるという強制力を背景としたプログラムであるが，再犯のない生活を設計することについて本人が少しでも主体的に取り組むことができるように，保護観察官が動機づけやファシリテートを行う。約2週間に1回のペースで実施されるコア・プログラムでは，各回のセッションで学んだスキルや知識を日常生活で実践することが求められ，その結果を踏まえて，次回のセッションでは，保護観察官や他の受講者とともに必要な見直しや復習を行う。こうしたコア・プログラムの効果については統計的な検証が行われており，コア・プログラムを受講することによって，少なくとも数年間は性犯罪による再犯率が低減することが確認されている。

　コア・プログラムにおいて身に付けたスキルや知識，作成した再発防止計画は，プログラム修了後も継続的に実践され，見直されていく必要がある。この点，保護観察の期間中であれば，指導強化プログラムや保護司との面接の中で，スキルや知識が「実際に」使われ有効に機能しているか，再発防止計画に沿った生活を「実際に」送れているかなどを確認し，保護観察官や保護司の助言・指導を受けて見直していくことが可能である。しかし，保護観察終了後も長く続く社会生活において，(元)保護観察対象者が一人でこれらを継続していくのは容易なことではない。性犯罪者に対する専門的な治療や支援を行う社会資源が極めて少ない現状において，どのようにして性犯罪者の再犯を中長期的に防止していくのかは大きな課題である。

　性犯罪者処遇プログラムの導入により，性犯罪者に対する処遇は大きく進んだと言える。しかし，令和2年10月に再び取りまとめられた「性犯罪者処遇プログラム検討会報告書」においては，上記の保護観察終了後を見据えた地域連携体制の構築の必要性を含め，刑事施設と保護観察所の連携強化やプログラム実施者に対する研修等の体制整備など，性犯罪者に対する処遇に関するなお多くの課題と対応策が提言されており，これを受けて，法務省では更なる充実強化策の検討が進められている。　　　　　　　　　　　　　（赤木寛隆）

参考文献

(1) 法務省 (2020)「性犯罪者処遇プログラム検討会報告書」http://www.moj.go.jp/hogo1/soumu/hogo10_00027.html (2020年12月29日閲覧)

(2) 法務総合研究所 (2016)「研究部報告55 性犯罪に関する総合的研究」http://www.moj.go.jp/housouken/housouken03_00084.html (2020年12月29日閲覧)

薬物事犯者に対する処遇

　薬物事犯者は，その多くが薬物依存の問題を抱えており，再犯に陥りやすいという特徴がある。薬物事犯者の再犯防止を主な狙いとする刑の一部の執行猶予制度の導入（平成28年6月）に伴い，法務省は，新たな薬物処遇プログラム（薬物再乱用防止プログラム）を開発するとともに，厚生労働省と共同で「薬物依存のある刑務所出所者等の支援に関する地域連携ガイドライン」を策定した。このガイドラインは，保護観察所，地方更生保護委員会，刑事施設，都道府県，医療機関等を含めた関係機関及び民間支援団体が緊密に連携し，効果的な地域支援を行えるよう，基本的な指針を定めたものである。また，関連する法改正により「規制薬物等に対する依存がある保護観察対象者に関する特則（法65条の2から65条の4）」等が新設され，依存の改善に資する医療や専門的援助を確実に受けさせることができるよう，指導監督を充実させることとした。

　薬物再乱用防止プログラムは，保護観察に付されることとなった犯罪事実に規制薬物又は指定薬物等の所持・使用等に当たる事実が含まれる仮釈放者又は保護観察付執行猶予者に対し，特別遵守事項により受講を義務付けて実施される。このプログラムは，教育課程と簡易薬物検出検査により構成されている。

　教育課程は，主に，認知行動療法，特にリラプス・プリベンションの理論に基づき，再使用を防止するための考え方や行動を身に付けさせるものであり，ワークブック等を用いて，保護観察所で個別又はグループワーク形式により保護観察官によって実施され，コアプログラムとステップアッププログラムに分けられる。コアプログラムは，おおむね2週間に1回の頻度で実施し，原則として3月程度で全5回（①薬物依存について知ろう，②引き金と欲求，③引き金と錨，④「再発」って何？，⑤強くなるより賢くなろう）を修了させるもので，依存性薬物の悪影響と依存性を認識させ，自己の問題性について理解させるとともに，再び乱用しないようにするための具体的な方法を習得させる内容となっている。コアプログラムを修了した対象者は，ステップアッププログラムへと進む。ステップアッププログラムは，おおむね月1回の頻度で実施し，コアプログラムで履修した内容を定着,応用又は実践させることを主な目的としている。発展課程（コアプロクラムで履修した内容の定着を図りつつ，薬物依存からの回復に資する発展的な知識及びスキルを習得させる（全12回）。），特修課程（薬物に関連す

る特定の問題性を改善させる。），特別課程（外部の専門機関・民間支援団体の見学等，薬物依存からの回復に特に資する経験を積ませる。）の３つの課程があり，発展課程を基本としつつ，必要に応じて他の課程を実施する。ステップアッププログラムは，原則として，保護観察終了まで実施される。

　プログラム受講時に実施される簡易薬物検出検査は，唾液検査，尿検査又は外部の検査機関を活用した検査により実施するもので，陰性の結果を出すことを積み重ねさせ，断薬の意思や努力を強化していくことを目的としている。検査を受けて断薬の事実を証明することは，対象者の家族等に安心感と対象者への信頼をもたらし，家族関係等が改善する効果も期待できるため，プログラムを受講していない対象者にも，その自発的な意思に基づいて任意で検査を実施できることになっている。

　薬物依存からの回復には息の長い支援が必要であり，保護観察の終了後も依存からの回復プログラムを受ける必要がある対象者は少なくないため，保護観察所では，保護観察中から対象者が地域の医療・保健機関等の社会資源につながるよう働きかける。例えば，薬物依存のある対象者については，保護観察所長がダルク（Drug Addiction Rehabilitation Center）に薬物依存回復訓練を委託することができる。また，保護観察所は，対象者に対し，薬物依存を改善するための医療や専門的援助を受けるよう必要な指示（通院等指示）を行うことができる。令和元年度からは，薬物依存のある対象者について，早期に仮釈放し，一定の期間，更生保護施設等に居住させた上で，地域における支援を自発的に受け続けるための習慣を身に付けられるよう，ダルク等の地域の社会資源と連携した濃密な保護観察処遇を実施する薬物中間処遇を試行的に実施している。

　保護観察所では，地域の医療・保健機関等の協力を得て，薬物依存のある対象者（矯正施設に収容中の者も含む。）の家族等を対象にした家族会・引受人会も開催している。これは，家族等に薬物依存に対する正しい知識や適切なコミュニケーション技術を身に付けてもらうとともに，依存からの回復に必要な社会資源を紹介することを目的としている。　　　　　　　　　　　（角田　亮）

参考文献
法務省（2021）『令和２年版　再犯防止推進白書』

高齢者・障害者に対する処遇

　平成21年度に開始された更生保護施設における特別処遇は，矯正施設出所者等のうち，高齢又は障害を有する者であって，かつ，適当な住居のない者を一時的に受け入れて，福祉への移行準備や社会生活に適応するための指導・助言を行うことを内容としている。特別処遇を担う施設として法務省から指定を受けた更生保護施設（以下「指定更生保護施設」という。）では，社会福祉士等の配置や，バリアフリー等の必要な施設整備がなされ，高齢又は障害を有する者の特性に配慮した指導や助言等に加え，地域生活定着支援センターや移行先施設等に対する特別処遇対象者の心身の状況や生活状況に関する情報の伝達，生活保護の申請支援など，特別処遇対象者が指定更生保護施設を退所した後に円滑に福祉サービスを受けられるようにするための調整が行われる。

　また，特別調整（142頁参照）の対象者を，社会福祉施設等の受入れ態勢が整うまでの間，一時的に指定更生保護施設に受け入れ，特別処遇を実施することがある。

　一方，地区を担当する保護観察官は，保護司と協働して，地域の社会資源を活用し，高齢又は障害を有する保護観察対象者の生活基盤を調整している。以下に，社会資源の活用例を紹介する。

　まず，当該対象者の経済基盤を支えるものに年金制度がある。老齢基礎年金や障害基礎年金などの受給には，国民年金保険料の納付期間や厚生年金等への加入期間，保険料の免除期間などの合計が受給資格要件を満たす必要があり，受給要件を満たしているか，矯正施設収容中の年金保険料の免除申請はなされているか等，年金事務所への照会や窓口における手続支援を行うことがある。

　また，認知症や知的障害，精神障害などにより福祉サービスの利用手続，日常生活上の契約や金銭管理に不安がある場合は，社会福祉協議会が実施する日常生活自立支援事業の利用を検討する。さらに，日常的金銭管理を超えた支援や身上監護に関連してキーパーソンが必要な場合は，成年後見制度の利用を検討し，地域包括支援センターや社会福祉協議会に相談することもある。

　生活の場や，日中活動，就労等の日常生活あるいは社会生活を営むための福祉サービスについては，高齢者と障害者で制度が異なる。

　まず，高齢者福祉の柱となるのは，介護保険法に基づく各種介護保険サービ

スである。利用手続の窓口は，市町村の介護保険課，地域包括支援センター，居宅介護支援事業所である。要介護・要支援認定申請に基づき認定審査が行われ，判定された要介護度，要支援度により，受給できるサービスが異なる。

一方，障害者福祉の柱となるのは，障害者の日常生活及び社会生活を総合的に支援するための法律（障害者総合支援法）に基づく各種サービスである。利用手続の相談窓口は，市町村の障害福祉課，相談支援事業所であり，特定相談支援事業所では，計画相談支援サービスとして，サービスの利用申請時に必要なサービス等利用計画の作成や，同支援計画の更新などの継続的支援を受けることができる。利用申請に基づき障害支援区分認定調査が行われ，判定された支援区分により受給できるサービスが異なる。

障害者等への支援に関しては，農福連携の取組も行われている。農福連携とは，障害者等が農業分野での活躍を通じて，自信や生きがいを持って社会参画を実現していく取組であり，この取組が進むことで，障害者や高齢者，生活困窮者の働き口を創出できるとともに，農業分野における高齢化による後継者・働き手不足の問題を解消できると期待されている。

具体的には，農業法人や農業関連企業が，障害者を雇用（一般就労）したり，就労継続支援 A 型事業や同 B 型事業等の福祉事業の認可を得，福祉サービスとして作業を提供したりする形態や，社会福祉法人や NPO 法人等の福祉事業者が，企業的経営手法により福祉事業として農業を展開する形態等がある。

このように企業的経営手法を用いて労働市場で不利な立場にある人々の雇用を創出し，又は支援付き雇用の機会を提供することに焦点をおいたビジネスモデルは「社会的企業（ソーシャル・ファーム）」と呼ばれている。対象者もまた，その犯罪歴や障害などの個々の特性により就労に困難が伴うことが多く，労働市場で不利な立場にあると言え，農福連携の場や社会的企業が，罪を犯した高齢者や障害者に活躍の場を提供する担い手となることが期待されている。

（髙井文香）

参考文献
(1) 南高愛隣会 (2015)『罪を犯した障がい者・高齢者を受け入れるために　福祉事業所・更生保護施設版』
(2) 炭谷茂 (2012)「刑務所出所者を地域社会の一員に―私の行政経験と社会的実践から考える」,『更生保護と犯罪予防』第 154 号, 6-33.

窃盗事犯者に対する処遇

　窃盗は，一般刑法犯認知件数の大半を占める犯罪であり，また，繰り返し犯行に及ぶことの多い犯罪でもある。そのため，国民にとって身近な脅威であり，窃盗事犯者の再犯防止は非常に重要なことである。

　窃盗の背景には，生活困窮があることが多く，空腹を満たし，生きていくために窃盗をしている者が少なくない。また，生活のため仕方なく盗んだという正当化や，たいした金額の窃盗ではないといった矮小化が生じやすい犯罪であり，窃盗をすることへのハードルが低くなりがちである。

　それでは，このように，数が多く，容易に犯行に及びやすい窃盗事犯者に対する処遇は，どのようなものであるべきだろうか。

　窃盗事犯者に対する処遇において，一番大切なのは，その特性を正しく理解することである。一口に窃盗といっても，その手口・態様は，空き巣や車上ねらい，ひったくり，万引きなど多岐にわたる。また，窃盗を行う背景事情としては，生活困窮や社会的孤立といったものが多くを占めるが，そこに至る過程は千差万別である。さらに，女性，高齢者，若年者といった性別や年齢によってもその特性は異なる。法務総合研究所の「窃盗事犯者に関する研究」においては，窃盗事犯者には「生活困窮型」と「社会的孤立型」があることが指摘されており，その他に，心身に問題を抱えている者，若年者，高齢者及び女性という分類を設けて，それぞれの特性を分析している。例えば，女性については，家族関係や対人関係等に問題があることが多く，人間関係の把握や調整，心理的なサポートなどを検討していくことが必要となると指摘されている。窃盗事犯者は，その数が多いこともあり，こうした特性を十分に理解した上で対応することが肝要となる。

　個々の窃盗事犯者について，なぜ窃盗に至ったのかというプロセスを解明することも重要である。窃盗という行為に，過去の傷付き体験が影響していることがあり，そうした体験への理解は，窃盗事犯者が，ある出来事をどのように解釈し，どのように行動するかを理解するための手掛かりとなる場合がある。例えば，過去に，友人だと思っていた人からいじめられた体験がある者の場合，保護観察官や保護司と関係を築くことに慎重になり，その行動が期待に沿わないものであると，保護観察から離脱してしまう可能性があることに配慮する必

要が出てくるであろう。過去にどのような出来事があったのかを知ることは，処遇を選択する上で有益であり，大きく傷付いた体験がトラウマとなっている可能性に留意しながら，生育歴等の情報収集を慎重かつ丁寧に行うことが重要である。

　具体的な処遇方法を検討する際にも，窃盗に至ったプロセスを意識することは重要である。例えば，仕事を失い生活困窮に陥って窃盗をしてしまった者の場合，仕事を得られるように就労支援を行うということももちろん重要ではあるが，仕事をすることへの動機付けの弱さ，職業スキルの少なさ，対人スキルの問題など，仕事を失ってしまった理由がどこにあるのかを調査・分析することが必要である。そして，就職に対する動機付けは高いものの，人間関係が苦手で，職場内での同僚との衝突で仕事を失っていたという者であれば，対人スキル不足を補うために職場定着支援や SST の実施を検討することが有益となる。

　このように，窃盗事犯者に対する処遇は，大枠としての特性を理解した上で，個々の対象者の状況を正確に把握し，窃盗をするに至ったプロセスを分析し，それぞれに合った計画を立て，就労支援や家族関係の調整等，様々な手段を組み合わせて実施することが必要となる。

　心身に問題を抱えている者に対しては，適切な医療措置の調整を要する場合があるほか，生活困窮者については，福祉制度の活用等を要する場合もあるなど，保護観察所だけでは対応できないケースも多く存在する。そのため，保護観察所においては，日頃から，公共職業安定所，地方公共団体，地域包括支援センター，医療機関，地域生活定着支援センター等の関係機関と連携を維持しつつ，窃盗事犯者の心身の状況に応じて，適切な機関につなぎ，協働して支援することに配慮する必要がある。　　　　　　　　　　　　　　　　（石井周作）

参考文献

(1) 冨田寛・上岡靖之・只野智弘・吉永浩幸・牟田和弘・竹下賀子・岡田和也・守谷哲毅・井上陽子（2017）「窃盗事犯者に関する研究」,『法務総合研究所研究部報告』57
(2) 法務総合研究所編（2014）『平成 26 年版犯罪白書』

暴力事犯者に対する処遇

　暴力事犯者とは，傷害，暴行，殺人，強盗等，主に身体に対する有形力の行使により被害者の生命又は身体の安全を害する犯罪によって処分を受けた者を指し，通常，強制性交等や強制わいせつなどの性犯罪は除かれる。暴力事犯者は，保護観察対象者全体の1割から2割程度を占めている。

　また，一口に暴力事犯と言ってもその性質は多様であり，成人の暴力事犯者に対する法務総合研究所の調査 (2019) では，①見知らぬ相手に金銭獲得等の手段として暴力を用いるのか，親しい関係にある人間に対して怒りなどの感情に任せて手を出すのかという観点からの「家庭外・道具的暴力／家庭内・表出的暴力」という軸と，少年時からの反社会的行動の有無という観点からの「非行・不良集団関係なし／あり」の軸によって暴力事犯者がいくつかのクラスターに分類されること，②事件時の飲酒や被害者との関係（痴情異性関係や親族関係）等の態様によって再犯リスクの大きさが異なること，③受刑者では暴力団加入歴や不安定な稼働歴が問題となるのに対して，保護観察付執行猶予者では保護処分歴が最大のリスク要因であることなどが指摘されている。

　保護観察所では，暴力事犯により保護観察に付された仮釈放者又は保護観察付全部・一部執行猶予者のうち，過去に暴力犯罪による処分歴があるなど暴力行為を反復する傾向を有する者に対し，平成20年度から専門的処遇プログラムの一つとして「暴力防止プログラム」の受講を特別遵守事項により義務付けて実施している。同プログラムは，怒りや暴力につながりやすい考え方の変容や暴力の防止に必要な知識の習得を促すとともに，同種の再犯をしないようにするための具体的な方法を習得させ，前記傾向を改善するものである。また，同プログラムは，平成27年度に上記のような暴力事犯者の多様性に対応すべく内容の見直しが図られており，導入過程でのアセスメントの結果に基づき，DVや飲酒の問題に関するオプション単元を追加実施する構造となっている。

　他の専門的処遇プログラムと同様に，保護観察官が，個別処遇又は集団処遇により全5課程をおおむね2週間に1回実施する。認知行動療法に基づき，リラプス・プリベンション，暴力を容認する認知の再構成，対人スキル習得やストレス・マネジメント等，暴力を誘発する要素に多面的に介入するものとなっており，こうした多面的な介入は諸外国の暴力防止プログラムに係るメタ分析

でも効果が実証されている（Jolliffe & Farrington, 2007）。なお，少年の暴力事犯者に対しても，必要性や特性等を考慮の上，暴力防止プログラムを受けることを生活行動指針として定めて実施することがある。さらに，令和2年度には，児童に対する身体的虐待行為をした対象者に対し，養育態度の振り返りや児童との適切な関わり方の習得等を行うプログラムの試行が開始されている。

　暴力事犯者に対するその他の処遇としては，類型別処遇と，成人における特定暴力対象者の認定が挙げられる。暴力事犯者と関連する保護観察類型としては，児童虐待，配偶者暴力，家庭内暴力などがあり，各類型の特性等に応じた処遇が実施されている。さらに，成人の暴力事犯者のうち，暴力事犯を反復し，児童虐待，配偶者暴力，家庭内暴力，ストーカー，暴力団等，精神障害，薬物，アルコールのいずれかの保護観察類型に認定された者，及び極めて重大な暴力的犯罪をした者などを，処遇上特に注意を要する者として「特定暴力対象者」に認定し，保護観察官が積極的に対象者やその家族と面接するなどして，生活状況の的確な把握等，処遇の充実強化を図っている。

　暴力防止プログラムについては，DVや児童虐待以外の親兄弟を被害者とする暴力も含めたファミリー・バイオレンスとしての統合的な視座が十分でない点，一部の強盗事犯等のように道具的な暴力の面が強い者が受講対象から除外されている点，プログラムの再犯防止効果の検証がなされていない点に一層の改善の余地がある。また，少年の暴力事犯者については，神経発達障害の影響や少年自身の被虐待経験等，成人とは異なる着眼点と処遇が必要であり，現状，体系的に整理された処遇の取組を欠くことも課題といえる。さらなる実証的調査・研究に基づき，必要に応じ少年鑑別所等関係機関と連携を深めるなどして，より幅広く個々の暴力事犯者の特性等に対応できる科学的な査定・処遇の方法を確立していくことが望まれる。　　　　　　　　　　　　　　（谷　真如）

参考文献

(1) 法務総合研究所（2019）「暴力犯罪者に関する研究」，『法務総合研究所研究部報告』60

(2) Jolliffe, D., & Farrington, D. P（2007）*A systematic review of the national and international evidence on the effectiveness of interventions with violent offenders. Ministry of Justice Research Series, 16/07*

交通事犯者に対する処遇

　交通事犯者とは，一般的に，道路交通法違反や過失運転致死傷等により処分を受けた者を指す。保護観察対象者に占める交通事犯者の割合やその特性等に応じた介入の方法は，成人と少年とで大きく異なる。

　成人について見ると，仮釈放者と保護観察付執行猶予者の全体に占める交通事犯者の割合は，平成30年で5%強と比較的少なく，1割前後を占めていた平成元年や15年と比べて近年減少している（令和元年版犯罪白書）。また，高齢者では非高齢者に比べ，交通事犯者の占める割合が高い。

　成人の交通事犯者の中でも特に問題となるのが飲酒運転を行った者である。法務総合研究所の調査（2010）では，成人の類型別処遇「問題飲酒」該当者のおよそ3分の1が交通事犯者であり，その8割の者が前科のある者で，多くが飲酒関連の交通事犯に関する前科であることが明らかになっている。

　保護観察所では，関係省庁により構成される常習飲酒運転者対策推進会議の決定「常習飲酒運転者対策の推進について」を受け，平成22年度から，交通事犯者の中でも飲酒運転を反復する傾向を有する者に対し，専門的処遇プログラムの一つである「飲酒運転防止プログラム」を特別遵守事項として義務付けて実施している。同プログラムは，ワークブック等を用いた心理教育や認知行動療法を通じてアルコールが心身及び自動車等の運転に与える影響を認識させ，飲酒状況について振り返りを行い，飲酒運転に結び付く自己の問題性について理解させるとともに，再び飲酒運転をしないようにするための具体的な対処方法等を習得させることで，問題性の改善を図るものである。

　他の専門的処遇プログラムと同様に，保護観察官が，個別処遇又は集団処遇により全5課程をおおむね2週間に1回実施する。導入課程でアルコール依存症のスクリーニングツールを用いたアセスメントを行い，その結果を指導内容に反映させる点や，必ずしもプログラムのみで完結するのではなく，受講者にアルコールに関する社会内の専門医療機関や自助グループについての知識を伝え，これら関係機関・団体とつながり適切な措置が受けられるよう促すことで，息の長い処遇効果を目指す点に特徴がある。

　また，過失運転致死傷等で被害者を死亡させ又はその身体に重大な傷害を負わせた者については，しょく罪指導プログラムが行われている。

　少年について見ると，交通事犯者の占める割合は特に保護観察処分少年で高く，（後述の交通短期保護観察の対象者を除いても）平成30年で全体の約4分の1と，窃盗に次ぐ割合を占めている。一方，少年院仮退院者では約7％と全体に占める割合は比較的少ない。少年の交通事犯者に特徴的な類型別処遇「暴走族」該当者については，少年の対象者全体の減少傾向を上回って急減している（令和元年版犯罪白書）。

　また，交通事犯の保護観察処分少年のうち，一般非行性がないか又はその進度が深くなく，交通関係の非行性も固定化していないなどの者を対象に，昭和52年から家庭裁判所の処遇勧告に基づく「交通短期保護観察」が実施されており，原則として3月以上4月以内を実施期間とし，保護司を指名し行う通常の保護観察処遇に代えて，安全運転等に関する集団処遇等を行っている。交通短期保護観察の対象者は，平成2年の約5万人をピークに平成期を通じて減少傾向にあり，平成30年にはピーク時の10分の1以下となっている。

　成人，少年それぞれの交通事犯者の現状は以上のとおりであるが，社会情勢と連動し今後更に大きな変化が見込まれる。交通安全対策基本法に基づく第10次交通安全基本計画では，交通事故が起きにくい環境をつくるための先端技術の活用推進が掲げられており，いわゆる「自動走行システム」の高度化・市場化が進むことにより，過失運転致死傷等は一層減少していく可能性がある。他方で，アルコール依存，交通法規等の社会規範の軽視や暴走族等の犯罪志向的な者との交友などは，単に運転システム等による外的コントロールのみで解決できるものではなく，向社会的行動への動機付けの変化等を伴う内的コントロールの改善が求められる。表面化した交通事犯の背後にある，個々の対象者の問題性の改善に向けた処遇ニーズの見極めとこれに応じた介入が引き続き重要である。　　　　　　　　　　　　　　　　　　　　　（谷　真如）

参考文献

法務総合研究所（2010）「飲酒（アルコール）の問題を有する犯罪者の処遇に関する総合的研究」，『法務総合研究所研究部報告』43

家族への働きかけ

犯罪・非行に至る過程において，家族関係が少なからずその要因・背景になっており，特に少年非行では，むしろ保護者側に大きな問題がある場合も多い。その一方で，保護者の問題が改善されることにより，本人の改善更生が促進されることも知られている。

保護観察対象者の多くは家族と同居しており，保護観察開始時に家族（配偶者，両親，その他の親族を含む。）と同居している者は約7割で，特に保護観察処分少年では約9割に上る。したがって，保護観察処遇上，対象者の家族への働きかけは，非常に重要な位置付けにあるといえる。

少年院や刑事施設などの矯正施設に収容中の者は，引受人として家族を希望することが多い。しかし，家族において，当初から引受けを拒否又は躊躇したり，経過の途中でその意思を翻したりする場合がある。また，その家族のもとへ帰住することが，果たして本人の改善更生や再犯防止にとって本当に適当なのであろうかと疑問を抱くような事案もある。そこで，生活環境の調整の段階においては，保護司や保護観察官が，定期的に家族と接触して，引受意思や本人への感情等を継続的に調査・調整することとしている。

保護観察対象者の家族に対する働きかけには，次のようなものがある。

保護者に対する措置…少年の健全育成を図るためには，少年を保護処分に付するだけでなく，その保護者にも責任を自覚させ少年の立ち直りに向けた努力をさせることが重要である。少年の保護観察処遇においては従来から，少年自身だけでなく家族に対しても働きかけを行ってきたが，上記観点から，保護観察処分少年又は少年院仮退院者（いずれも20歳未満の者に限る。）の保護者に対し，「その少年の監護に関する責任を自覚させ，その改善更生に資するため，指導，助言その他の適当な措置をとることができる」旨の規定が置かれた（法59条）。例えば，保護者においてアルコールに関する問題があり，それが少年の改善更生を妨げていると認められる場合には，保護者に対してこれを改めるよう指導したり，また，監護能力が欠如している保護者に対しては，これを向上させるための講習会等へ参加するよう助言したりすることなどが挙げられる。

薬物事犯者等の引受人会・家族会…全国の保護観察所では，受刑中又は保護観察中の薬物事犯者の引受人や家族等関係者を対象に，引受人会・家族会を実

施している。具体的には，精神保健福祉センターや民間支援団体等の協力を得て，講義や座談会，質疑応答の形式で実施されることが多い。また，保護観察終了後も地域支援を受けられるように保護観察中から調整を図り，相談機関（薬物依存症者の家族のための相談を実施している保健所・精神保健福祉センター等），家族会（薬物依存症者の家族による当事者会等）につなげるなどしている。

　性犯罪保護観察対象者の家族プログラム…性犯罪者処遇プログラムを構成する「家族プログラム」は，その家族に対して，処遇プログラムの内容及び受講の必要性について理解を深めさせ，対象者がコア・プログラムを継続的に受講するための協力を依頼するとともに，必要な相談助言を行うものである。これは，保護観察期間を通じて実施され，該当する家族を集めてグループワーク形式で実施している保護観察所もある。また，生活環境の調整の一環として受刑中から実施することもできる。

　嗜癖的窃盗類型対象者の家族への働きかけ…嗜癖的窃盗類型の中には，家庭内の不和によるストレスが関係して窃盗に及んでいるケースや，家族や交際相手に依存されて生活苦から窃盗に至っているケースなど，家族関係が犯行に影響していると認められる事案も多い。そのような場合には，家族の悩みや苦しみに耳を傾けながらも，その対応が本人の変化を妨げることを伝え，望ましい言葉がけの仕方を家族に助言するなど，具体的な対応方法について支援していくことが有益である。　　　　　　　　　　　　　　　　　　　　　　（岡田和也）

参考文献
(1) 日本犯罪心理学会編（2016）『犯罪心理学事典』丸善出版
(2) 法務総合研究所編（2020）『令和2年版犯罪白書』

保護観察における就労支援

　保護観察対象者の就労については，まず，法51条2項2号において，特別遵守事項の具体的項目の一つとして，「労働に従事すること，通学することその他の再び犯罪をすることがなく又は非行のない健全な生活態度を保持するために必要と認められる特定の行動を実行し，又は継続すること」と規定されている。そして，特別遵守事項の標準設定例としては，「就職活動を行い，又は仕事をすること」等が挙げられている。

　また，法58条3号において，対象者に対する補導援護の方法の一つとして「職業を補導し，及び就職を助けること」と規定されており，就労のための補導援護を行うに当たっては，「保護観察対象者の就労意欲を喚起し，就労に必要な態度及び技能が習得され，就労の習慣が定着するよう助言その他の措置をとる」ほか，「必要があると認めるときは，対象者の就労意欲，職業能力，年齢，経歴，心身の状況，生活の計画等を勘案し，職業訓練を実施するものとする」とされている。

　このように，対象者に対しては，指導監督及び補導援護の両面から処遇を行うことにより，その就労を指導・支援する旨の規定がなされており，従来から処遇の一環として実施されてきたところである。しかし，犯罪歴や非行歴があるために雇用が進みにくいことに加え，対人関係や社会適応能力に問題を抱える人が少なくなく，保護観察終了時に無職であった者の再犯率は，有職であった者の5倍以上にも及んでいた。そのため，平成18年度に，再犯防止には犯罪や非行をした者の就労を確保することが極めて重要であるとの認識の下，犯罪や非行をした者について，就労による確実な自立更生を目指し，もって再犯防止を図るため，法務省と厚生労働省が連携して，「刑務所出所者等総合的就労支援対策」を開始した。具体的には，刑務所出所者等の就労を確保するため，保護観察官とハローワークの職員がチームをつくり，保護観察対象者等に適した就労支援の方法を検討した上で，担当者制による職業相談・職業紹介，職場体験講習，トライアル雇用等を実施することとなった。

　さらに，平成23年度からの試行を経て，平成26年度から，就労支援に関するノウハウや企業ネットワーク等を有する民間の事業者が，一部の保護観察所から委託を受けて，そのノウハウを活用して刑務所出所者等の就労支援等を行

う更生保護就労支援事業が開始された。同事業においては，就職活動支援に加えて，令和2年度から，刑務所出所者等の就労において大きな課題となっていた職場定着に関する支援も行っている。

就労支援において欠かせない存在である協力雇用主は，再犯の防止等の推進に関する法律14条において，「犯罪をした者等の自立及び社会復帰に協力することを目的として，犯罪をした者等を雇用し，又は雇用しようとする事業主をいう」と定義付けられている。協力雇用主は，もともと保護司又は更生保護施設が，知人その他の縁故のある事業主等に刑務所出所者等の就職について協力を求めるというところから始まっている。その後，保護観察所，保護司組織，更生保護施設等が，それぞれ独自にあるいは相互に連携を保ちながら，地域社会の中にこうした協力者の輪を広げてきたもので，一部には「協力雇用主会」等の名称でその組織化を図っているところもある。業種別協力雇用主の内訳は，建設業が最も多く，その業種には偏りが見られる。

協力雇用主に対する支援として，刑務所出所者等を実際に雇用して指導に当たる協力雇用主に対する刑務所出所者等就労奨励金支給制度（平成27年度から），刑務所出所者等が協力雇用主に業務上の損害を与えた場合に見舞金が支払われる身元保証制度（平成18年度から）等が実施されている。また，国や地方公共団体が，総合評価落札方式による受注又は入札参加資格審査において協力雇用主を優遇する措置も導入が広がっている。

優遇措置とは別に，国や地方公共団体が，保護観察中の少年等を非常勤職員として雇用する取組も行われている。

なお，就労支援の分野で特筆すべきこととして，経済界を中心とした幅広い企業や団体等の参画により，協力雇用主への支援等を行う組織として，平成21年に全国就労支援事業者機構が，それ以降全国50か所に都道府県就労支援事業者機構が，それぞれ設立されたことが挙げられる。　　　　　　（遠藤薫里）

参考文献
(1) 更生保護50年史編集委員会（2000）『更生保護50年史（第1編）』
(2) 法務省（2018）『平成30年版　再犯防止推進白書』

保護観察における住居支援

　刑務所出所者等の中には，住居や頼るべき親族等がないなどの理由で，当面の生活に窮する者が存在する。保護観察所においては，このような直ちに自立することが難しい保護観察対象者や更生緊急保護対象者に対して，更生保護施設等に委託して，宿泊場所や食事を提供しながら，就職の援助や社会生活への適応に必要な生活指導等を行うことにより，その社会復帰を促進している。

　更生保護施設の歴史は，1888年に金原明善等が設立した静岡県出獄人保護会社が起源とされ，以来，民間篤志家が中心となって運営されてきた。令和2年10月現在，全国に更生保護施設は103施設あり，更生保護事業法に基づき法務大臣の認可を受けて設立された更生保護法人によって運営されている施設が100施設，社会福祉法人，一般社団法人又はNPO法人によって運営されている施設がそれぞれ1施設ずつある。

　更生保護施設の収容定員は，全国合計で約2,400人であり，年間で約8,000人の刑務所出所者等を収容保護している。保護観察所長から保護を委託された者の内訳は，6割以上が仮釈放者であり，その他，満期釈放者，執行猶予者，起訴猶予者，保護観察に付されている少年等となっている。また，更生保護施設の平均入所日数は約80日となっている。

　更生保護施設の入所者は，原則として，その入所期間中に，社会生活への適応に必要な生活指導等を受けながら，仕事に就き，アパート代等の生活資金を蓄え，自立を目指すこととなる。ここでは，更生保護施設において実施されている代表的な処遇をいくつか紹介する。

　①就職援助…ハローワークや地元の協力雇用主と連携した就労支援，更生保護施設職員による履歴書の書き方や採用面接の受け方の指導等を実施する。

　②金銭管理指導…ギャンブルや飲酒等への浪費を繰り返し，貯蓄の習慣がない者も少なくないため，自立に向けた貯蓄計画を立てさせ，計画的な金銭管理の指導を実施する。

　③SST（社会生活技能訓練）…コミュニケーション能力の不足から，日常生活や職場においてトラブルになるケースも少なくないため，そのような場面を想定したコミュニケーションの実践トレーニングを実施する。

　その他，入所者の問題性に応じた酒害・薬害教育や依存症ケア，地域清掃等

の社会奉仕活動，地域の更生保護女性会員や保護司等の協力による料理教室や各種レクリエーション等が実施されている。

　また，刑務所出所者等に占める高齢者の増加や薬物依存者の再入率の高さ等，刑務所出所者等の問題性は多様化しており，更生保護施設においてはそれらに対応するための支援が行われている。平成 21 年度から，全国の更生保護施設のうち一部の施設を，高齢者や障害者を一時的に受け入れる施設として指定し，社会福祉士等の資格等を持った職員を配置し，高齢や障害の特性に配慮しつつ社会生活に適応させるための指導を行うなどの特別処遇を実施している。平成 25 年度からは，一部の更生保護施設を薬物処遇重点実施更生保護施設として指定し，精神保健福祉士や公認心理師等の資格を持った職員を配置し，薬物依存からの回復に重点を置いた専門的な処遇を実施している。平成 29 年度からは，更生保護施設を退所して地域で生活している刑務所出所者等の自立更生のため，これらの者に対する処遇の知見等を有している更生保護施設職員が，地域社会に定着できるまでの間の継続的な支援（生活相談支援や薬物依存回復訓練）をフォローアップ事業として実施している。

　一方，地域社会の中に更生保護施設以外の多様な居場所を確保する方策として，平成 23 年度から，「緊急的住居確保・自立支援対策」が実施されている。これは，更生保護施設以外のあらかじめ保護観察所に登録された民間法人等に，保護観察所長が，刑務所出所者等に対する宿泊場所や食事の提供，生活指導（自立準備支援）を委託するものである。この宿泊場所を自立準備ホームと呼んでおり，例えば，路上生活者を支援する NPO 法人や薬物依存症者リハビリテーション施設を運営する NPO 法人等が登録されている。

　更生保護施設や自立準備ホームは，刑務所出所後等の一時的な居場所であり，最終的には地域社会で再犯をせずに定住させることが目標となる。また，更生保護施設等は集団生活を送る場であり，刑務所出所者等の中にはそのような生活になじまない者もいる。更生保護施設退所者等のうち多くの者はアパートや就業先の住居等で自立した生活を送ることになるが，住宅確保に配慮を要する者も存在する。そのため，地方公共団体と連携した公営住宅への入居支援や，住宅確保要配慮者の居住支援を行う居住支援法人（民間企業や NPO 法人等で，住宅確保要配慮者に対し，家賃債務保証の提供，賃貸住宅への入居に係る住宅情報の提供・相談，見守りなどの生活支援等を実施する法人として都道府県が指定するもの。）等との連携により，地域社会における適切な定住先を確保することが再犯防止のために求められている。　　　　　　　　　　　　　　　　　（澤　雄大）

224

保護観察

保護観察における福祉支援

保護観察対象者の中には，貧困や疾病，嗜癖，障害等，対象者の力だけでは解決できない問題を抱えている者も少なくない。対象者の生活基盤を整えることで再犯のない生活を後押しし，社会への再統合を実現することが更生保護の使命であるが，このような福祉的課題を有する対象者の地域生活支援を更生保護官署のみの取組によって成し遂げることは困難である。保護観察処遇においては，保護観察期間が終了した後を見据え，その者が地域社会で孤立せず息の長い支援を受けられるよう，地域の関係機関につなぐ機能が求められる。

一般的に，福祉制度は申請主義が取られていることから，制度を実際に利用するためには，対象者が自ら福祉関係機関の窓口に出向き，諸手続をする必要がある。しかし，対象者自身が自らのニーズを十分に自覚していない，主訴を上手く伝えることができないなどの理由により，必要なサービスの受給につながらなかったり，つながったとしても定着できずに再び孤立し，その結果，再犯に至ってしまったりするケースもある。したがって，単に対象者に福祉機関に関する情報を提供するだけではなく，また，サービス受給手続の支援により福祉関係機関にバトンを渡すだけでもなく，保護観察官と福祉関係者が一定期間，情報共有や役割分担をしながら連携し並走する関係を築き，「確実に」福祉関係機関に引き継ぐことが重要である。

有効かつ円滑な福祉支援を行うために，まず必要なのが対象者のアセスメントである。アセスメントは，保護観察官と対象者が情報や検討プロセスを共有することにより対象者に自己理解を促し，問題解決能力を養う一助ともなる重要な過程である。また，福祉サービスを利用する際の関係機関との連携において，共通理解を図るツールとしても重要な役割を果たすものである。

保護観察は，心理や福祉分野等における一般的な援助関係と異なり，法の執行という本人の意思に基づかない公的な権限によって援助関係が始まる。アセスメントの過程において，援助を求めない者に対する動機付けや本人が気づかない福祉的課題を引き出すことが福祉支援の第一歩となる。また，保護観察所が行う再犯リスクのアセスメントは，一般の福祉関係機関にとって重要な情報となる。保護観察所が犯罪者処遇の専門機関として積み重ねた知見や，それに基づき再犯リスクを見立てるスキルは，福祉関係機関にはない保護観察所独自

の機能であり，連携において地域の福祉関係機関から期待される役割である。

　福祉支援で次に必要となるのは，地域の福祉資源を知ることである。保護観察官が新しい地区を担当する際には，地域の福祉資源に関する情報収集は欠かせない。福祉サービスは，児童，高齢者，障害者，低所得者などの分野別に，各根拠法令に基づく全国一律の制度設計がなされているが，自治体ごとに担当部署の所管割りや窓口の呼称が異なっていたり，自治体独自のサービスがあったりする。さらに，地域ごとにサービスを提供する事業所の種類や数も異なる。保護観察官は，担当する地域の福祉資源の状況に応じて，アセスメントで見立てた福祉的課題を解決するための適切なサービスを検討し，処遇計画を立てる。

　さらに，福祉関係機関と更生保護官署が円滑に連携するには，相互理解と信頼関係に基づく役割分担が必要となる。保護観察官が対象者を福祉サービスにつなぐ際，犯罪歴や非行歴を有する者との関わりに慎重となる福祉関係機関に出会うことは少なくない。それぞれの機関が理解できる共通言語を用いて，各機関が担える役割，各機関における制度上の制約などを十分に理解し合わなければ，ともに手を携えて支援のネットワークを構築することは難しい。相互理解を深め，緊密な連携を確保するためには，個別のケース連携，あるいは連絡協議会や合同勉強会といった日頃からの顔の見える活動を通じ，地道に信頼関係を構築していくことが求められる。また，このような地域の福祉関係機関との関係づくりは，犯罪歴や非行歴を有する者を地域で受け入れ，立ち直りを支える地域社会づくりに寄与するものであり，更生保護官署の重要な役割でもある。

　更生保護官署においては，平成17年度に始まった医療観察制度を担う，福祉の専門知識や経験を有する社会復帰調整官との交流や，平成21年度に始まった罪を犯した高齢・障害者の地域生活定着支援事業（現行の地域生活定着促進事業），更生保護施設における福祉職員の配置などにより，保護観察官が福祉的アプローチを学ぶ機会が格段に増えている。福祉支援を必要とする対象者の処遇充実に向け，福祉分野への歩み寄りが着実に進められているところである。

（髙井文香）

参考文献

(1) 三浦恵子（2011）「社会内処遇と福祉の連携〜現状と課題〜」，『犯罪と非行』第167号，112-135.

(2) 刑事立法研究会編（2018）『「司法と福祉の連携」の展開と課題』現代人文社

更生緊急保護の意義と目的

　更生緊急保護とは，法85条1項各号に掲げられている者が，刑事上の手続又は保護処分による身体の拘束を解かれた後，親族からの援助を受けることができない場合，公共の衛生福祉に関する機関その他の機関から医療，宿泊，職業その他の保護を受けることができない場合等に，緊急に，その者に対し保護を行うことにより，速やかな改善更生を図ることをいう。身体の拘束を解かれて，法的には国の強制力の及ばない自由な地位にいる者に対して，本人の意思に反しない場合に限って行われる任意的な措置であり，有権的に実施される保護観察とは異なる。保護措置の形態には，保護観察所長が自ら行う自庁保護と更生保護事業を営む者等に委託して行う委託保護があり，改善更生のために必要な限度において，拘束を解かれた翌日から原則6か月（特に必要な場合は更に6か月）を超えない範囲内で行われる。

　刑事上の手続又は保護処分による身体の拘束には，社会生活適応性が減殺するという副作用的害悪があることが指摘されている。犯罪をした者及び非行のある少年で身体の拘束を解かれた者の中には，住居や仕事がなく，また所持金も十分でないなど社会生活の基盤が不安定であったり，親族からの援助が受けられなかったりする場合がある。そもそも犯罪前歴の有無にかかわらず，国民は一定の条件を満たせば公共の衛生福祉に関する機関等から保護を受けることができるが，それらの保護を受けるまでには日数を要し，直ちに受けることができない場合がある。加えて，たとえ必要な保護を受けることができる場合であっても，一度刑事手続や保護処分を経ると，「元犯罪者」・「元非行少年」といったレッテルが貼られて社会的に排除され，保護のみによっては改善更生に適さない場合が現実的な問題として存在する。その結果，再犯・再非行に及ぶ者が少なくない。更生緊急保護は，こうした身体の拘束の影響による多くの社会的・環境的な問題を抱えている社会生活上の負因がある者に対して，国の責任として必要かつ相当な範囲で保護を行う制度である。ここには，国が身体の拘束を解く場合にも，もしその拘束によって本人が社会生活の復帰の方途を失っていれば，保護措置を与えることは国の責務であるという理念が表れている。

　更生緊急保護は，身体の拘束を解かれた直後に直面する特有の問題に配慮し，社会復帰の条件を緊急に整備して再犯・再非行を防ぎ，善良な社会の一員とし

て自立し，改善更生することを助けることを目的としている。すなわち，刑事政策的見地からなされる制度であり，社会福祉の施策とは目的が異なっている。更生緊急保護の内容は，①宿泊場所の供与，②食事の給与，③宿泊場所への帰住旅費の給与・貸与，④就業又は生活援助のための金品の給与・貸与，⑤住居等の援助，⑥医療・療養の援助，⑦就労の援助，⑧教養訓練の援助，⑨社会生活適応に必要な生活指導，⑩生活環境の改善・調整，⑪その他健全な社会生活を営むために必要な助言その他の措置であり，社会福祉の支援の内容と非常に似ている。しかし，更生緊急保護は犯罪をした者及び非行のある少年に対して改善更生を目指して働きかける側面を持つ。応急的に必要な金品やサービスを提供する措置もあるが，その一方で本人の自立を促進するため助言等により支援する措置もある。つまり，人間として保障されるべき最低限の生活の安定のための援助といった福祉的支援と犯罪的傾向の改善といった犯罪・非行に導く要素に焦点を当てた働きかけからなると言える。強制力を伴わない任意的な措置でありながらも刑事政策上の制度として更生緊急保護が存在するゆえんである。

　さらに，近年では罪を犯した者に対する福祉的支援の重要性や必要性が認識され，司法と福祉の連携が行われている。更生緊急保護制度が成立した当時は，いわば（罪を犯した）生活困窮者に対する支援としての要素が強く，福祉制度につなぐための一時的・緊急的な措置として位置付けられていた。刑務所出所後の「出口」段階において，更生緊急保護は満期釈放者対策として従来から重要な役割を果たしてきたが，福祉制度が発展し，さらに「出口支援」や「入口支援」が行われるようになってからは，更生緊急保護は単に福祉制度を補い，橋渡しするだけではなく，多様な問題を抱えた対象者に対して，より積極的に運用されるようになった。時代の変化とともに，更生緊急保護の重要性が改めて見直されつつあり，新たな意義が求められている。　　　　　　（石田咲子）

参考文献

(1) 池田浩三（1951）「更生緊急保護法をめぐる諸問題（下）」，『更生保護』第2巻1号，4-9.

(2) 松本勝編（2019）『更生保護入門〔第5版〕』成文堂

更生緊急保護の対象と内容

　更生緊急保護の対象となるのは，次の者であって，刑事上の手続又は保護処分による身体の拘束を解かれた者である。

　①懲役，禁錮又は拘留の刑の執行を終わった者…刑事施設を満期釈放となった者を始め，仮釈放期間を終了した者や，法44条1項（刑事施設等に収容中の者の不定期刑の終了）及び法78条1項（仮釈放者の不定期刑の終了）の規定により刑の執行を受け終わった者も該当する。また，懲役，禁錮又は拘留の刑を言い渡され，未決勾留日数の通算により執行すべき刑期が残らない者であって，その判決が確定した者及び懲役，禁錮又は拘留の刑を執行中に大赦又は特赦により赦免された者も，これに該当する。

　②懲役，禁錮又は拘留の刑の執行の免除を得た者…恩赦により刑の執行を免除された者は，これに該当する。

　③懲役又は禁錮につき刑の全部の執行猶予の言渡しを受け，その裁判が確定するまでの者…刑法25条の2第1項の規定により保護観察に付する旨の言渡しを受けた者を含め，刑の全部の執行猶予の言渡しの裁判が確定するまでの者が，これに該当する。

　④上記③の者のほか，懲役又は禁錮につき刑の全部の執行猶予の言渡しを受け，保護観察に付されなかった者…刑の全部の執行猶予の言渡しの裁判が確定した者であって，保護観察に付されなかった者が，これに該当する。

　⑤懲役又は禁錮につき刑の一部の執行猶予の言渡しを受け，その猶予期間中保護観察に付されなかった者であって，実刑部分の執行を終わった者

　⑥訴追を必要としないため公訴を提起しない処分を受けた者…検察官により不起訴処分を受けて釈放された者のうち，犯罪の嫌疑はあるが犯情等を考慮して起訴猶予とされた者が，これに該当する。不起訴処分を受けた者でも，嫌疑なし，嫌疑不十分とされた者や訴訟条件の欠如を理由に不起訴とされた者については，犯罪をした者の改善更生を助けることを目的とする更生緊急保護の対象とはならない。なお，公訴提起前又は公判係属中に大赦により刑事上の手続による身体の拘束を解かれた者も含まれる。

　⑦罰金又は科料の言渡しを受けた者

　⑧労役場から出場し，又は仮出場を許された者

⑨少年院から退院し，又は仮退院を許された者（保護観察に付されている者を除く。）…満齢若しくは期間満了により少年院から退院した者，少年院収容中若しくは少年院仮退院中に地方更生保護委員会の決定により退院を許された者又は仮退院期間が満了となった者が，これに該当する。

　法85条1項においては，更生緊急保護の内容として，以下の事項を掲げている。①金品を給与し，又は貸与すること，②宿泊場所を供与すること，③宿泊場所への帰住を助けること，④医療又は療養を助けること，⑤就職を助けること，⑥教養訓練を助けること，⑦職業を補導すること，⑧社会生活に適応させるために必要な生活指導を行うこと，⑨生活環境の改善又は調整を図ること。

　具体的には，更生保護施設等に委託して宿泊保護を行うこと，食事を給与すること，住居等への帰住を助けるための旅費を給与し又は貸与すること，当面の生活を助けるために必要な金銭・衣料・器具その他の物品を給与し又は貸与すること，公共職業安定所と連携協力して就労のための助言その他の措置をとり又は職業訓練を実施すること，自律協調の精神を会得させ健全な社会生活を営むために必要な態度・習慣・能力を養わせるよう生活指導を行うことなどが，更生緊急保護として実施される（犯罪をした者及び非行のある少年に対する社会内における処遇に関する規則116条，117条）。

　なお，更生緊急保護は，その対象となる者が，進んで法律を守る善良な社会の一員となり，速やかに改善更生する意欲を有する者であると認められる場合に限り行うものとされている（同規則115条）。　　　　　　　　（山内直也）

参考文献

社会福祉士養成講座編集委員会編（2017）『新・社会福祉士養成講座　20　更生保護制度』第4版，43-44，46-47.

出口支援と入口支援

「出口支援」という言葉は，主として，刑務所等から出所する出口の段階での高齢者，障害者等への福祉的支援を指して使われている。2009 年度に「特別調整」の制度が誕生したことが，今につながる出口支援の転換点である。

特別調整は，保護観察所，矯正施設（刑事施設及び少年院），地域生活定着支援センター（以下「定着センター」という。）の三者が中心となって行われる。定着センターは厚生労働省の「地域生活定着促進事業」の枠組みにより，都道府県が社会福祉法人等に委託するなどして運営され，2009 年度から 2011 年度の間に全国に整備された。

特別調整の対象となるためには一定の要件（福祉サービスが必要，出所後の住居がない，支援に同意している等）を満たす必要があり，保護観察所が特別調整対象者に選定し，定着センターに支援を依頼する。定着センターは面接等して支援への希望等を把握・検討し，帰住先となるグループホーム等を調整したり，福祉サービスを受けるための経費等について地方公共団体と調整したりする。特別調整の対象者は地元から離れた矯正施設に収容されていることが多く，調整は，主に希望する帰住先の都道府県にある定着センターが行う。帰住先は，社会福祉施設や民間住宅など様々で，出所後いったん更生保護施設に帰住した後に社会福祉施設等に落ち着く場合も少なくない。

2009 年度，特別調整の制度開始に合わせて指定更生保護施設による特別処遇が開始された。指定更生保護施設は，福祉職員（社会福祉士等の資格を有する。）を配置し，特別調整対象者を含め福祉サービスが必要な者を受け入れ，心身の状況等に応じた処遇を行っている。

次に，「入口支援」という言葉は，一般に，刑事司法の「入口段階」にある被疑者・被告人や起訴猶予等となった者のうち，高齢，障害等で福祉サービスが必要な者に対する支援として使われている。近年，弁護人，社会福祉士，検察庁，定着センター等がそれぞれ支援を行うようになり広まっていった。

保護観察所では，従前から，更生緊急保護の枠組みにより，刑事司法の「入口段階」にある起訴猶予者や罰金等となった者に対し保護を行っていた。その中には高齢，障害等により福祉的なサービスが必要な者も含まれていた。

そのような中，2013 年から「更生緊急保護の事前調整」の試行が開始された。

これは，保護観察所が検察庁と連携する枠組みを新設し，起訴猶予が見込まれる者について，釈放前に保護観察官が面接するなどして希望等を確認し，起訴猶予となって釈放された後に更生緊急保護の措置を実施するものであった。この仕組みは，2015年に「更生緊急保護の重点実施」の試行に変更され，更生保護施設への帰住調整が支援の中心となり，ホームレスへの就労支援が大きな割合を占め，福祉的支援の色彩が薄くなった。

2016年に成立した再犯の防止等の推進に関する法律第21条は「矯正施設における処遇を経ない者」にも必要な施策を講ずるものとした。これを受け2017年に閣議決定された再犯防止推進計画において，高齢者，障害者等に対する効果的な入口支援の推進が求められ，国の施策として本格的な取組が行われるようになった。

これらを踏まえ，2018年度から，特別支援ユニットを設置した19の保護観察所で「保護観察所が行う入口支援」が開始された。この入口支援は，起訴猶予，罰金等となった者が対象となる。高齢又は障害があり福祉サービス等が必要な者に対し，更生緊急保護の措置として福祉的支援を行うもので，支援ニーズの調査，福祉サービスの調整，更生保護施設等の宿泊場所の提供，その後の継続的な生活指導等が行われる。地方公共団体等との連携，継続的な生活指導を明文化したこと等が特徴で，多機関での重層的，伴走的な支援による再犯防止を目指している。また，2018年度開始の「地域再犯防止推進モデル事業」で相当数の地方公共団体が入口支援をテーマとした事業の委託を受けたため，地元の保護観察所が，地方公共団体，定着センター，社会福祉法人等と共に支援に取り組んだ。

同モデル事業は2020年度に終了したが，2021年度からは，厚生労働省予算で運営される定着センターの業務に「被疑者等支援業務」が加えられ，入口支援に果たす定着センターの役割が明確化された。保護観察所と定着センター，そして，関係機関，地方公共団体，社会福祉関係者等が共に取り組む入口支援は，新たなステージを迎えたと言えよう。　　　　　　　　　（調子康弘）

参考文献
(1) 法務総合研究所編 (2018)『平成30年版犯罪白書』
(2) 特集「超高齢化社会と犯罪」(2020),『法律時報』第92巻2号

恩赦制度の沿革

　恩赦制度は世界各国に存在している。例えば，小沢（2018）は，少なくとも，アメリカ，イギリス，フランス及びドイツに恩赦制度が存在することを示し，各国それぞれに根拠法や法的な位置付け，恩赦の種類や運用の在り方などが異なるとした。

　我が国においても恩赦は古くから存在しているが，日本国憲法（昭和21年憲法）制定後に，その制度の位置付けや運用が大きく変化した。

　すなわち，我が国の恩赦は，古くは奈良時代に遡ることができ，主として，天皇の即位，改元，皇室の慶弔などに際し，君主の恩恵として一律に行われていた。また，大日本帝国憲法は，恩赦を天皇の大権事項としており，明治維新後も，恩赦は，やはり，主として，国家又は皇室の慶弔禍福に際し一律に行われていた。一方，日本国憲法は，恩赦を内閣の決定事項とし，天皇はこれを認証することとした（7条及び73条）。そして，昭和22年に内閣に設置された「恩赦制度審議会」が恩赦の新たな運用の在り方等についての最終意見書を示した。その後は，同意見書を踏まえて，わが国では，常時恩赦（次々項参照）を中心とした運用が確立し，現在までその運用が重ねられてきている。

（田中健太郎）

参考文献

小沢春希（2018）「恩赦制度の概要」，国立国会図書館『調査と情報―ISSUE BRIEF―』No. 1027

恩赦の本質と機能

　恩赦は，我が国においては，日本国憲法に基づき，裁判手続によらないで，裁判の内容を変更し，その効力を変更若しくは消滅させ，又は国家刑罰権を消滅させる行為をいう。

　恩赦は，刑事司法の安全弁と言い得る。恩赦は，三権分立の例外をなすものとして謙抑的・補充的に運用されるべきであり，他制度では対処できない場合の最終手段として機能する。恩赦の謙抑性とは，明白にその必要性がある場合に限って行われるべきとする考え方，恩赦の補充性とは，原則として，他に利用可能な制度（例えば，仮釈放制度や再審制度）があれば，まずはそれを活用し，他にとるべき方法がない場合に限り恩赦が行われるべきとする考え方である。

　恩赦制度審議会（前項参照）の最終意見書を踏まえ，観念上は，（ⅰ）法の画一性から具体的に妥当ではない事態が生じた場合，（ⅱ）社会の情勢や法令・判例に大きな変化が生じた場合，（ⅲ）三審制や再審制度，非常上告制度によっては救い得ない誤判が生じた場合，（ⅳ）加害者の事後の行状等に基づき刑事政策的に対応すべき場合に，恩赦は適用され得る。（ⅰ）及び（ⅱ）の具体例として，尊属殺重罰規定への対応が挙げられる。廃止前の刑法 200 条により，例えば，親から激烈な虐待を長年受け続けてきた子どもが思い余ってその親を殺害した場合など，一般的に情状酌量の余地がありそうな事案であっても，裁判官は，一律死刑又は無期懲役刑を言い渡していた。しかし，昭和 48 年の最高裁判所判決は，同条の規定を憲法違反とした。ただ，この判決後も，"十分に情状酌量の余地があるも同条に基づきやむなく無期懲役刑が言い渡され，その刑が確定した者"の刑を有期懲役刑に減ずるには，恩赦によるしかなかった。また，（ⅲ）につきあり得るのは，日本で犯罪をし刑事裁判を受けた外国人が，実際には未成年者であったにもかかわらず，判決確定後にその者の実年齢が判明するなど，制度上再審等の対象にできない誤判があった場合である。（ⅳ）につき，加害者が，判決確定後に反省を徹底的に深め，被害者等への慰謝・慰霊の措置を尽くし，明らかに行状が改まったなどの事情がある場合に，限定的に，刑罰により生じる不利益を減ずることで，その加害者の一層の改善更生を後押しすることがあり得る。

（田中健太郎）

恩赦の種類と効力

　我が国の恩赦は，恩赦法（昭和22年法律20号。以下，この章において「法」という。）上，その実施方法では2種類に，その法的効果では5種類に分類できる（下表参照）。

		大赦 法2・3条	特赦 法4・5条	減刑 法6・7条	刑の執行の 免除 法8条	復権 法9・10条
①政令恩赦		○	×	○	×	○
②個別恩赦	ⅰ 常時恩赦	×	○	○	○	○
	ⅱ 特別基準恩赦					

(1) 政令恩赦と個別恩赦 （実施方法による分類）

　①政令恩赦とは，政令（大赦令や減刑令，復権令）によって，恩赦の対象となる罪や刑の種類，基準日等を定めて，その要件に該当する者について，個別の審査等なしに一律に行われるものである。

　②個別恩赦とは，特定の者について，恩赦を相当とするか否かを個別に中央更生保護審査会が審査し，相当と判断された者について，内閣が決定し，天皇の認証を受けて行われるものである。個別恩赦には，（ⅰ）常時恩赦（※常時いつでも行われるもの）及び（ⅱ）特別基準恩赦（※内閣が一定の基準を設け，一定の期間を限って行われるもの）の2種類がある。

　なお，①及び②の（ⅱ）について，直近では，令和元年に「復権令」及び「即位の礼に当たり行う特別恩赦基準」により実施され，その対象者は両者併せて約55万人と推計された。その他の①及び②（ⅱ）の実施時期や内容の概要は，239頁の表のとおりであり，その詳細は平成9年版犯罪白書や国立国会図書館（2018）に掲載されている。

(2) 大赦・特赦・減刑・刑の執行の免除・復権 （法的効果による分類）

　恩赦の法的効果の違いは，刑による法律上の不利益から整理できる。

　刑によって，（ア）身柄拘束等その刑自体による不利益，（イ）その刑が消滅（刑法34条の2）するまでの間，再び犯罪をしたときに執行猶予が付されなかったり（刑法25条），刑罰が加重されたり（刑法57条）する不利益，（ウ）各地方自治体の犯罪人名簿に記録され，各種の資格上の制限を受ける不利益を被る。

大赦	特赦	減刑	刑の執行の免除	復権
有罪判決前の場合，起訴や有罪判決ができなくなり，有罪判決後の場合，刑の言渡しの効力が失われる。	刑の言渡しの効力が失われる。	刑種が軽くなったり，刑期が短くなったりする。	刑罰を受ける必要がなくなる。	刑を受け終わった者につき，有罪の言渡しによって生じた資格の制限がなくなる。

　恩赦について，これらの不利益に対する効果から整理すると，大赦・特赦は（ア）・（イ）・（ウ）を解消するもの，減刑・刑の執行の免除は（ア）のみ軽減又は解消するもの，そして，復権は（ウ）のみを解消するものと言うことができる。

(3) 法的効果

　有罪の言渡しに基づく既成の効果は恩赦によって変更されない（法11条）。したがって，恩赦が発効しても，例えば，①公職選挙法違反により失職した議員の身分は自動的に回復されない。また，②加害者が被害者等に損害賠償をすべき義務は失われないし，③支払い済みの罰金が返戻されることはない。

　さらに，例えば，恩赦は，運転免許制度上の各種処分の効果を左右しない。仮に，交通違反により，罰金を支払い，かつ，運転免許を取り消され欠格期間が設定された人に，罰金刑に係る大赦・特赦・復権が発効しても，運転免許は戻らないし，欠格期間は短縮・消滅しない。また，いわゆる減点も元に戻らない。これは，刑事手続とは別に設けられた運転免許制度が，刑罰を受けた事実と処分とを，いわば“連動させていない”ことによる。他方，例えば，医師法には，罰金以上の刑を言い渡されその刑が消滅していない人につき，医師国家試験に合格しても医師免許を与えないことができる旨の規定がある（“連動させている”）ため，罰金以上の刑に係る大赦・特赦・復権の発効により，試験に合格すれば免許が与えられる効果が生じる。　　　　　　　　　　（田中健太郎）

恩赦事務の手続

(1) 手続の概要

　個別恩赦（常時恩赦及び特別基準恩赦）の手続については，下図のように整理できる。

　なお，政令恩赦については，前項記載のとおり，政令によって，個別の審査等なしに一律に行われるものであり，このような手続は存在しない。

(2) 個別恩赦の出願

　個別恩赦を受けることを希望する者は，恩赦法施行規則（昭和22年司法省令78号。以下，「規則」という。）1条の2第1項又は3条1項に定められた上申権者に出願する必要がある。

　すなわち，特赦・減刑・刑の執行の免除を受けることを希望する者は，①刑事施設に収容等されている場合，その刑事施設の長に対して，②保護観察中である場合，その保護観察をつかさどる保護観察所の長に対して，③①及び②以外の場合，有罪の言渡しをした裁判所に対応する検察庁の検察官に対して，それぞれ出願をする必要がある。

　ただし，刑の確定後，一定期間経過しなければ，特赦・減刑・刑の執行の免除の出願をすることができないこととされている（規則6条）。具体的には，確定した刑が（i）拘留又は科料である場合，刑の確定から6か月，（ii）罰金である場合，1年，（iii）有期懲役又は禁錮である場合，その刑期の3分の1に相当する期間（その期間が1年に満たないときは1年），（iv）無期懲役又は禁錮である場合，10年を経過しなければ，出願することはできない。なお，これらの期間を経過していないものの出願を希望する場合は，出願に先立ち，中央更生保護審査会に対して，これらの期間の短縮を願い出ることができる。

　また，復権を受けることを希望する者は，①保護観察に付されたことがある場合，最後にその保護観察をつかさどった保護観察所の長に対して，②①以外

の場合は，最後に有罪の言渡しをした裁判所に対応する検察庁の検察官に対して，それぞれ出願をする必要がある。ただし，刑の執行を終わり又は執行の免除があった後でなければ，復権の出願をすることができないこととされている（規則7条）。

　さらに，出願をした者全員に個別恩赦が認められるわけではなく，特赦，減刑，刑の執行の免除又は復権を出願した者については，これらが認められなかった場合，出願の日から1年が経過した後でなければ，更に出願をすることができないこととされている（規則7条）。

(3) 個別恩赦の上申前の調査

　上申権者は，出願者の出願に基づき，後述の中央更生保護審査会に対して，恩赦の上申をする。また，上申権者は，出願に基づかずに職権で恩赦の上申を行うこともできる。

　上申権者は，上申に先立ち，対象者の犯罪の情状や性行，刑を受けている際の行状，将来の生計その他参考となるべき事項について調査をし，結果を上申書に添付する必要があることとされている（規則2条1項3号及び4条1項3号）。

　実際の調査においては，上申の対象者との面接が行われたり，その者が提出した，あるいは提出を求めて収集した資料の内容が分析等されたり，犯罪被害者やその遺族・家族によるものも含めて上申の対象者に対する社会の感情についての資料の収集がなされたりしている。

(4) 中央更生保護審査会の審理

　上申権者からの上申を受けた中央更生保護審査会は，慎重に審理を行い，法務大臣に恩赦を申し出るか否かを判断する。その際，同審査会は，更生保護法90条1項に基づき，審理の対象者の性格，行状，違法な行為をするおそれの有無，その者に対する社会の感情（犯罪被害者やその遺族・家族によるものも含む。）その他の事情について調査し，総合的に恩赦の相当・不相当を判断する。

　なお，中央更生保護審査会とは，委員長1名，常勤委員2名及び非常勤委員2名から構成される，国家行政組織法（昭和23年法律120号）8条に規定する「審査会等」に当たる合議制の機関であり，法務省設置法（平成11年法律93号）及び更生保護法に設置根拠が置かれている。同審査会の委員は，国会の同意を得て法務大臣が任命し（更生保護法6条），その任期は3年であり，議事は出席者の過半数で決する（同法11条）こととされている。

(5) 中央更生保護審査会の審理後の諸手続

　中央更生保護審査会が恩赦相当と認めた事案のみ，法務大臣に対して恩赦の申出が行われ，法務大臣はその事案について閣議請議をする。内閣が閣議にて恩赦を決定すると，天皇がこれを認証する。

　天皇による恩赦の認証が行われると，恩赦の対象となった者に恩赦状が交付され（規則11条2項），また，検察官は，判決の原本に恩赦が認められたことを付記する（法14条）。

　なお，政令恩赦は，前項で指摘したとおり，政令により一律に実施されるものであることから，恩赦状の交付は行われない（規則11条1項）。ただし，検察官による判決原本への付記は行われる。また，政令恩赦のうち大赦令又は復権令の対象となった者は，申し出れば，検察庁からその旨の証明を受けることができる（規則15条）。

　また，恩赦の法的効果の発生時点は，①政令恩赦につき政令の施行時点，②個別恩赦につき天皇の認証時点であると解されている。

　ちなみに，恩赦の発効によって，刑を受けることによる法律上の不利益につきその取扱いが変更される（前項参照）ものの，"ある犯罪行為をして刑事手続において処罰された"という事実は消滅しないことには留意が必要である。すなわち，ある人に大赦，特赦又は復権の効力が及ぶと，各地方自治体の犯罪人名簿からその対象となった人の関係記載が抹消されるものの，検察庁が管理する前科についての情報から記録が抹消されることはない。　（田中健太郎）

現行憲法下（平成まで）の政令恩赦・特別基準恩赦

年次・恩赦事由	政令恩赦			特別基準恩赦
	大赦令	減刑令	復権令	
昭 22.11　終戦恩赦及び憲法公布恩赦における減刑令の修正		○		
昭 27. 4　講和	○	○	○	○
昭 27.11　皇太子立太子礼				○
昭 31.12　国連加盟	○			○
昭 34. 4　皇太子御結婚			○	○
昭 43.11　明治百年記念			○	○
昭 47. 5　沖縄復帰			○	○
平 元. 2　昭和天皇御大喪	○		○	○
平 2.11　明仁天皇御即位			○	○
平 5. 6　皇太子御結婚				○

平成 9 年版犯罪白書を改変

地方更生保護委員会・保護観察所

　更生保護の国の実施機関には，地方更生保護委員会と保護観察所がある。いずれも法務省設置法に設置根拠が置かれている法務省の地方支分部局であり，これを所管する本省内部部局は法務省保護局である。

(1)　地方更生保護委員会

　地方更生保護委員会（以下「地方委員会」という。）は，各高等裁判所の管轄区域ごとに，北から北海道（所在地は札幌市），東北（仙台市），関東（さいたま市），中部（名古屋市），近畿（大阪市），中国（広島市），四国（高松市）及び九州（福岡市。那覇市に分室）の 8 地方委員会が設置されている。

　地方委員会の所掌事務は，更生保護法（平成 19 年法律 88 号）16 条で，次のとおり定められている。

(1)　仮釈放及び仮出場の許可並びに仮釈放の取消し

(2)　少年院からの仮退院及び退院の許可

(3)　少年院からの仮退院中の者についての戻し収容の決定の申請

(4)　不定期刑の終了

(5)　保護観察付執行猶予者の保護観察の仮解除並びに仮解除の取消し

(6)　婦人補導院からの仮退院の許可並びに仮退院の取消し

(7)　保護観察所の事務の監督

(8)　その他法律に定められた事務

　地方委員会は，3 人以上政令で定める人数以内の委員で組織するとされ（更生保護法 17 条），令和 3 年時点において，更生保護法施行令でその上限の人数は 15 人とされている。最多は関東地方委員会で委員 15 人，最少は四国地方委員会で委員 3 人で組織されている。地方委員会委員は，国家公務員法（昭和 22 年法律 120 号）上の一般職の国家公務員であるが，更生保護法 18 条により任期 3 年と定められている任期制の職員で，法務大臣が任命する。更生保護法 19 条で，地方委員会の委員長は，委員のうちから法務大臣が命ずることとされている。令和 3 年時点で地方委員会委員の人数は全国で 66 人であり，そのうち常勤の委員は 57 人，非常勤の委員は 9 人となっている。

　仮釈放を許す処分や仮釈放の取消し，少年院からの仮退院を許す処分など，更生保護法等の規定により決定をもってなされる処分等については，3 人の委

員で構成する合議体でその権限を行うものとされている（更生保護法23条）。

　それ以外の事務については，それぞれの地方委員会に所属する委員全員をもって構成する委員会議の議決によって処理することとされている（更生保護法21条）。その例としては，法務大臣から事務を委任されている更生保護法人に関する許認可等の事務がある。

　地方委員会には事務局が置かれ，保護観察官及び法務事務官が配置されて，合議体の決定等の事務を補佐するとともに，更生保護官署の管区機関としての事務及び生活環境の調整等の地方委員会としての固有の事務に当たっている。

(2) 保護観察所

　保護観察所は，地方裁判所及び家庭裁判所に対応して全国50か所に設置されている（北海道は，札幌，函館，旭川及び釧路の4か所）。管轄区域は，地方裁判所の管轄区域とされている。立川市，堺市及び北九州市に保護観察所支部が置かれているほか，全国29か所に駐在官事務所が置かれている。

　保護観察所の所掌事務は，更生保護法29条で，次のとおり定められており，同法で，その多くの事務の権限は，保護観察所長に属せしめられている。

　(1) 保護観察を実施すること

　(2) 犯罪の予防を図るため，世論を啓発し，社会環境の改善に努め，及び地域住民の活動を促進すること

　(3) その他法律に定められた事務

　(3)のその他法律に定められた事務として，更生保護法に基づき，矯正施設に収容中の者の生活環境の調整，更生緊急保護，犯罪被害者等施策として，保護観察対象者への被害者等の心情等の伝達等の事務がある。このほか，恩赦の上申，心神喪失等の状態で重大な他害行為を行った者の医療及び観察等に関する法律（平成15年法律110号。以下「心神喪失者等医療観察法」という。）に基づく医療観察制度による処遇の実施機関として，同制度の対象者の生活環境調査，生活環境調整及び精神保健観察を所掌している。

　保護観察所には，更生保護法に基づく保護観察，生活環境の調整，更生緊急保護，犯罪予防活動及び犯罪被害者等施策等に従事する保護観察官と，心神喪失者等医療観察法に基づく精神保健観察等に従事する社会復帰調整官が配置されている。令和3年度において，全国の保護観察所の職員定員は1,524人であり，このうち保護観察官の定員は，保護観察所長等の管理職を含めて1,215人，社会復帰調整官の定員は首席社会復帰調整官等の管理職を含めて224人となっている。

（石川祐介）

242

保護観察官

　更生保護法（平成19年法律88号）31条に基づき，地方更生保護委員会（以下「地方委員会」という。）事務局及び保護観察所に置かれる国家公務員である。医学，心理学，教育学，社会学等の更生保護に関する専門的知識に基づき，保護司と協働して，個別の対象者に対する保護観察，生活環境の調整，更生緊急保護を実施するほか，犯罪予防活動，更生保護における犯罪被害者等施策に関する事務に従事する。

　地方委員会事務局には，全国で約150人の保護観察官が定員配置され，受刑者等の釈放後に向けた生活環境の調整，地方委員会委員による仮釈放等の審理のための調査等の事務に当たっている。従来，地方委員会事務局の保護観察官の中心的な業務は，仮釈放等の審理のための調査に置かれていた。しかし，近年は，再犯防止と改善更生の促進のため，矯正施設入所者の釈放後の社会への再統合に向けて，特に帰住地確保を始めとする生活環境の調整業務の重要性が高まっている。

　保護観察所には，全国で約900人の保護観察官が定員配置され，保護観察，生活環境の調整，更生緊急保護，犯罪予防活動，犯罪被害者等施策等の事務に当たっている。

　保護観察官は，人事院が実施する法務省専門職員（人間科学・保護観察官区分）採用試験の合格者の中から採用され，一定期間更生保護関係を中心とする一般行政事務に従事した後に保護観察官に補職される。このほか，国家公務員総合職試験，一般職試験（大卒，高卒区分）からの採用者もいる。

　我が国の保護観察官の業務についての近年の主な動向として，平成19年の更生保護法成立前後のいわゆる更生保護制度改革以降，性犯罪，薬物犯罪，暴力事犯，飲酒運転の各事犯者に対する認知行動療法に基づく専門的処遇プログラムの実施，対象者の状況を踏まえた就労，教育，福祉等の関係機関との多機関連携による指導・支援の実施，地域の協力を得た保護観察対象者による社会貢献活動の実施，そして，令和3年1月からの，RNRモデルを踏まえた統計的な分析ツールであるCFP（Case Formulation in Probation/Parole）による対象者のアセスメントに基づく処遇の実施等が挙げられる。保護観察においては，再犯防止と改善更生に関する組織統一的で専門的な分析手法や指導手法を導入し

てその実効性の向上が図られるとともに，対象者が社会の一員として再犯・再非行のない生活を継続するように就労，福祉，医療，教育等の関係機関や地方公共団体等との多機関連携による処遇が推進されている。これを担う保護観察官には，保護観察による指導そのものについての専門性と，地域の関係機関や社会資源についての知識・理解，そして，これらの関係機関等との連携の中心となって実務を推進するコーディネート能力の向上が求められている。

　こうした事情を背景に，令和3年1月に，保護観察官のほか社会復帰調整官も含め更生保護官署職員が職務を遂行する上で依拠すべき理念である「更生保護行政の組織理念」が制定されている。　　　　　　　　　　　（石川祐介）

更生保護行政における組織理念

使命

　私たちは，犯罪や他害行為をした人の再犯・再他害を防止し，その改善更生・社会復帰を支援するとともに，人が人を支える地域のネットワークを更に広げ，安全・安心な地域社会，そして，「誰一人取り残さない」共生社会の実現を目指します。

行動指針

1　私たちは，法令を遵守するとともに，個人の尊厳と人権を尊重し，地域社会における処遇の主宰者であるという自覚の下，常に自己研鑽に努めるとともに，組織としての使命を全うするため，個々の持てる力を結集して職務を遂行します。

2　私たちは，犯罪や他害行為をした人が，いずれは地域社会の一員として社会復帰できるよう，一人ひとりと真剣に向き合い，粘り強く処遇します。

3　私たちは，事件によって被害を受けた方々の実情を真摯に受け止め，再犯・再他害によって新たな被害を生まないよう取り組むことはもとより，あらゆる職務の遂行が，被害からの回復に資するものとなるように努めます。

4　私たちは，刑事司法関係機関と緊密な連携を図り，責任を持って刑事司法手続の一翼を担うとともに，保護司を始めとする民間の更生保護関係者への感謝と敬意を持ち，充実した協働態勢を構築し，共に行動します。

5　私たちは，地域社会の関係機関・団体と信頼によりつながり，これら機関・団体との行動連携において自らの役割と責任を果たすとともに，安全・安心な地域社会の実現のため，より多様かつ広範なネットワークの構築に努めます。

保護司と保護司組織

　保護司は，社会奉仕の精神を持って，犯罪をした者や非行のある少年の改善更生を助けるとともに，犯罪の予防を図るための活動に従事する民間ボランティアである。法務大臣から委嘱され，身分は非常勤の国家公務員となるが，給与は支給されない。ただし，保護司の職務を行うために要する費用の支給を受けることができ，これを実費弁償金と呼んでいる。

　保護司は保護司法（昭和 25 年法律 204 号）を根拠としているが，同法において，「人格及び行動について，社会的信望を有すること」，「職務の遂行に必要な熱意及び時間的余裕を有すること」，「生活が安定していること」，「健康で活動力を有すること」を委嘱の条件とされており，「禁錮以上の刑に処せられた者」，「日本国憲法の施行の日以後において，日本国憲法又はその下に成立した政府を暴力で破壊することを主張する政党その他の団体を結成し，又はこれに加入した者」，「精神の機能の障害により保護司の職務を適正に行うに当たって必要な認知，判断及び意思疎通を適切に行うことができない者」は，保護司になることができないとされている。保護司は，保護観察所の長が，あらかじめ保護司選考会の意見を聴いて，推薦した者のうちから委嘱される。保護司の任期は 2 年であるが，再任することができる。

　歴史的には，明治 21 年に，慈善事業を行っていた民間組織である静岡県出獄人保護会社が静岡県下に 1,700 名を超える保護委員を配置した。このような動きは他の地域でも広がりを見せ，昭和に入ってからは「司法保護委員」と呼ばれ，昭和 14 年に司法保護事業法（保護司法の制定に伴い廃止）が制定されたことに伴い司法保護委員は司法大臣の命を受けて仮出獄者（現仮釈放者）等の保護に当たるようになった。なお，大正 12 年に施行された旧少年法の下でも，民間篤志家に嘱託して少年審判所の業務に当たらせる「嘱託少年保護司」という制度が存在しており，昭和 23 年に「少年審判所調査員」と改称され，昭和 24 年に新少年法が施行されたことに伴い，司法保護委員に吸収された。司法保護委員は，昭和 24 年 7 月 1 日に施行された犯罪者予防更生法（更生保護法の制定に伴い廃止）に基づく保護観察において，保護観察官と共にその担い手とされていたが，昭和 25 年に施行された保護司法により，名称が「保護司」とされるに至った。

　保護司法において保護司の定数は 52,500 人と定められているが，実際の人

員は令和3年1月1日現在で，46,358人となっている。戦後，保護司の数は昭和37年の49,607人がピークであり，その後昭和60年からは48,000人〜49,000人台で推移し，平成21年に48,936人であった以降は毎年減少傾向にある。保護司の平均年齢も年々高まっており，昭和28年では53.2歳であったが，令和3年では65.0歳となっている（数値は1月1日現在）。このような状況から，保護司の適任者確保が課題となっており，保護観察を行う際に担当保護司を複数指名することなどにより保護司になった後の負担を軽減する取組等が行われている。

　保護司は，法務大臣が都道府県の区域を分けて定める「保護区」に置かれ，原則として，その区域内において職務を行うものとされている。保護区は，特別の事情がない限り，1又は2以上の市区町村の区域をもって定めるものとされており，令和3年1月1日現在，全国に886存在している。保護区ごとに保護司会（以下「地区保護司会」という。）を組織することとされており，保護司は地区保護司会に所属して，自己研鑽や地域における犯罪予防を図るための活動等にも従事することになる。さらに，この地区保護司会が都道府県に置かれている保護観察所管轄区域ごとに「保護司会連合会」を組織することとなっており，この保護司会連合会は地方更生保護委員会管轄区域ごとに「地方保護司連盟」を組織している。

　地区保護司会には，保護司活動を行うための拠点として「更生保護サポートセンター」が設置されている。同センターは保護観察対象者等との面接場所として利用されるほか，保護司同士の協議や情報交換，犯罪予防活動を行う上での企画・実施，情報発信，関係機関との連携等の場としての機能を有している。

　実際の保護司の活動としては，毎月，自宅や更生保護サポートセンターに担当の保護観察対象者を招いたり，その居住先を訪問したりして面接を行い，日常生活の様子を聞きながら，保護司なりの人生経験や知識を活かしつつアドバイスを行う。また，このような保護観察だけでなく，地域の犯罪予防活動として，公開ケース研究会，小中学生向けの薬物再乱用防止教室，講演会といった啓発活動を他の保護司と一緒に行っている。　　　　　　　　　（前川洋平）

参考文献

(1) 更生保護50年史編集委員会（2000）『更生保護50年史（第1編）』
(2) 法務総合研究所編（2020）『令和2年版犯罪白書』

更生保護施設

　罪を犯し，刑務所に入所した者も，いずれは地域社会に戻ることとなる。しかし，頼れる親族もなく，寄る辺がないまま刑務所を出所した者は，その日の食事や宿泊場所にも窮し，結果として再犯に至る事案が少なからず存在している。更生保護施設は，これらの行き場のない刑務所出所者等に対して，一定期間，宿泊場所や食事の提供，就職指導や社会適応のために必要な生活指導を行うことで，その円滑な社会復帰を図る施設である。

　更生保護施設の起源は，明治時代に金原明善，川村矯一郎を中心とした篤志家が，免囚保護などを目的として設立した静岡県出獄人保護会社に求められる。

　日本の更生保護施設は，更生緊急保護法の下では，公益法人としての法人格を有する「更生保護会」が事業経営の中心を担っていた。その後，社会福祉法人と同等の法的及び社会的地位の確立を要請する社会的気運が高まった結果，平成8年に更生保護事業法が制定され，公益法人に代わる特別の法人として「更生保護法人」が創設された。更生保護法人は，更生保護事業法によって，設立や管理，監督に関して，国からの指導監督を受けることとなるが，「更生保護法人」の名称独占も規定されており，更生保護事業を営むに当たって必要となる社会的信頼も担保されている。

　更生保護施設は年間約8,000人の保護観察や更生緊急保護の対象者を受け入れており，仮釈放者の約3割は更生保護施設に帰住している。令和2年4月現在で全国に103か所設置されており，各都道府県に最低1か所設置されているが，大都市圏に集中している。また，女性・少年を受け入れている施設は相対的に少ない。なお，更生保護施設の設置主体のほとんどは，更生保護法人であるところ，平成22年に社会福祉法人南高愛隣会が更生保護施設を設置して以降，更生保護法人以外による更生保護施設の設置・運営もなされている。

　犯罪や非行に至る者には，金銭管理や時間管理，就業継続など社会生活を営む上で必要不可欠な生活能力が身についていない者も多いところ，更生保護施設では，これら基本的な生活能力を身に付けさせるため，家庭的な温かい雰囲気の下，様々な生活習慣，金銭管理，交友関係，就労に関する指導のほか，必要に応じて，医療や福祉のあっせんなども行われている。これに加えて，多くの更生保護施設では，社会生活技能訓練（SST），酒害・薬害教育など被保護者

の社会適応をより効果的に図るための処遇が積極的に行われている。

　さらに，近年では，更生保護施設における処遇を充実させるための様々な取組が進められている。

　平成 21 年度から，更生保護施設において，高齢又は障害によって特に自立が困難であり，社会の中に適当な帰住地がない刑務所出所者等に対する特別処遇が行われている。これは，高齢又は障害により福祉サービス等を必要とするものの，出所後直ちに福祉による支援を受けることが困難な者について，更生保護施設において一時的に受け入れ，医療・福祉機関と連携し，健康維持のための手続の支援や調整，社会生活に適応するための指導や日常生活のための訓練等，その特性に応じた処遇を行うものである。

　また，平成 25 年度から，更生保護施設において，更生保護施設の被保護者のうち薬物依存のある者に対して，薬物依存からの回復に重点を置いた処遇を実施するために，薬物処遇に関する専門職員を配置して，薬物依存からの回復に向けた専門的な処遇を行っている。

　さらに，平成 29 年度から，地域で生活する刑務所出所者等に対する支援を国が更生保護施設に委託する「フォローアップ事業」を実施している。この取組は，更生保護施設退所後，親族等の見守りがない者を中心に，その者の事情をよく知る更生保護施設の職員が，自立に向けた生活上の課題を解決するための生活相談に応じることなどによって，地域生活の安定を図るものである。

　このように，更生保護施設は，行き場のない刑務所出所者等の住居や食事の提供はもちろんのこと，近年では，彼らの更生に必要となる処遇や補導の充実が図られるようになり，国の刑事政策に不可欠な存在として明確に位置付けられるようになった。

　一方で，全国の 7 割を超える更生保護施設が定員 20 人以下の小規模施設であり，充分な職員体制が確保できない中，多くの団体が経営面で苦慮している実情がある。今後は，国と民間がそれぞれの立場から更生保護施設の経営面での課題を整理・検討の上，経営安定のための方策を確立することが求められている。

（原淳一郎）

参考文献

(1) 日本更生保護協会（2019）『更生保護便覧 '19』
(2) 法務総合研究所編（2020）『令和 2 年版犯罪白書』

自立更生促進センター・自立準備ホーム

(1) 自立準備ホーム

　平成23年度から，法務省において，社会の中に多様な居場所を確保する方策として，「緊急的住居確保・自立支援対策」を実施している。これは，刑務所出所後に行き場のない者が数多く存在することを踏まえ，更生保護施設の受入れ機能の強化と合わせて，多様な受け皿の確保を目的としたものである。

　この制度は，あらかじめ保護観察所に登録された民間法人・団体等が保有する施設等において，保護観察対象者等に対して宿泊場所や食事の提供，生活指導（自立準備支援）を，法務省からの委託に基づいて行うものであり，この施設等のことを自立準備ホームという。

　自立準備ホームに登録された施設等の主な形態は，ダルク等の薬物依存症リハビリ施設，社会福祉法人等が運営するグループホーム，ホームレス等の生活困窮者支援を行う特定非営利活動法人などが所有するアパート等となっている。

　このうち，特にダルク等の薬物依存症リハビリ施設に対しては，薬物依存のある保護観察対象者等について，依存性薬物に対する依存の影響を受けた生活習慣等を改善する方法を習得するための薬物依存回復訓練も委託している。

(2) 自立更生促進センター

　自立更生促進センターとは，親族や更生保護施設では受入れが困難な刑務所出所者等に対して，国が設置した一時的な宿泊場所を提供するとともに，保護観察官が常駐して直接，濃密な指導監督と手厚い補導援護を行うことにより，これらの者の改善更生を助け，再犯を防止し，安全・安心な国や地域づくりを推進することを目的として設置されたものである。

　このうち，特定の問題性に応じた重点的・専門的な社会内処遇を実施する施設を「自立更生促進センター」，主として農業等の職業訓練を行う施設を「就業支援センター」という。

　なお，自立更生促進センターは，更生保護法51条2項5号に基づく法務大臣が指定する施設として定められており，入所する仮釈放者には，当該施設に一定期間宿泊して指導を受けることが特別遵守事項として義務付けられる。

　令和2年10月現在，全国で以下の4つのセンターが設置・運営されている。

　・沼田町就業支援センター（北海道雨竜郡沼田町，平成19年10月開設）

　保護観察中の男子少年を対象に，6か月から1年程度の農業訓練を行いながら，保護観察官による生活全般の指導を行っている。具体的には，沼田町が設置する実習農場で様々な農作物の栽培等を行うほか，社会技能訓練として自動車運転免許取得に向けた指導等も実施している。

　センターに入所した少年は，地元で開催される祭り（夜高あんどん祭り）や町民運動会等への参加を通じて地域住民との交流を図っているほか，地域の養護老人ホーム等での清掃活動等の社会貢献活動も行っている。

・福島市自立更生促進センター（福島県福島市，平成22年8月開設）

　仮釈放を許された成人男性を対象に，3か月を入所期間として受入れを実施。保護観察官が綿密な生活実態の把握を行い，それに基づいて生活指導を行うほか，再犯防止プログラム等の専門的な指導を実施している。

　施設の運営には，地域住民の代表，学校関係者，有識者等で構成される「運営連絡会議」が関与することとなっており，入所者やセンターの運営状況等を地域住民等と共有することとなっている。

・茨城就業支援センター（茨城県ひたちなか市，平成21年9月開設）

　主に仮釈放等を許された成人男性のうち，将来的に就農する意欲のある者を対象に，6か月を入所期間として受入れを実施。法務省，厚生労働省及び農林水産省が連携してセンターの入所者の宿泊場所の提供や生活指導，就農に向けた職業訓練や就労支援を行っている。

　生活全般にわたる指導は保護観察官が担っており，センター入所者の改善更生に必要となる指導監督・補導援護のほか，ハローワークや農林水産省関係機関等と連携し，農業法人等への就職に向けた就労支援等も実施している。

・北九州自立更生促進センター（福岡県北九州市，平成21年6月開設）

　仮釈放を許された成人男性を対象に，3か月を入所期間として受入れを実施。保護観察官が特定の犯罪的傾向を改善するためのプログラムを行うほか，集中的な生活指導等を実施している。また，センター近隣の協力雇用主やハローワークの協力を得て，重点的な就労支援を実施している。　　　　　（原淳一郎）

参考文献

法務総合研究所編（2020）『令和2年版犯罪白書』

更生保護女性会

更生保護女性会は，非行や犯罪を防止するとともに，犯罪をした者や非行のある少年の立ち直りに協力し，犯罪や非行のない明るい地域社会の実現に寄与することを目的とする女性のボランティア団体である。

更生保護女性会のルーツは，1883 年，大阪で，池上雪枝が自宅に行くあてのない子どもたちを預かり，母親のように養ったことに遡ると言われている。その後，非行のある子どもたちを母性と慈しみをもって救おうと，全国各地で少年保護婦人協会等の婦人団体の活動が広がり，戦後になると，全国組織が結成された。

現在，更生保護女性会の組織には，市町村等を単位に結成されている地区更生保護女性会，保護観察所を単位とする都府県更生保護女性連盟，地方更生保護委員会単位の地方更生保護女性連盟，全国組織としての日本更生保護女性連盟がある。

2020 年 4 月 1 日現在，全国に 1,285 の地区更生保護女性会があり，14 万 7,686 人の会員が活動している。近年，会員数は減少傾向にあり，会員の獲得は更生保護女性会の課題となっている。

更生保護女性会の活動理念は，1997 年に会員の総意により定められた「更生保護女性会綱領」に定められており「①一人ひとりが人として尊重され，社会の一員として連携し，心豊かに生きられる明るい社会を目指す，②更生保護の心を広め，次代を担う青少年の健全な育成に努めるとともに，関係団体と提携しつつ，過ちに陥った人たちの更生のための支えとなる，③知識を求め自己研鑽に励むとともに，あたたかな人間愛をもって明るい社会づくりのために行動する」を内容としている。これら理念に沿って，地区更生保護女性会においては，様々な工夫をこらし，地域に根ざした多くの活動が行われている。主な活動は次のとおりである。

①ミニ集会活動

地域住民同士で身近な地域の問題について話し合う場を提供する活動。話題は，犯罪・非行，いじめ，子育て，教育問題，環境問題等様々であり，地域住民の関心を高め，地域連帯感を醸成することで地域の犯罪・非行の抑止力を高めようとするものである。

②更生保護施設への援助

　　更生保護施設に対して財政的支援を行うほか，給食奉仕活動としての「お袋の味」の提供や生け花奉仕など，温かい心配りによる活動で施設入所者を精神的に激励している。

③社会貢献活動・社会参加活動への協力

　　保護観察所が行う社会貢献活動や社会参加活動に協力するもの。例えば，福祉施設等での介護や清掃活動の実際の活動場面で少年たちが円滑に活動に参加できるよう，更生保護女性会員が共に活動し，声かけなどの温かい気配りによってサポートを行っている。

④犯罪・非行防止活動

　　"社会を明るくする運動"の一環として，保護司会と連携するなどして，世論の啓発や各種広報活動，講演会の開催など幅広い活動を行っている。

⑤矯正施設への訪問活動

　　刑事施設，少年院等の矯正施設を訪問し，被収容者の誕生会や運動会，盆踊りなどの各種活動に参加し，激励を行うほか，布団や浴衣などの縫製，日用品の寄贈などの活動も行っている。

⑥子育て支援地域活動

　　犯罪や非行のない地域社会作りづくりのため，地域で子どもたちが健やかに育つことが重要であるとして，子育て支援地域活動に取り組んでいる。例えば，福祉施設等での親子のふれあい行事や，子育て問題に関するミニ集会，子育て電話相談等が行われている。

　　最近では，家庭で食事をとることができない子どもに無償で食事を提供する「こども食堂」の取組が広がっている。

（田代晶子）

参考文献

(1) 更生保護50年史編集委員会編（2000）『更生保護50年史（第1編）』
(2) 日本更生保護女性連盟結成55周年記念誌編集委員会（2020）『日更女結成55周年記念誌「地域を編む」』日本更生保護女性連盟

BBS 会

　BBS 運動は Big Brothers and Sisters Movement の略であり，BBS 会は，友愛とボランティア精神を基礎とし，非行のある少年や社会に適応できない子どもたちに「兄」や「姉」のような立場で接し，同じ目の高さで一緒に悩み，一緒に学び，一緒に楽しむことを通じて，立ち直りや自立を支援するとともに，非行防止活動を行う青年ボランティア団体である。

　わが国における BBS 運動の起源は，戦後の混乱の中で，街に溢れる戦災孤児たちが非行に走る現状に心を痛めた京都の学生が，当時，アメリカで広がりを見せていた BBS 運動を参考とした活動を展開した「京都少年保護学生連盟」にあると言われている。その後，同様の学生の組織化が各地に広がり，1950 年には全国組織として「全国 BBS 運動団体連絡協議会」が結成され，現在の日本BBS 連盟へと繋がっている。

　2020 年 1 月 1 日現在，全国に 461 の地区 BBS 会があり，約 5,000 人の会員が活動している。青年が主体のボランティア団体であり，学歴・職業は問わない。

　日本 BBS 連盟においては，運動の普及及び組織の充実発展に伴い，BBS 会員の性格づけ，活動の方法，組織運営について，改めて全国統一を図る必要性から，1957 年に「BBS 会員綱領」を定めた。また，1967 年に採択された「BBS基本原則」が 2004 年に改訂され，非行や犯罪のない明るい社会の建設に寄与するという運動の目的を達成するための実践活動として，「ともだち活動」「非行防止活動」「自己研さん」の 3 領域が規定された。

　さらに国際発信にも力を入れているところであり，2021 年に開催された第14 回国連犯罪防止刑事司法会議に併せて行われた「京都コングレスユースフォーラム」に BBS 会員が参加し，青少年犯罪の予防・罪を犯した青少年の社会復帰における若者の役割等について，海外からの参加者とともに議論を行った。

①ともだち活動

　　ともだち活動は，BBS 活動を特色づけてきた重要な活動であり，非行少年や社会不適応少年と「ともだち」になることを通して彼らの自立を支援する活動である。これは，非行少年に対する再非行防止活動としてのものと，社

会不適応少年に対するものに大別することができる。前者は特に保護観察中の非行少年に対するものであり，その対応は BBS 会員と非行少年の One to One 活動を原則としている。

　しかしながら，ともだち活動の対象となりうる少年事件の減少と複雑困難な事件の増加などの状況の変化を背景に，ともだち活動の件数は停滞傾向にあり，一方で多数の会員が同時にかかわることのできるグループワークが積極的に実施されている。

②非行防止活動

　BBS 会が行う非行防止活動は，青少年や地域社会に広く働きかけ，青少年の健全な発達支援や明るい社会環境作りを行う活動である。例えば，少年たちと会員が，共にスポーツやレクリエーションを行うことによって青少年の健全育成を図ろうとする活動や，児童福祉施設等における学習支援活動，児童館における子どもとのふれあい行事，子ども会活動，学校での心の相談室や総合的な学習への協力等を実施している。

　また，地域住民に対し，少年の非行防止と改善更生の支援に対する理解と協力を求める啓発活動等も行っている。近年では，SNS を通じた広報・啓発活動も活発に行われている。

③自己研さん

　BBS 会員は，社会の一員として，また少年たちの兄や姉として信頼されるように努めるとともに，その活動を行うために必要な知識等の習得のため，BBS 組織や保護観察所等が実施する各種の研修会に参加し，自己研さんに努めている。

（田代晶子）

参考文献

(1) 更生保護 50 年史編集委員会編（2000）『更生保護 50 年史（第 1 編)』
(2) 法務総合研究所（2018）『研修教材更生保護（平成 30 年版)』

協力雇用主・就労支援事業者機構

(1) 協力雇用主

　協力雇用主とは，犯罪・非行の前歴のために定職に就くことが容易ではない刑務所出所者等を，その事情を理解した上で雇用している民間の事業主をいう。これまで協力雇用主については法律上の定義付けがなされていなかったところ，平成28年12月に成立・施行された再犯の防止等の推進に関する法律第14条において「犯罪をした者等の自立及び社会復帰に協力することを目的として，犯罪をした者等を雇用し，又は雇用しようとする事業主をいう。」と規定された。

　協力雇用主は，保護観察対象者を担当した保護司又は更生保護施設が，処遇上の必要から自らの知人や縁故先の事業主等に保護観察対象者の就職について協力を求めたことに始まる。近年は，これに加えて，産業・雇用に関わる行政機関，地元経済団体等の協力を得て，協力雇用主を開拓しようとする活動が活発になってきている。

　また，協力雇用主が相互に連携するために組織を作る例は，昭和30年代頃から見られ，「職親会」「協力雇用主会」「職業補導協力会」等の名称が付けられていた。当時は結成して数年後に活動を休止してしまう会もあるなど，組織の継続性が課題であったが，近年は，刑務所出所者等の就労支援対策の重要性に対する認知度が上がってきたこともあり，全国的に協力雇用主会が組織されている。協力雇用主会では，新たな協力雇用主の開拓や雇用上の課題や効果的な対応方法等の話し合いなどを行っており，保護観察所においても，犯罪情勢や就労支援に係る施策の現状等について研修等を行うなどの協力をしている。

　なお，協力雇用主は，その取組や存在が広く認識されるようになり，登録数は堅調に増加している一方で，実際に刑務所出所者等を雇用している協力雇用主が登録数に比して少ないことや，建設業が半数以上を占めるなど，業種に偏りがあること等が課題となっている。これらの課題に対応するため，法務省では，刑務所出所者等が雇用主に損害を与えた場合等に見舞金が支払われる「身元保証制度」，就労支援に関するノウハウや企業ネットワーク等を有する民間の事業者が，保護観察所から委託を受けて，そのノウハウを活用して刑務所出所者等の就労支援を行う「更生保護就労支援事業」，刑務所出所者等を雇用して指導に当たる協力雇用主に対して奨励金を支給する「刑務所出所者等就労奨励

（就労支援事業者機構の組織体制）

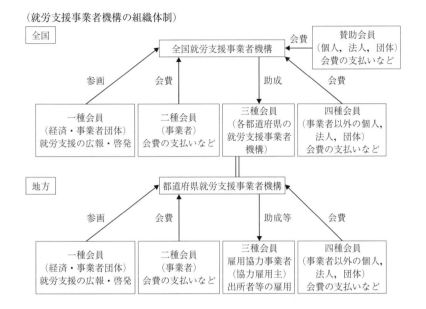

金支給制度」等の施策を実施している。

(2) 就労支援事業者機構

　認定特定非営利活動法人全国就労支援事業者機構（以下「全国機構」という。）は，治安の確保による恩恵は社会全体にもたらされるものであり，刑務所出所者等の就労の確保は，一部の善意の篤志家だけでなく，経済界全体の協力と支援により成し遂げられるべきとの趣旨から，平成 21 年に中央の経済諸団体（日本経済団体連合会，日本商工会議所，全国商工会連合会及び全国中小企業団体中央会）や大手企業関係者が発起人となり設立された法人である。これに続いて，全国 50 か所（各都府県に 1 か所，北海道に 4 か所）で地方単位の都道府県就労支援事業者機構（以下「都道府県機構」という。）も設置されている。全国機構は都道府県機構の活動を，都道府県機構は協力雇用主の活動をそれぞれ支援することで，経済界全体として協力雇用主の下での就労を通じて再犯防止に寄与する取組は，我が国の刑事司法の歴史上画期的な出来事である。　　　　（御子貝知久）

参考文献

(1) 法務省（2019）『平成 30 年版　再犯防止推進白書』141-143.
(2) 更生保護 70 年史編集委員会（2020）『更生保護 70 年史』151-153.

更生保護における被害者等施策の意義と目的

　被害者やその家族は，犯罪によって重大な被害や損害を被る。犯罪者に対する刑や処分が確定しようと，被害者の受けた被害がなくなるわけでも，損害が回復されるわけでもない。刑や処分が行われている間も被害者の痛みや苦しみは続いているのであって，被害者に対する支援の必要性は変わることはない。

　さらに，被害者は，犯罪者の予後と更生に強い関心をもっている。犯罪者が自らの過ちを認め，心から罪を悔いているのか，二度と同じ過ちを繰りかえさぬよう更生を誓い，努力しているのかを知りたいという被害者は多い。犯罪者の更生の状況を全く知り得ないままでは，被害者の心情は満たされず，回復や自立が阻害されかねない。

　また，犯罪者の釈放や退院に不安を感じている被害者も少なくない。再被害や報復の現実性にかかわらず，警察に通報されたり，刑を受けたりしたことで自分を逆恨みしているのではないかと不安に苛まれている者もいれば，犯罪者が再び近隣に帰住するのではないかと怯えている者もいる。

　一方，被害者の中には，自分達が犯罪被害によってどれだけ苦しい思いをしているか，犯罪者にどのような形で責任をとってほしいと思っているかを直接犯罪者に伝えたいと願う者もいる。犯罪者を許すことはないとしても，犯罪者が一度も謝罪しないことに不満をもっている場合も多い。損害賠償など損害回復の要望もある。また，公判や少年審判で事件に関する全てのことが明らかになるわけではないことから，犯罪者から直接，事件について聞いてみたいという被害者もいる。刑事手続のため犯罪者が身柄拘束されてしまうと被害者は犯罪者に心情や要望を伝える機会も，犯罪者に問いただす機会もない。公判における意見陳述や被害者参加の制度も導入されたが，制度の趣旨や実務上の制約から被害者のニーズが全て満たされるわけではない。

　こうした被害者に対する支援の必要性から，2004年に成立した犯罪被害者等基本法が「国及び地方公共団体は，（中略）刑事に関する手続の進捗状況等に関する情報の提供，刑事に関する手続への参加の機会を拡充するための制度の整備等必要な施策を講ずるものとする」（18条）と規定し，これを受けて策定された2005年の第1次犯罪被害者等基本計画が判決や保護処分確定後の加害者情報の提供，被害者の心情等を加害者に伝達する制度，被害者の意見を踏まえた

仮釈放審理，更生保護官署と保護司との協働による刑事裁判終了後の支援等について検討し，必要な施策を実施するよう求めた。さらに，保護観察対象者による重大事件を契機として設置された更生保護に関する有識者の会議がまとめた報告書においても同様の施策が提言されている。

　これらの計画や提言を踏まえ，被害等通知制度が 2007 年に改正され，加害者の仮釈放や処遇状況等について被害者に情報提供する制度が整備される一方，仮釈放等の審理にあたり被害者の意見や心情を聴取する意見等聴取制度と保護観察対象者に対し被害者が心情や被害者の状況，保護観察対象者の生活や行動に対する意見を伝達する心情伝達制度が同年の犯罪者予防更生法と執行猶予者保護観察法の改正によって導入され，更生保護法に引き継がれている。

　さらに，2016 年に成立した再犯の防止等の推進に関する法律に基づいて策定された翌年の再犯防止推進計画でも，心情伝達制度の一層効果的な運用を含め被害者の視点を取り入れた指導の充実を図ることが謳われている。更生保護に被害者の視点を取り入れることで，被害者の支援だけでなく，犯罪者の真の更生につながることが期待できる。かつては，矯正や更生保護の過程に被害者を関与させれば犯罪者の社会復帰を阻害しかねないとの批判も見られたが，社会復帰とは犯罪者が引き起こした被害や被害者の存在を忘れることでは決してない。被害者の苦しみや痛みを正しく認識し，被害者の損害回復に向け真摯に努力することこそが真の更生であり，そのことがまた再犯防止につながるのである。更生保護における被害者施策は，被害者の支援だけでなく，犯罪者の改善更生と社会復帰という処遇の本質に関わるものである。犯罪者の更生と被害者の支援を両立させることが更生保護の課題である。　　　　　　（太田達也）

参考文献

(1) 河原誉子（2007）「更生保護における犯罪被害者等施策」，『法律のひろば』第 60 巻 8 号，38-42.

(2) 太田達也（2017）『仮釈放の理論——矯正・保護の連携と再犯防止』慶應義塾大学出版会

意見等聴取制度

アメリカやイギリスなど海外では，パロール（仮釈放）審理に際して被害者が被害の影響や心情等を記した書面を提出し，又は口頭で陳述を行うことが認められている。我が国では，仮釈放の許可基準たる社会感情の一要素として被害者の感情が考慮されることになっていることから，従前，地方更生保護委員会が行う仮釈放調査において被害者の状況が調査対象とされ，特に重大な事件においては保護観察官が被害者の状況を面会その他適当な方法で調査する被害者等調査が行われてきている。しかし，これは仮釈放の審理に資するために委員会が対象を決めて行うものであって，被害者のためのものではない。

そこで，2007年に意見等聴取制度が導入され，仮釈放又は仮退院（以下，仮釈放等という）を許すか否かに関する審理を行うに当たり，被害者等から，審理対象者の仮釈放等に関する意見及び被害に関する心情を述べたい旨の申出があったときは，地方更生保護委員会（合議体又は委員）が当該意見や心情を聴取するものとされた（更生保護法38条，42条）。受刑者や少年の釈放に不安を抱く被害者や損害回復を求める被害者の心情に配慮するとともに，被害者の意見や心情を踏まえることで仮釈放等の決定や特別遵守事項の設定において適正な判断を行い，その後の保護観察に活かすことが目的である。

被害者等調査と異なり，被害者が主体的に意見聴取の申出を行うことができ，仮釈放等に関する意見を述べることもできる。法律上，被害に係る事件の性質，審理の状況その他の事情を考慮して相当でないと認めるときは意見聴取を行わないものとされているが，実務においてそうした状況は極めて限られている。被害者の支援と仮釈放の適正化という二つの側面において意見等聴取制度の果たす役割は大きい。　　　　　　　　　　　　　　　　　　　　（太田達也）

参考文献

(1) 西﨑勝則（2010）「更生保護における犯罪被害者等施策について」，『矯正講座』第30号，27-45.
(2) 大橋由美子（2018）「意見等聴取の実際」，『更生保護』第69巻11号，43-46.

心情等伝達制度

　更生保護は，刑事司法の一環として，対象者の再犯を防止し，改善更生を助けることにより，社会を保護し，個人及び公共の福祉の増進を目的とする制度であるから，被害者の回復への寄与は当然であり，自らが犯した犯罪等による被害の実情を直視させ，反省や悔悟の情を深めさせることが必要である。

　このもと，2007年に導入された更生保護における４つの犯罪被害者等施策の中でも，心情等伝達制度は，意見等聴取制度と共に，更生保護法に規定（65条）され，被害者の加害者処遇への関与を容認したものである。

　心情等伝達制度は，被害者等から心情等の伝達の申出があったときに，原則として，保護観察所の被害者等の専任の保護観察官（被害者担当官）が口頭でその心情等を聴取し，作成した聴取書について，保護観察対象者の処遇を担当する保護観察官が朗読して伝達を行うものである。

　また，心情等伝達を実施した場合は，被害者等に伝達結果を通知するが，被害者等の希望により，結果に加え，伝達を受けた心情等や被害弁償又は慰謝の措置等の発言を通知することができる。

　さらに，再度の心情等伝達制度の利用も妨げず，複数回の伝達を行うことにより，謝罪と被害弁償が実行された事案もある。

　心情等伝達は，ただ被害者等の心情を伝えるためだけの制度ではない。加害者である保護観察対象者を担当する保護観察官は，心情等の伝達後，当該対象者がその心情等を適切に受け止め，その後の具体的な行動に結び付くよう必要な指導等を行うことが，被害者等が望む姿なのである。

（西﨑勝則）

参考文献

(1) 法務省保護局総務課被害者等施策班（2018）「更生保護における犯罪被害者等施策と被害者等の視点を踏まえた保護観察」，『更生保護』第69巻11号，6-11.
(2) 伊藤冨士江（2016）「更生保護における犯罪被害者等施策・心情等伝達制度の現状と課題：全国の被害者担当官・被害者担当保護司を対象にした調査をもとに」，『被害者学研究』第26号，53-68.

被害者等通知制度

1999 年から，裁判確定前の加害者に関する被害者等への通知（被害者等通知制度）が検察庁において開始され，2001 年から，刑事施設からの釈放等についても通知がなされるようになり，さらに，2004 年に成立した犯罪被害者等基本法に基づき 2005 年に閣議決定された第一次犯罪被害者等基本計画を受け，2007 年から，保護処分も含め，矯正段階と共に，更生保護段階における処遇等に関する情報についても被害者等通知の対象とされた。

更生保護段階における通知は，地方更生保護委員会が行う仮釈放等審理の開始及び結果に関する事項と，保護観察所の長が行う保護観察の開始，保護観察中の処遇状況（特別遵守事項や生活行動指針の内容，毎月の保護観察官又は保護司との接触状況等）及び保護観察の終了に関する事項を通知するものである。

また，本通知によって，意見等聴取制度や心情等伝達制度の利用可能な時期等が把握できることから，これらの制度の利用の契機となり得ることが期待されているものである。

通知が可能な事項は，上記に掲げるとおり，客観的事実に基づくものに限られており，対象者の住所等の個人情報や，「反省している」や「がんばっている」等の主観に基づく情報については，現状では通知対象となっていないが，限られた通知事項については被害者等からの不満も大きく，第二次犯罪被害者等基本計画において通知事項の拡充が図られるとともに，更生保護の犯罪被害者等施策の在り方を考える検討会（2020）でも指摘があり，通知事項の拡充の検討が行われている。

上記のとおり，本通知制度により加害者の仮釈放等審理や保護観察の状況等を国が通知することは，刑事司法に対する被害者を始めとする国民につながるとともに，その適切な実施に資するものとなっている。　　　（西﨑勝則）

参考文献

更生保護の犯罪被害者等施策の在り方を考える検討会（2020）『「更生保護の犯罪被害者等施策の在り方を考える検討会」報告書』

相談・支援と各施策の実務担当者

　2007年から，保護観察所においても，被害者等に対する相談・支援を行うことが規定された。この施策は，法律の条文に根拠は持たないものの，犯罪被害者等基本計画を踏まえ，行政上の運用として実施している。

　刑事手続について，犯罪被害者等に十分な配慮をし，その負担の低減を図ることは，刑事司法にかかわる行政機関の重要な責務であるが，事件から時間が経過してもなお相談や支援が必要な犯罪被害者等にとって，刑事司法の最終段階にある更生保護官署が相談窓口を持つことの意義は大きい。

　相談・支援の内容は，①相談・紹介等（被害者等からの相談に応じ，その悩み，不安等を傾聴し，その軽減・解消を図るとともに，関係機関等の紹介を行い，その連絡等を補助するもの），②問合せへの対応（被害者等からの問合せに応じ，更生保護における犯罪被害者等施策の内容や，その他の被害者支援の諸制度の内容，その他刑事手続の内容等の説明や情報提供を行うもの），③被害者等の関与に係る制度の利用の支援（意見等聴取制度における助言，付添い，同席，代筆・心情等伝達制度における助言・同席）がある。

　更生保護官署は，保護観察官を配置し，また，全国の保護区に保護司を配置し，保護観察等の犯罪をした人や非行のある少年の更生保護に関する業務等を行っているものであるが，犯罪被害者等基本計画に基づく各制度の運用の検討に当たり，被害者等施策の適正な運用を図ることに加え，犯罪被害者団体等からの要望等を踏まえ，保護観察所に被害者等の対応に専任する保護観察官（被害者担当官）を1名以上配置するとともに，男女1名以上の被害者担当保護司を保護司の中から指名し，配置している。

　被害者担当官の主な職務は，心情等伝達制度における心情等の聴取の事務を行うほか，加害者の保護観察を担当する保護観察官に対し，効果的な伝達のための配慮等を行うことで，犯罪被害者等施策の適切な実施に努めている。

　また，被害者担当保護司は，被害者等からの相談・支援などを通じ，被害者等の心に寄り添い，被害者等の回復に寄与することが期待されている。

　なお，保護観察所では，被害者等から安心して相談等を受けるために，専用の電話回線を設けているほか，更生保護官署では，被害者等が安心して相談，申出，意見等の陳述を行うための専用の相談室等の整備に努めている。（西﨑勝則）

犯罪予防活動

　法1条では，同法の目的の一つとして，「犯罪予防の活動の促進」を掲げ，法29条2号では，犯罪予防に関する事務を保護観察所の所掌事務としている。また，保護司法1条では，犯罪の予防のために世論の啓発に努めることを保護司の使命とし，同法8条の2では，保護司会が計画する犯罪予防活動及び同活動を行う民間団体等への協力を保護司の従事する事務としている。

　更生保護における犯罪予防活動は，犯罪者の更生のみならず，全ての国民を対象とした犯罪・非行の未然防止を目的としており，また，一般的な犯罪予防活動と比べると，犯罪を誘発する諸条件を除去する活動（状況的犯罪予防）よりも，犯罪や非行を抑制する内的因子を強化助長する活動（社会的犯罪予防）に重点を置いた活動が多いとされる。

　保護観察所が所掌する犯罪予防活動の内容として，更生保護法では，世論の啓発，社会環境の改善及び地域住民の活動の促進を挙げており（法29条2号），それは取り分け“社会を明るくする運動”の一環として，更生保護ボランティアと連携して行われることが多い。

　このうち，世論の啓発としては，マスメディアやSNSを通じた広報や，地域住民を対象にした非行防止教室，講演会等が，また，社会環境の改善としては，防犯パトロールや小・中学校外での声掛け，挨拶運動，若年者を対象としたレクリエーション等の青少年健全育成活動等が例として挙げられる。さらに，こうした活動がより効果を上げるためには，地域住民の参加を得て行われることが重要であり，更生保護ボランティアの活動支援や，PTAや町内会等が行う犯罪予防活動への協力やそれらの活動の促進が重視されている。

　犯罪予防活動は，政府を挙げた初の総合的犯罪対策である「犯罪に強い社会の実現のための行動計画」（平成15年12月決定）や同計画に続く各種対策のほか，再犯の防止等の推進に関する法律においても，その趣旨が反映されているなど，安全・安心な地域社会を築く上での重要な活動として位置付けられている。

（富樫伸介）

社会を明るくする運動

　犯罪予防活動として，全国規模で組織的に行われている啓発活動に"社会を明るくする運動"がある。この運動は，昭和24年に犯罪者予防更生法が施行され，同法の思想に共鳴した東京・銀座の商店会連合会の有志によって，7月13日から1週間にわたって実施された「銀座フェアー」が始まりとされている。昭和25年7月1日から10日間は，「矯正保護キャンペーン」として実施され，昭和26年から"社会を明るくする運動"の名称となった。運動期間は，昭和27年以降の当初は毎年7月1日から1か月間とされていたが，その後，1年を通じての運動となり，7月は強調月間と位置付けられた。

　"社会を明るくする運動"は，法務省が主唱し，中央，都道府県及び市区町村等を単位として，運動の趣旨に賛同した機関・団体が推進委員会を構成し，各地域の実情に応じた活動を企画・実施している。活動内容としては，小中学生を対象とした作文コンテストを始め，街頭広報活動，講演会，住民集会，非行相談，親子の触れ合いを目的としたワークショップ等が挙げられる。このような運動を続ける中で，地方公共団体，学校，警察，ボランティア団体等地域の関係機関・団体との連携強化，地域住民との連帯感の醸成や地域のきずなづくり，若年層への非行問題の啓発等において，一定の成果を上げ，犯罪や非行のない地域づくりに大きく貢献してきた。平成21年の第59回運動からは，それまで実施委員会としていた組織を推進委員会と改称し，社会経済情勢に応じた「行動目標」「重点事項」の設定を始めた。また，第60回運動では，運動の趣旨を分かりやすく表わすために，「犯罪や非行を防止し，立ち直りを支える地域のチカラ」という副題が加えられ，さらに，第61回運動からは，犯罪のない幸福な社会づくりに取り組む決意のしるしである「幸福の黄色い羽根」を"社会を明るくする運動"の各種行事において胸に着用するなどしている。

　令和2年に，"社会を明るくする運動"は第70回の節目を迎えた。運動の実施要綱において，従来の行動目標及び重点事項が，「この運動が目指すこと」「この運動において力を入れて取り組むこと」とされ，分かりやすく改訂された。新型コロナウイルス感染症の影響により，従来のような活動の展開が困難となる中で，インターネットやSNSの各種ツールを用いるなどして，時代の変化に応じた，新たな運動の在り方が求められている。　　　　　　　　（小美濃慶子）

医療観察制度の意義と目的

(1) 意義

　我が国の医療観察制度は，平成15年7月10日，第156回（通常）国会において可決成立し，平成17年7月15日に施行となった「心神喪失等の状態で重大な他害行為を行った者の医療及び観察等に関する法律（平成15年法律110号）」（以下「医療観察法」という）に基づく処遇制度である。制度においては，心神喪失又は心神耗弱の状態で重大な他害行為を行い心神喪失又は心神耗弱が認められ，不起訴処分となるか，心神喪失を理由として無罪の裁判が確定した人，又は心神耗弱を理由として刑を減軽する旨の裁判が確定した人（実刑となる場合は除く）が対象となる。「重大な他害行為」とは，刑法の殺人，放火，強盗，強制性交等，強制わいせつ（これらについては未遂も該当），傷害（軽微なものは検察官による申立てをしないことができる）の罪に当たる行為である。従来，重大な他害行為を行った精神障害者に対する医療を提供するための特別な法的枠組みはなく，もっぱら「精神保健及び精神障害者福祉に関する法律」（昭和25年法律123号，以下「精神保健福祉法」という）の規定による措置入院制度等によって対応することが通例であったが，一般の精神障害者と同様のスタッフや施設下では，必要となる専門的な治療が困難であること，退院後の継続的な医療を確保するための実効性ある仕組みがないこと，都道府県を越えた連携を確保することができないことなどの問題があると指摘されていた。こうした点について，欧米先進諸国においては，司法精神医療を提供するための裁判所にある手続を有する例が多くある。我が国においては初めて医療観察法に基づいて，①裁判所が入院，通院などの適切な処遇を決定するとともに，②国の責任において手厚い専門的な医療を統一的に行い，③地域において継続的な医療を確保するための仕組みが盛り込まれた医療観察制度が創設された。それによって，司法・厚生・法務・自治体等の各分野が一定の役割を担う形をとって運用されることとなったのは意義を有する。

(2) 目的

　医療観察制度では，最終的には対象となる方の社会復帰を促進することを目的としている。精神の障害のために善悪の区別がつかないなど，通常の刑事責任が問えない状態のうち，まったく責任を問えない場合を心神喪失，限定的な

責任を問える場合を心神耗弱という。このような状態で重大な他害行為が行われることは，被害者に深刻な被害を生じさせるだけではなく，精神障害者がその病状のために加害者となるという点からも，大変不幸なことである。そして，このような状態の人については，必要な医療を確保して病状の改善を図り，再び不幸な事態が繰り返されないよう社会復帰を促進することが重要となる。

　医療観察法1条1項に「この法律は，心神喪失等の状態で重大な他害行為（他人に害を及ぼす行為をいう，以下同じ）を行った者に対し，その適切な処遇を決定するための手続等を定めることにより，継続的かつ適切な医療並びにその確保のために必要な観察及び指導を行うことによって，その病状の改善及びこれに伴う同様の行為の再発の防止を図り，もってその社会復帰を促進することを目的とする」と規定され，次に，同条2項では「この法律による処遇に携わる者は，前項に規定する目的を踏まえ，心神喪失等の状態で重大な他害行為を行った者が円滑に社会復帰をすることができるように努めなければならない」と処遇に携わる者の責務が定められている。

　本法の目的を達成するため医療観察制度では，入院の必要性が認められた者は指定（入院・通院）医療機関による医療を受けることとなる。この医療は医師や精神保健福祉士などの多職種チームが編成され処遇を行うこととなる。また，入院等の決定を含めて，本制度による処遇の要否は，すべて地方裁判所（裁判官と精神科医との合議）が行う仕組みとされ，入院や通院の決定を受けた者は，この法律による医療を受ける義務が課せられることとなる。さらには，対象となる者の社会復帰を支援する機関として，新たに「保護観察所」が加わった。保護観察所には「社会復帰調整官」が配置され，継続的な医療を確保するために対象者の観察，指導を行うとともに，必要な援助が行われるよう都道府県・市町村等と緊密な連携を確保している。医療観察制度では，多機関・多職種が関与し目的達成のために努めている。最後に，医療観察法の附則第3条「精神科医等の水準の向上」では，指定医療機関における医療のほか，一般の精神医療や精神保健福祉の水準の向上を図るべきと政府の責務が規定され，本制度が目指す方向性が示されていることを銘記したい。　　　　　　　　（長舩浩義）

参考文献

「特集　精神医療と刑事司法」，『法律のひろば』Vol. 56・No10，ぎようせい（2003）

社会復帰調整官の役割

　医療観察法における社会復帰調整官の主な役割は，検察官による申立て（医療観察法33条）があった段階から一貫して対象者に関与することと，地域社会における処遇のコーディネーターである。具体的な業務は生活環境の調査，生活環境の調整，処遇実施計画の作成及び見直し，精神保健観察の実施等を行うことである。ほかに，平素からの連携やケア会議の開催等を通じて，関係機関との緊密な連携体制を築く役割もある。さらに，精神医療等の水準の向上の一助も担っている（医療観察法附則3条）。これらの役割を遂行するために，保護観察所に社会復帰調整官が配置された（医療観察法20条）。

　社会復帰調整官は医療観察法の成立により新たに作られた職名であることから，多くの役割を期待されている。松原三郎が「本人が拒否しても，社会復帰調整官が強制的に受診を行わせることができるような法的整備が必要である」と述べているとおり，社会復帰調整官は強制力を求められることがある。それは，保護観察所の長が通院処遇中の対象者の処遇の終了又は通院期間の延長（医療観察法54条）だけではなく，再入院等（医療観察法59条）の申立てを地方裁判所にできるためであろう。

　社会復帰調整官として割り当てられた役目を適切に遂行するためには高度で専門的な知識と経験を積み重ねて培った技術が必要である。しかし，期待されているからといってその役割を盲信的に遂行してはならない。そして，上述の役割を形式的に遂行するだけでよいというものでもない。社会復帰調整官の最終的な役割は「不幸な事件が再び起こることがないように対象者の病状の改善及びこれに伴う同様の行為の再発の防止を図り，被害者や対象者家族等だけではなく，児童や老人等誰もが安心して共に生きる地域社会を作る」であり，これに照らして最善を尽くすことが肝要である。　　　　　　　（垣内佐智子）

参考文献

(1) 法務省保護局（2020）『心神喪失者等医療観察法による地域処遇ハンドブック』法務省保護局

(2) 松原三郎（2009）「医療観察法対象者の地域サポートの将来像」，『臨床精神医学』38（5），641-645.

生活環境の調査の目的

　医療観察法（以下「法」という）42条では，検察官の申立て（法33条1項）による当初審判（以下「当初審判」という）において，裁判所は，処遇の要否及び内容を決定するに当たり，法37条1項に規定する鑑定を基礎とし，かつ，当該鑑定を命ぜられた医師の意見及び対象者の生活環境を考慮しなければならないとされている。これらは，退院の許可又は入院継続の確認の決定（法51条），処遇の終了又は通院期間の延長の決定（法56条）及び（再）入院等の決定（法61条）に係る各審判でも同様である。

　対象者の生活環境については，裁判所が行う事実の取調べ（法24条）や，検察官又は対象者等の提出した資料（法25条）によってもある程度明らかになるが，これらの情報だけでは，必ずしも十分とは言えない。そこで，裁判所は，保護観察所の長に対し，対象者の生活環境を調査させ，その結果を報告させることができるとされている（法38条）。

　このように生活環境の調査は，裁判所からの嘱託に基づき，対象者の社会復帰の促進という法の目的に照らし処遇の要否及び内容に関する適切な決定がなされるよう必要な資料を合議体に提供するために実施するものである。なお，前述の法51条，法61条に係る処遇事件が係属した場合にも，必要に応じて生活環境の調査が嘱託されることとなる。

生活環境調査の方法と内容

　保護観察所が調査する事項は，住居の状況，生計の状況，家庭の状況，過去の生活及び治療歴，想定される指定通院医療機関や利用可能な精神保健福祉サービスの状況，そのほか特に裁判所から指示された事項等である。これらについて，対象者や家族との面接，関係機関への照会等の方法で実施する。

(1) 対象者への調査

　対象者との面接では，これまでの生活や対象行為を振り返り，今後の希望等を聴取していくとともに，対象者の心情やニーズも調査内容に反映させていく。なお，鑑定入院期間中に劇的に症状が改善する場合や，住居や生計などの生活環境が大きく変化する場合もあるため，鑑定医療機関とも連携しながら対象者

の状況の把握にも努めていく。

(2) 家族への調査

　家族との面接では，これまでの対象者の生活状況，退院後の対象者との同居の意思，同居の障害となっている問題，それを解消する方法や方向性などについて聴取するとともに，対象行為や対象者に対する家族の心情を受け止めるなどの様々な配慮と慎重さが求められる。特に家族が被害者である場合，家族の感情は大変複雑であり，特段の配慮が必要となる。

(3) 関係機関への調査

　法22条では，官公署や医療機関その他の公私の団体に照会し，必要な報告を求めることができるとされている。同条に基づいて，受診歴のある医療機関，精神保健福祉センター，保健所，市町村への調査を実施し，治療継続をサポートする医療機関や精神保健福祉関係機関による支援体制の状況について把握し，今後の社会復帰に必要な課題を明らかにする。

　これらの調査結果に基づき，居住予定地において継続的な医療が確保できるかに関し，保護観察所の長の意見を付して，裁判所に報告することとなる。

　なお，当初審判において，入院決定又は通院決定のいずれになったとしても，円滑な地域処遇への移行が求められるため，調査の段階から地域処遇を想定した検討をしておくべきである。特に，当初審判において通院決定となることが見込まれる場合には，限られた時間の中で早急に地域処遇体制を整備することが求められるため，そのことを念頭に置いて調査を進めなければならない。

　生活環境の調査を実施していくことを通じ，生活環境調整及び精神保健観察への円滑な移行のために，基本的に，(1) 社会復帰調整官との信頼関係，(2) 指定通院医療機関側との治療関係及び信頼関係，(3) 援助側との信頼関係をそれぞれ構築しておくことが大切である。　　　　　　　　　　（佐藤　敬）

参考文献

(1) 日立みらい財団（2012）『犯罪と非行』No.174
(2) 白木功・今福章二・三好圭・稗田雅洋・松本圭史（2013）『「心神喪失者等の状態で重大な他害行為を行った者の医療及び観察等に関する法律」及び「心神喪失者等の状態で重大な他害行為を行った者の医療及び観察等に関する法律による審判の手続等に関する規則」の解説』法曹会

生活環境の調整の目的

医療観察法における生活環境の調整は，地方裁判所の審判において入院処遇の決定を受け，指定入院医療機関に入院した対象者について，退院後，地域において再他害行為を防止するために必要な適切な医療を確保し，その社会復帰を促進することを目的として行う。具体的には，退院後に通院する指定通院医療機関や地域関係機関による援助体制を調整するとともに，居住地，生計，家族関係等の調整を通して生活基盤を確保していく。

実際に生活環境の調整を実施するのは保護観察所の社会復帰調整官である。しかし，調整する事項は多岐に渡るため，多くの機関が連携して行う必要がある。医療観察法の特徴は，様々な職種や機関が連携して医療及び援助を提供することである。これらのコーディネートが社会復帰調整官の大きな役割である。

生活環境の調整に必要な視点は，対象者の社会復帰の促進である。その対象者らしい生活基盤を確立していくことが，結果的に再他害行為を防止する。そのため，対象者の希望や意向を尊重することが重要である。

退院後の居住地の設定

実際の生活環境調整は，対象者の居住地を管轄する保護観察所が，指定入院医療機関の所在地を管轄する保護観察所と連携して実施する。

居住地設定については，『地域処遇における処遇のガイドライン』に基づき，①居住地の存する市町村，②居住地の存する都道府県，③相当期間の居住経験を有するなど，適切と考えられる都道府県の順にしたがって調整する。実際には，ガイドラインを参照しつつ，対象者の希望，医療の内容，地域関係機関による援助の内容も踏まえて調整する。

調整の過程で，新たな居住地が検討される場合もある。その場合は，新たな居住候補地を管轄する保護観察所に対し，調整の共助を依頼する。その結果として新たな居住地が選定された場合は，生活環境調整事件を移送する。

退院後の居住形態については，独居，家族との同居，社会復帰施設等多様な選択肢がある。居住形態に関しても，対象者の希望を踏まえつつ，適切な医療の確保，援助体制の構築状況等を踏まえ，適切な居住地を考えていく。

そのため，退院後の居住地は治療の進展具合を考慮しながら，協議を繰り返して選定する。

退院に向けての調整

退院に向けての調整は，入院処遇開始当初から行われる。社会復帰調整官は，退院に向けて入院の初期段階から対象者と面接し，対象者の希望や意向，対象行為に対する内省，疾病の理解等を確認する。また，定期的に指定入院医療機関で開催される CPA 会議（Care Program Approach 会議）に出席し，対象者，家族，指定入院医療機関治療チーム，地域関係機関などを交え，退院後に必要な医療の内容，緊急時の介入方法，居住地，指定通院医療機関，援助体制等を検討していく。

入院処遇のステージは急性期，回復期，社会復帰期に分かれており，回復期になると外出訓練が，社会復帰期になると外泊訓練が可能となる。社会復帰調整官は，これらの訓練を活用して，指定通院医療機関への模擬受診，日中活動場所の体験利用等を調整し，実際の体験を通して評価する。

退院の要件は，対象者が再他害行為を防止するための継続的な医療を自ら求め，それを援助する体制が整うことである。保護観察所は，退院に向けた生活環境が整った段階でケア会議を開催し，緊急時の介入方法について記載されたクライシスプラン，医療，精神保健観察及び援助の内容について記載された処遇実施計画を，対象者，家族，地域関係機関と確認する。その後，指定入院医療機関の申立てにより審判が開催され，地方裁判所の決定を受けて通院処遇に移行する。通院処遇移行後に解決が必要な調整事項についてもあらかじめ明確にすることも重要である。

退院に向けた生活環境の調整については，入院処遇開始当初から計画的に行う必要がある。適切に対象者を取り巻く生活環境の課題を評価し，計画的な調整を行うことが対象者の社会復帰を促進する。　　　　　　　　　　　（野村祥平）

参考文献

(1) 菊池亜希子 (2018)「触法精神障がい者の入院治療」,『こころの科学』No. 199 (5), 40-44.

(2) 野村祥平 (2016)「医療観察法対象者の生活基盤確立に対する支援」,『精神療法』第 42 号 (6), 795-801.

地域処遇の実施計画

　保護観察所は，通院決定を受けた対象者に対して地域処遇を実施するに当たり，当該対象者の指定通院医療機関及びその居住地を管轄する地方自治体と協議の上，処遇の実施計画（以下「処遇実施計画書」という）を作成する。内容は「指定通院医療機関による医療，精神保健観察並びに指定通院医療機関による援助及び地方自治体による精神保健福祉法等に基づく援助等の内容及び方法」であり，入院決定を受けた人に対しても同様に，入院処遇中からケア会議を開催して，地域処遇に移行する前に処遇実施計画書の案を作成する。

　処遇実施計画書は，対象者が安心・安全に社会復帰を目指すための，オーダーメイドのケアプランである。ゆえに対象者の希望と，関係機関の処遇目標を記載することとなっており，対象者の希望を反映し，対象者がセルフケアの向上を目指すことができるよう，クライシスプランやセルフモニタリングシートと連動した支援計画の策定が求められる。

　処置実施計画書の作成又は見直しをした際，保護観察所は，対象者にその内容を懇切・丁寧に説明し，署名を得る。署名は必須ではないが，対象者は法の通院医療を受ける義務を負うものの，その内容は一方的に押し付けられるものではなく，対象者の同意を得るよう努めることは極めて重要である。さらに，処遇実施計画書は，多機関・多職種が連携して支援するための礎となることから，作成後は，対象者の生活状況に応じて常に見直し，法に定められた通知先のみならず，対象者及び保護者並びに地域処遇に携わる関係機関にも送付をするなどして，その内容を共有しながら処遇を進める必要がある。

（村上明美）

参考文献

(1) 今福章二 (2012)「「更生保護学」と医療観察」,『更生保護学研究　創刊号』日本更生保護学会
(2) 蛯原正敏 (2004)「保護観察所の役割について」,『精神医療と心神喪失者等医療観察法ジュリスト増刊』有斐閣

地域処遇におけるアセスメント

(1) 地域処遇におけるアセスメントとは

　地域処遇におけるアセスメントは，医療観察対象者について，その病状の改善と重大な他害行為の再発を防止し，その社会復帰の促進を目的に行う。地域処遇の中でどのような介入が必要かという観点から，対象者の状態や生活状況，希望・ニーズ・問題点を的確に把握して，社会復帰の阻害要因や促進要因等について分析し，解決すべき問題と援助等の道筋を明らかにするとともに，その実行状況を点検し，介入の内容や方法等について見直し等を図っていく一連の過程を指す。このアセスメントは，生活環境の調査から始まり，生活環境の調整を経て，精神保健観察に至る過程の中で軌道修正が図られ，地域処遇全体（医療・精神保健観察・援助）を視野に入れて実施する。継続的・定期的なアセスメントを通して，処遇の実施状況についてモニタリングを行うことで，適切な介入に向けた方向性の検討（処遇実施計画の変更，各種申立ての判断，緊急時の対応方法等）が可能となる。

(2) アセスメントにおける枠組みと基本的視点

　対象者自身とその生活や治療を支える環境との相互作用に着目し，疾病の特性，発達の特性，環境（地域診断），希望・ニーズ等を確認し，対象行為に至るまでの経過分析と対処計画の各要素を概観しつつ，対象者像を俯瞰的にとらえる。その視点には，「生物・心理・社会モデル」と「人と状況の全体性」を基本として持ちながら，適切な介入に結びつくために，問題行動や生活上の支障を引き起こした社会復帰の阻害要因を的確に明らかにする。病状の性質や，対象者が地域生活において何を望み，どう生きたいと思っているのかを理解し，その希望の実現に向けて，本来有している健康的な側面，強みや長所を支援に活かす視点を重視している。

(3) 社会復帰促進アセスメントの開発と実施

　医療観察制度では，鑑定・入院処遇・通院処遇を行う医療機関において，治療の進展等を測る尺度として「共通評価項目」が用いられている。さらに，2013年，法務省保護局において，地域処遇を実施する上で必要な評価や判断の要素を標準化した「社会復帰促進アセスメント」が定められた。保護観察所は，これに基づき継続したモニタリングを行うことにより，処遇の実施状況を点検し，

採るべき措置等を検討することとなった。「社会復帰促進アセスメント」は，構造的専門家判断の要素を採り入れている。

　上記の基本的視点や枠組み等を踏まえ，以下の内容から構成されている。基本情報について，過去と現在に大別され，前者では，処遇上特に留意すべき事項として「犯罪歴」「暴力歴」「物質使用歴」「自殺リスク」「衝動性」「知的制約」の有無について検討する。後者については，生物・心理・社会モデルのほか，国際生活機能分類，共通評価項目及び HCR-20（Historical/Clinical/Risk Management-20）等を参考に，医療観察法の処遇の枠組みや処遇終了等の目安を考慮して，地域処遇実施上の着眼点を可能な限り網羅した 13 の項目（①生理的変化状況②病状の安定③通院・服薬継続性④治療動機⑤相談・対処技能⑥嗜癖のコントロール⑦社会生活能力⑧現在・将来的な計画（希望・目標）⑨家族・交友関係⑩地域関係機関による支援等⑪居住・地域環境の安定性⑫生計の安定性⑬規範意識等）についてスコアをつけ，各項目に対する社会復帰阻害要因及び社会復帰促進要因の観点から検討する。さらに「上記以外の精神保健観察実施上の問題点等」を盛り込む。以上を踏まえた「全体評価」として，対象者と環境の全体を俯瞰しながら，上記の視点をバランスよく踏まえて検討し，社会復帰の促進，進展を総合的に評価するものである。そこから，ニーズや特性，問題等を抽出し，社会復帰を促進するために必要な地域処遇の方針の検討につなげている。

　アセスメント方法の検証については，国立精神・神経医療研究センター精神保健研究所地域・司法精神医療研究部が，精神障害者向けのリスクアセスメントツール Short-Term Assessment of Risk and Treatability（START）の日本版の開発に当たって，法務省保護局も協力した際，同研究部の協力を得て，「社会復帰促進アセスメント」との比較調査が実施された。地域処遇中の問題行動に対する予測妥当性について考察がなされている。

　アセスメントツールによる評価はあくまでも総合的なアセスメントの一部にすぎない。個々の対象者にはツールの評価項目には含まれていない重要な固有の社会復帰要因等についても十分考慮しアセスメントを行う必要がある。

（佐賀大一郎）

参考文献

五十嵐禎人編（2018）「司法精神医学」監修青木省三・宮岡等・福田正人『こころの科学』日本評論社

ケア会議

　医療観察制度におけるケア会議は，法律に定められた処遇実施計画の検討のための他機関連携協議の場として位置づけられている。ケア会議は，保護観察所，指定通院医療機関，精神保健福祉関係の諸機関の各担当者によって構成され，定期的に開催される。

　その法的根拠は，医療観察法1条において心神喪失等の状態で重大な他害行為を行った者に対して，継続的かつ適切な医療並びにその確保のために必要な観察及び指導を行うことによって，その病状の改善及びこれに伴う同様の行為の再発の防止を図り，社会復帰の促進を図ることを目的と規定され，同法104条に医療や対象者の居住地を管轄する都道府県や市町村と協議し，対象者の社会復帰に向けた処遇に関する処遇実施計画を定めることが規定されている。

　野中ら（2007）は，ケア会議を「対象者支援を中心課題とする実務者の会議」と位置付けている。医療観察制度によるケア会議も，関係機関相互間において社会復帰に必要な医療や福祉支援を実施する上で必要となる情報を共有し，処遇方針の共有を図る目的としてケア会議が開催される。ケア会議で決定した処遇の内容は，処遇の実施計画書に記載され支援が実施される。ケア会議では，関係機関による処遇の実施状況や結果が定期的に報告され，対象者の生活状況等の変化や新たな情報を基に社会復帰に向けた実施計画の評価や見直しが行われる。

　また，ケア会議では，対象者の地域生活の状況や社会復帰の状況によって，保護観察所が裁判所に対して行う本制度による処遇の終了，あるいは通院期間の延長や入院などの申立ての必要性について検討する。対象者の病状の変化等に伴う対応や医療観察制度による再入院の申立てについても協議されるため，ケア会議で共有される対象者に関する情報の取扱いについては，個人情報の保護の観点から特段の配慮が必要である。

関係機関相互間の連携及び役割

　本制度は，保護観察所が，指定通院医療機関や都道府県・市町村を始めとする精神保健福祉関係の諸機関と連携して，対象者の処遇の実施計画が協議される。

　処遇実施計画書には，対象者の病状の安定や生活環境の調整に必要な３つの柱となる医療，精神保健観察，援助の内容がそれぞれ記載される。特に対象者の病状の変化等により緊急に医療が必要となった場合の対応や関係機関及びその担当者の連絡先，ケア会議の開催予定などが重要な共有項目として処遇実施計画書に盛り込まれている。

　一方で対象者の社会復帰を目的とした実施計画の内容は，対象者への十分な説明と理解が求められ，対象者の意見が反映されることが望ましい。さらに処遇実施計画書は一度作成された後も処遇の状況に応じ，関係機関相互が定期的に評価し，支援内容の見直しを行うことが重要となる。

　このような多機関・多職種による連携は，それぞれの役割が有機的に機能することが期待されるが，それぞれの専門性や所属によって評価視点や支援方法が異なるため，意見の統合が必要である。一般的には，医療機関はバイオ（身体）・サイコ（精神）的視点で，福祉施設は福祉の視点であるソーシャル（かかわり）に重点を置いて支援を行う。このような役割の違いによって，例えば，医療では，治療の方針，通院の頻度や訪問看護の予定などが提案され，保健所や福祉事業所の援助では，精神保健福祉サービスの内容や方法などの支援が役割分担される。

　本制度の支援の特徴は，多機関・多職種による専門的支援が手厚く提供されることであるが，その支援の効果を最大限に有効にするためには，多職種による異なる専門的視点や役割が定期的に確認される場として，ケア会議などの連携が有効な手段である。

　医療観察法の最大の目的は，対象者の社会復帰の促進であり，医療観察制度による支援の終了後も対象者の地域生活を支援する一般の精神医療・精神保健福祉への円滑な移行を視野に入れて支援することが重要であり，対象者の社会復帰のエンパワーメントを促進するために多機関の連携によってより適切な支援の方法が統合されることが不可欠である。　　　　　　　（嶺香一郎）

参考文献

(1) 法務省保護局（2016）『心神喪失者等医療観察法による地域処遇ハンドブック』
(2) 野中猛・高室成幸・上原久（2007）『ケア会議の技術』中央法規

精神保健観察の実施方法と内容

(1) 精神保健観察の実施方法

　通院決定又は退院許可決定を受けた対象者は，本法による通院医療を受けることが義務付けられる（医療観察法43条2項，51条3項）。通院期間は原則3年間である（法44条）が，この期間は，対象者は保護観察所による精神保健観察に付されることになる（法106条）。精神保健観察の方法には，精神保健観察に付されている通院対象者が必要な医療を受けているか否か及びその生活の状況を見守る「観察」と，その者に継続的な医療を受けさせるために必要な指導その他の措置を講ずる「指導等」がある。

　法106条2項1号は，「観察」について定めたものであり，2号は「指導等」について定めたものである。

(2) 精神保健観察の内容

　観察は，社会復帰調整官が居宅を訪問したり，保護観察所への出頭を求めたりして対象者との適切な接触を保つなどの直接的な方法や，指定通院医療機関や都道府県・市町村等から通院及び生活状況についての報告を求め，家族等から対象者の服薬を含む生活状況を聴取するなどの間接的な方法がある。指定通院医療機関による医療の受診状況を含め，その生活状況に関する情報を得て，対象者の抱える問題点や病理的側面だけでなく，その対処能力や対象者へのサポート，取り巻く環境，地域処遇で実施されている介入の効果等を包括的に把握し，それらを踏まえて，社会復帰に向けた社会復帰促進要因と病状悪化・再他害行為等の具体的可能性を高める社会復帰阻害要因のバランスをよく評価する。

　指導等は，対象者には，通院医療を受ける義務，守るべき事項（法107条）についての説明を行うほか，面接や関係機関からの報告を通して得られた対象者の生活状況に関する情報に基づき，必要な医療を継続させるための指導を行う。そのため，対象行為や過去の問題行動とその要因を踏まえた上で，対象行為と同様の状況や兆候があれば，その改善を促す指導が必要である。問題行動に至る要因は，対象者や家族の精神疾患に対する理解不足や誤解，服薬・デイケア・訪問看護の自己中断，医療機関の勝手な変更の繰り返しといった医療面に関することだけでなく，家族構成や生計の変化，劣悪な経済的環境，家族や友人等

との慢性的な対人関係の葛藤状態等も考えられる。したがって，その指導も，単に通院や服薬の促しにとどまらない。しかし，管理的な指導や，継続的な医療確保と守るべき事項以外への過度な観察・指導を行ったりすることは逆効果になる可能性がある。また，対象者の障害特性や知的能力に応じて，対象者が理解しやすい指導方法を心掛けなければならない。対象者の「生きづらさ」にも目を向け，受容，共感及び傾聴する姿勢をもって対応し，対象者と信頼関係を構築していくことも面接の重要な意義である。

　精神保健観察においては，医療の継続はもちろんのこと，再他害行為の防止のためにリスクマネジメントの視点は欠かせない。他害行為のリスクを正確に評価し，そのリスクを減少させるような介入を行っていく必要がある。その際，指定（入院・通院）医療機関において作成される症状悪化の兆候及びそれへの対処法を定めたクライシスプランを基にアセスメントを行うことが必要である。

　なお，社会復帰調整官は，精神保健観察において，有期的な関わりであることを念頭に，他害行為の防止と，対象者の社会復帰が促進されるよう努めなければならない。しかし，本法の処遇期間のみでリスクを管理し，他害行為を防止すればよいというものではなく，最終的には，対象者が自発的に自らの病状に関する注意サインを感知し，周囲に援助を求め，問題を解決できるようになるという治療任意性の獲得及び自己対処能力の回復が求められている。そこで，社会復帰調整官は，面接において，病状悪化の兆候や目先の問題だけでなく，対象者の自発的意思に基づいて医療を受けることができているか，病状悪化時の対処方法や他害行為の防止策が獲得されているかに目を向けなければならない。本法の対象者の社会復帰を促進するという目標に照らし，地域処遇開始時から処遇終了時点を見据え，処遇中から，他害行為のリスク等に関する視点を，処遇に携わる関係機関と共有していきながら，処遇終了後も必要な医療が継続して提供される体制を構築していく。　　　　　　　　　　（宮本理恵）

参考文献
(1) 白木功・今福章二・三好圭・稗田雅洋・松本圭史（2013）『「心神喪失等の状態で重大な他害行為を行った者の医療及び観察等に関する法律」及び「心神喪失等の状態で重大な他害行為を行った者の医療及び観察等に関する法律による審判の手続等に関する規則」の解説』法曹会
(2) 法務省保護局（2020）『令和元年度版　心神喪失者等医療観察法関係法令集』

保護観察との異同

　精神保健観察の目的を簡潔に表わすと、「医療の確保と病状改善による再他害行為防止と社会復帰の促進」であるのに対し、保護観察（更生保護）の目的は、「再犯防止と改善更生」とされている。目指すべき方向性は類似しているが、精神保健観察の目的を進める上では、指定通院医療機関などの協力なくして達成できず、医療、援助、精神保健観察という、いわば処遇の三本柱が適正かつ円滑に実施されることが必要である。実施計画にも同様のことが言える。保護観察における実施計画は、保護観察所単独で策定し、非常勤の国家公務員である保護司と協働できるのに対し、精神保健観察における実施計画は、指定通院医療機関などと協議を行い、処遇方針の統一と役割分担の明確化を図る必要があるため、保護観察所単独で策定することができない。そのため、精神保健観察を実施する上では、定期的にケア会議を開催するなどして関係機関との緊密な連携の確保に努める必要がある。次に処遇について考察する。

　精神保健観察における援助は、対象者に対する金品給貸与による緊急の保護しかないため、仮に対象者の住居の確保が必要な場合、地域関係機関などの協力を得ながら、調整することになる。一方、保護観察では、対象者による自助が難しく、他の社会資源によって賄えないなどの緊急事態が生じた場合、応急の救護として、衣服、食費、交通費などの支給のみならず、宿泊場所の委託等の措置を行うことができる。

　処遇期間では、精神保健観察は、一律３年間であるのに対し、保護観察の期間は、成人や少年、保護観察決定に至る手続によって異なる。加えて、精神保健観察は、引き続き、医療観察法による処遇を行うことが相当と考えられる要件があれば、期間延長申立てを行い、裁判所が処遇期間の延長の必要性を認めた場合、最大２年間の延長を行うことが可能であるが、保護観察の処遇期間を延長する手続はない。

　遵守事項について、保護観察では、対象者に「一般遵守事項」として、健全な生活態度の保持、住居の届出義務、一定の住居への居住、転居と長期旅行の許可手続、面接に応じることなどを求めており、保護観察対象者が許可なく転居するなどして居住すべき住居に居住していないなど、遵守事項違反が明らかであれば、事情に応じて引致などし、身柄を拘束したり、矯正施設への収容に

向けての手続を行うことも可能である。さらに，保護観察では，「一般遵守事項」に加え，対象者の問題領域に応じて「特別遵守事項」が設定されており，特別遵守事項を遵守しなかった場合も同様の措置を講じることが可能である。一方，精神保健観察では，「守るべき事項」として，保護観察の一般遵守事項と類似した内容の，一定の住居への居住，転居及び長期旅行の届出，面接に応じることなどを対象者に求めているが，これらを遵守しなかっただけでは強制的措置を講じることはできず，対象者が通院医療を拒否するなど，医療が継続されないために再他害行為に至る蓋然性が高い状況となれば，再入院申立てや期間延長申立てを行うことができる。ただし，申立て前に関係機関と協議を図り，指定通院医療機関管理者の意見を付して申し立てる必要があるため，保護観察所の判断だけで強制的措置を講じることができない仕組みとなっている。

　被害者対応においても，保護観察では，法務省刑事局，矯正局，保護局が連携し，希望する被害者等に対し，加害者の処遇に関する情報が通知される制度となっている。また，保護観察所には専従の被害者担当官及び被害者担当保護司が置かれているほか，心情等伝達制度の活用により，被害者の思いなどを保護観察対象者に対し，伝達し，これを処遇に生かすことが想定される。一方，精神保健観察では，対象者の社会復帰が促進されると見込まれる場合は，対象者の同意に基づき，被害者等に対して必要な情報提供を行っていることに加え，対象者の同意がなかったとしても，平成30年7月から，被害者等の権利利益の保護の充実を図るため，対象者の処遇段階等に関する情報について，被害者等から情報提供の希望があった場合に提供できるようになっている。

（植松俊典）

参考文献
(1) 法務省保護局編『わかりやすい更生保護　更生保護便覧』ひまわりブックス
(2) 松本勝編著（2019）『更生保護入門〔第5版〕』成文堂

機能連携の可能性（保護観察官と社会復帰調整官の交流など）

　近年，更生保護官署内において保護観察官と社会復帰調整官の実務交流が加速している。ここでは，当該実務交流を進めることのメリット及び両制度の機能連携について検討する。

　まず，保護観察官業務に当たってきた者が社会復帰調整官業務を一定年数経験することで，例えば，対象者を支える人，制度の多さに気付かされ，対象者が抱える課題は多機関に繋げることで解消されうるという経験が蓄積される。また，日常的にケア会議を実践するなかで，対象者の病状にとどまらない生活上の諸課題を多くの関係者が共有し，対象者とともに当該諸課題の解消に取り組むという姿勢自体が，対象者との信頼関係構築に特に有用であることを教えてくれる。

　他方，社会復帰調整官が一定年数保護観察官業務を経験することで得られるスキル，視点も少なくない。例えば，薬物依存がある保護観察対象者との関わりのなかで，依存症という疾患でありながら，その回復には対人関係の調整や生活環境の改善がその回復にとっては極めて重要であることが痛感させられ，精神科薬物治療を相対化する視点を獲得する契機になりうる。あるいは，保護観察対象者はその生育過程で虐待やいじめなどの逆境体験を経験し，大きなトラウマを抱えている場合も多いが，当該対象者との関わりにより精神科診断名に拘泥することなく，養育環境や愛着問題にも着目した見立てをすることの重要性を改めて実感する場面に出くわすこともある。さらには，保護司との協働により，医療機関や福祉機関等の専門機関とは異なる保護司の援助の力（それは「非専門性という専門性」と呼びうるかもしれない）を目の当たりにすることで，いわゆる「専門性の隘路」に気付かされることも多い。

　以上から，今後更生保護官署職員が保護観察官業務と社会復帰調整業務をともに経験することで得られる具体的メリットは多いと言える。両者を経験した実務家が増えることで，両制度における対象者の見立てや介入方法が重層化，多面化される可能性が広がりうる。　　　　　　　　　　　　　　　（馬淵伸隆）

医療観察制度・保護観察制度双方の機能アップのために

　医療観察制度と保護観察制度の双方の機能アップを検討するために，ここで少し立ち返って，そもそも何故，先項の実務交流が先述の具体的な有効性を生じさせうるのかという問いを立ててみると，保護観察対象者と医療観察対象者との共通項にそのヒントが隠されていると考えられる。すなわち，その共通項とは両対象者はともに「生きづらさ」を抱えながら生きてきた（生きている）ということである。さらに言えば，両対象者はその「生きづらさ」に気付いていない，あるいはその「生きづらさ」に言語的表現を与え，他者と共有する機会に恵まれてこなかったということが共通していると考えられる。ある者はその幼少期の逆境体験により蓄積してきた自らの心的苦痛をアディクションとしての自傷により同苦痛を感じなくさせることで生き抜き，ある者は精神疾患により他者に相談するという能力及び機会が奪われ，自らの「生きづらさ」について言語で表現するということ自体が想像できない極度の孤立状態のなかで生き延びてきたのである。

　このような対象者に対して，保護観察官や社会復帰調整官は面接を重ね，彼らの「生きづらさ」に言葉による輪郭を与え，特定化（可視化）することで，彼らが自らの「生きづらさ」に初めて気付くことを促す。その上で，「生きづらさ」を他者と共有することが「生きづらさ」の軽減化につながるという実感を得られることを促す。この気付きと実感が確実なものとなる過程で，彼ら自身がこれまでの逆境にあえぎながらも生き延びてきたということが感得され，自己への自信の回復と他者への信頼の回復が目指される。

　おそらく保護観察業務と社会復帰調整官業務に共通することは，上記の過程を対象者とともに共振的に経験していくことだと思われ，このことが冒頭の問いの答えであろう。

　両制度の処遇の共通項としての「『生きづらさ』の言語化・共有化」に多くの実務家が気付き，実践していくことで，両制度が相補的に発展していくものと思われる。
　　　　　　　　　　　　　　　　　　　　　　　　　　　　　（馬淵伸隆）

改正少年法等と更生保護

(1) 今回の改正趣旨等

法制審議会の諮問第103号に対する答申（以下「答申」という。）を受け策定された「少年法等の一部を改正する法律案」が，令和3年5月21日に可決・成立し，同月28日に令和3年法律第47号（以下「法律47号」という。）として公布された（令和4年4月1日施行）。

法律47号による改正は，18・19歳の者を引き続き少年法の適用対象としつつ，特例（例えば，原則逆送の対象事件の拡大，公判請求後の推知報道の解禁等）を新設するものである。これは，18・19歳の者が，成長途上にあり，可塑性を有する存在である一方で，公職選挙法の定める選挙権年齢は満20歳以上から満18歳以上に改められ，民法の定める成年年齢も20歳から18歳に引き下げられることとなり，社会において，責任ある主体として積極的な役割を果たすことが期待される立場となったことを踏まえたものである（なお，17歳以下で保護処分に付された者の手続等に変更はなく，保護処分に付されている間に18歳に達しても新設された特例は適用されない。）。

(2) 更生保護関係の改正の概要等

新設された特例のうち更生保護に特に関係するものは，処分時18・19歳の者に対する保護処分として①「6月の保護観察」，②「2年の保護観察」及び③少年院送致が設けられた（少年法64条1項各号）ことである。

①「6月の保護観察」は，遵守事項違反があっても少年院に収容できないものであり，法定刑が罰金以下の刑の罪を犯した者には本処分しか付すことができない。

②「2年の保護観察」は，遵守事項違反があった場合に少年院に一時的に収容でき，少年院から釈放された後は保護観察が再開されるものである。本処分は，当初の決定時に，家庭裁判所が，収容可能期間（いわば，保護観察期間中に一時的に少年院へ収容できる延べ期間）を1年以下の範囲内で定めることとされた（少年法64条2項）。

③少年院送致処分は，少年院送致後に仮退院が許された場合その期間中保護観察を受ける点では現行同様ながら，当初の決定時に，家庭裁判所が，少年院への収容期間を3年以下の範囲内で定める仕組みが新設された（少年法64条3

項)。

　これらの保護処分が導入されたのは，現行の保護処分が，親権者の監護権（民法820条）に服する立場にある少年に対し，国家が，その健全育成のため，要保護性が認められる限り，犯した罪に対する責任に照らして許容される限度を超える処分をすることも含めて，後見的に介入するものと解されているところ，18・19歳の者が民法上の成年として監護権の対象から外れることを踏まえ，民法や責任主義との整合性を図り，また，そのような者への国家の過度の介入を避けるため，家庭裁判所による処分は，犯罪の軽重を考慮して相当な限度を超えない範囲において行うべきとされたからである。同様の理由から，処分時18・19歳の者は，ぐ犯による審判の対象としないこととされた。

　また，上記改正に伴い，更生保護法においても主に手続面において所要の改正が行われた。例えば，少年法64条1項3号の少年院送致処分を受けた者が仮退院後に遵守事項違反に及んだ場合，家庭裁判所の戻し収容の手続ではなく，地方更生保護委員会が仮退院の取消しを決定し得ることとされた。しかし，保護観察それ自体の基本的な枠組み，例えば，保護観察の目的や，保護観察が指導監督及び補導援護により実施されること，保護観察対象者の状況に応じ期間満了前に良好措置によって保護観察を終了させ得ることなどについては，これまでと変わらない。

(3) 今後の法改正

　法律47号は，答申のうち「第2　結論」の1及び別添1の要綱（骨子）を受けたものであり，今後，答申のその余の部分（更生保護との関連では，主に，別添2の要綱（骨子）記載の犯罪被害者等や満期釈放者についての施策に関する部分）を受けた更生保護制度等に係る法改正が行われる見込みであることに留意が必要である。　　　　　　　　　　　　　　　　　　　　　　　　　　（田中健太郎）

再犯防止推進計画と更生保護

(1) 政府における再犯防止対策

　再犯防止対策は，国民の誰もが，犯罪による被害を受けることなく，安全で安心して暮らすことのできる社会を構築するために不可欠なものである。

　そのため，政府においては，政府一体となった再犯防止対策を推進するため，「犯罪に強い社会の実現のための行動計画―「世界一安全な国，日本」の復活を目指して―」（H 15.12），刑事政策で初めて数値目標（令和3年までに出所受刑者の2年以内再入率を16%以下にする等）を設定するなどした「再犯防止に向けた総合対策」（H 24.7），「宣言：犯罪に戻らない・戻さない〜立ち直りをみんなで支える明るい社会へ〜」（H 26.12），「薬物依存者・高齢犯罪者等の再犯防止緊急対策〜立ち直りに向けた“息の長い”支援につなげるネットワーク構築〜」（H 28.7）等を策定してきた。

(2) 再犯防止推進法の制定と更生保護

　こうした中，平成28年12月に再犯防止推進法が成立・施行された。同法は，再犯防止施策に関し，基本理念を定め，国・地方公共団体の責務を明らかにするとともに，再犯防止施策の基本となる事項を定めることにより，再犯防止施策を総合的かつ計画的に推進し，もって国民が犯罪による被害を受けることを防止し，安全で安心して暮らせる社会の実現に寄与することを目的としている。

　その基本理念には，犯罪をした者等が社会において孤立することなく，再び社会を構成する一員となるよう支援することなどが明記されている。このほかにも，保護司会，更生保護施設，協力雇用主などの民間活動の促進を図るため，国に対して必要な施策を講じるよう求めている。

　また，再犯防止推進法では，地方公共団体の役割等に関する規定も多い。国だけでなく，地方公共団体にも再犯防止施策の策定や実施の責務があることを明記し，具体的には，後述する国の再犯防止推進計画を踏まえて，地方公共団体にも地方再犯防止推進計画（以下「地方計画」という。）の策定に努めるよう求めている。

　地方計画は，安全で安心して暮らせる地域社会の実現という点で大きな意義があり，地域を基盤に活動を展開する更生保護の目的とも共通している。犯罪をした者等への支援に当たり，特に，福祉・保健・医療等を提供する地方公共

団体の役割は重要であり，地方計画の策定により，更生保護と地方公共団体等との連携がより充実・強化されると，処遇の充実に繋がり，安全・安心な地域社会の実現に大きく前進することが期待されている。

　これからの更生保護は，これまで以上に，地域から信頼され地域とともに歩みながら充実・発展していく必要があり，地方公共団体との連携は一層重要な柱となる。その意味でも，再犯防止推進法は，更生保護法と並び，更生保護の基本法といっても過言ではないものと考えられる。

(3) 再犯防止推進計画の策定と更生保護

　再犯防止推進法では，再犯防止施策を総合的かつ計画的に推進するため，国に再犯防止推進計画を定めるよう求めている。これを受け，関係省庁はもとより，保護司や協力雇用主などの外部有識者と検討を重ね，平成29年12月15日，政府として初めて再犯防止推進計画（以下「推進計画」という。）を閣議決定した。

　推進計画には，5つの基本方針の下，7つの重点課題について115の具体的な施策を盛り込んでいる。基本方針として，「誰一人取り残さない」社会の実現に向け，国，地方，民間の緊密な連携協力を確保して再犯防止施策を総合的に推進することなどを掲げるとともに，重点課題については，就労・住居の確保，民間協力者の活動促進，地方公共団体との連携強化などに整理している。

　政府において推進計画に基づく取組を進める中，より重点的に取り組むべき課題も明らかとなった。具体的には，先述した数値目標の出所受刑者の2年以内再入率について，令和元年当時に把握していた平成29年出所者は16.9%であったところ，出所受刑者の約4割を占める満期釈放者は25.4%と，仮釈放者（10.7%）と比べて2倍以上高く，満期釈放者対策の充実強化が喫緊の課題であると言える。そこで，令和元年12月，犯罪対策閣僚会議において，「満期釈放者対策の充実強化」のほか，「地方公共団体との連携強化の推進」，「民間協力者の活動の促進」も含む3つの課題に対応した各種取組を加速させるため，「再犯防止推進計画加速化プラン」を決定した。

　更生保護は推進計画上の重点課題に満遍なく関わり，盛り込まれた115の施策のおよそ8割と関連し，また，加速化プランで掲げられた具体的取組の全てにも関わっている。政府目標を確実に達成するためにも，推進計画や加速化プランで掲げられた多数の施策等を着実に実行していくことが，現在の更生保護に課せられた重要なミッションともなっている。

　なお，推進計画の計画期間は，令和4年度末までの5年間であり，現計画の終了後は次の推進計画の策定が見込まれている。　　　　　　　　（岡本泰弘）

多職種との連携・多機関連携

　多機関連携（multidisciplinary approach, multi-agency approach）とは，ある特定の目的を達成するために，複数の行政機関，団体，個人などが緊密な協力体制を構築し，その目的の実現を図るものであり，近年，犯罪者処遇（再犯防止）において重要な手法となっている。

　海外の多機関連携の取組として知られたものに，英国の MAPPA（Multi-Agency Public Protection Arrangement）がある。これは，高リスクの暴力犯罪者や性犯罪者について，保護観察所や警察を中心とした地域の機関が情報連携や見守りの仕組みを構築し，再犯の防止を図るものである。

　日本の更生保護で多職種・多機関連携が制度として本格導入されたのは，2003 年に創設された医療観察制度であろう。精神保健福祉士等が社会復帰調整官として保護観察所に採用され，保護観察所が医療機関，自治体，障害福祉サービス等と処遇の全段階にわたり連携してかかわる仕組みが構築された。

　もちろん，従来から，個々の保護観察官の工夫による多機関連携は行われてきたが，近年では，福祉的・医療的ニーズのある者等を中心に，国の他の機関や地方公共団体，地域の関係機関・団体等と組織的・制度的に連携した再犯防止の取組が増加している。

　まず，2006 年度から，就労支援に関して，法務省と厚生労働省が連携して「刑務所出所者等総合的就労支援対策」を実施しており，矯正施設，保護観察所及びハローワークが連携する仕組みが構築されているほか，一部の保護観察所においては，民間のノウハウやネットワークを生かした「更生保護就労支援事業」が実施されている。

　高齢者又は障害のある受刑者等については，2009 年度から，法務省と厚生労働省が連携した「特別調整」の仕組みが開始され，矯正施設，保護観察所，地域生活定着支援センター等が連携し，出所後，福祉施設等への受入れにつながっているほか，公判段階で福祉的支援の必要性が認められた者については，保護観察所，検察庁，地域生活定着支援センター等が連携した「入口支援」を行っている。

　薬物依存のある刑務所出所者等については，2015 年，地域支援の充実を目指して法務省と厚生労働省が連携して地域連携ガイドラインを策定し，保護観察

所と医療機関，精神保健福祉センター，民間自助グループ等との連携が強化されており，これら関係機関の支援を受けた保護観察対象者の数は年々増加している。

　住居の確保等に関しては，社会福祉士等を配置した薬物処遇重点実施更生保護施設や高齢者又は障害のある受刑者等に対する「特別処遇」を実施する更生保護施設の指定が拡大され，薬物事犯者や高齢者又は障害のある受刑者等の受入れが大幅に増加しているほか，自立準備ホーム等の民間の団体等による犯罪や非行をした人の住居支援も進んでいる。さらに，法務省，厚生労働省，国土交通省，その他関係団体と連携した居住支援の連携強化に向けた検討も進められているところである。

　性犯罪受刑者等については，2020年から，その生活環境調整の充実の一環として，本人が受刑中から医療機関の医師等の専門家が治療等の必要性に係るアセスメントを行い，必要な助言，出所後の治療等への動機付けを行う取組を開始している。

　地方公共団体との連携については，2016年，再犯防止推進法が施行され，再犯防止が地方公共団体の責務であることが規定されたことから，立ち直り支援のための連携に加わる地方公共団体も増えつつあり，例えば，更生保護サポートセンターを地方公共団体の保有する建物に入居させるなど，保護司活動への協力のみならず，犯罪や非行をした者に対する医療・保健，福祉等の分野においても，刑事司法機関と地方公共団体の関係部局等が連携して，更生を支援する地域のネットワークを構築し，必要なサービスを提供する多くの取組が見られる。地方再犯防止推進計画の策定も進んでおり，令和2年10月1日現在で31都道府県において計画が策定されている。

　以上の例のような刑事司法機関と多くの関係機関・団体の多機関連携により，犯罪者の検挙・処分といった刑事司法手続のいわば入口の段階から，矯正施設内の処遇，社会内処遇を経て，刑事司法手続終了後の地域社会への定着に至るまで，刑事司法手続の段階や期間にとらわれない，切れ目のない息の長い支援が可能になる。　　　　　　　　　　　　　　　　　　　　　　　（田代晶子）

参考文献

(1) 法務総合研究所編（2017）『平成29年版犯罪白書』
(2) 法務省（2020）『令和2年版再犯防止推進白書』

これからの日本の更生保護

　子供（0-14歳）と生産年齢（15-64歳）の人口が減る一方，老年人口（65歳-）が増加し，その全人口中に占める割合は，2020年の約30％から2040年代に約40％に変化しその後安定すると推計されている。このような年齢構造のひずみが総人口の減少を加速化させるだけでなく，その急激な構造変化が，都市への集中と過疎化など地方・中央のひずみの拡大傾向と連動しつつ，人々の意識・価値観・ニーズ，さらに家族や地域の在り方を変容させ，旧来の社会諸制度を陳腐化させる。グローバリゼーションは進行を止めず外国人滞在人口も急増するだろう。一方，生産年齢人口の縮小と就職氷河期世代の高齢者化等を背景とする社会保障関係経費の増大等により国家財政のひっ迫化が予想され，限られた資源を最適に配分する観点から，更生保護行政はより緊急度の高い新しい社会的ニーズに対応できる体制にシフトしていく必要に迫られるだろう。これからの更生保護は，これらの変化や新しい社会的ニーズに効果的に対応する姿への自己変革が求められる。

(1) 社会内処遇の拡充

　我が国の犯罪対策は，人々の生活水準の向上・高い規範意識・社会的同調圧力の順機能・刑事司法機関への国民の信頼等を背景に，状況的犯罪予防に基づく初犯者対策等が効を奏してきた。近年は，再犯者率の増加・高止まり傾向を背景に，効果的な再犯防止対策が焦眉の課題となる中，更生保護においては，指導監督機能の強化と社会復帰支援策の充実の両面からの制度改革により再犯防止機能の強化が図られてきたが，今後は地域の安全・安心の実現に対する国民の期待感は更に高まり，更生保護に課される責務は益々重くなるであろう。

　そのような観点から更生保護が新たに対応すべき分野として，満期釈放者対策がある。これは，満期釈放や保護観察終了等の後，社会的孤立や孤独を背景に再犯の悪循環へと陥りがちな者への息の長い支援等であり，起訴猶予者等へのいわゆる入口支援も含む。まずは現行法の枠組みの中で，生活環境の調整の充実強化と検察・矯正との連携強化をベースに，仮釈放の積極化により満期釈放者を減らす取組と満期釈放者を継続的支援につなげる取組を実施する必要がある。その上で更生緊急保護の拡充や保護観察を終了した者等への専門的処遇の実施等のための法整備と保護観察所の体制構築等を早急に進めるとともに，

主に薬物事犯者に適用されている刑の一部の執行猶予制度の運用範囲の拡大に向けた法改正を検討することが大切である。将来的には，諸外国に見られるような特定犯罪に係る長期監督制度も検討の俎上に載ることも考えられる。

　また，必要性が高いにもかかわらず，これまで十分な対応がなされてこなかった分野として，一部の性犯罪者など外的統制を強化すべき再犯リスクの高い者，薬物依存性や犯罪傾向が深刻化する前段階から指導・援助を行う必要性の高い者，また，増加が見込まれる高齢者や外国にルーツを持つ者等に対するその特性に応じた特別の枠組みのほか，人口減少が見込まれる少年・若年者には，かえってその健全育成対策に社会的関心が集まり，虐待や障害等の複雑な課題を抱える者への一層踏み込んだ対応も求められよう。発達や知的を含む精神障害や依存症に関連する生きづらさを抱える者の増加に対応するため，医療観察制度の実務家である社会復帰調整官との協働や医療とのより密接な連携の仕組み作りも課題となるだろう。

　我が国は人口当たり受刑者数の少なさにおいては世界有数である一方，成人犯罪者に対する社会内処遇（保護観察）の活用度は欧米諸国と比較して格段に低い。執行猶予者に対する付保護観察要件の見直しを始めその積極的な活用策の検討も求められる。

　他方，犯罪被害者等の回復に資する更生保護の在り方が問われる。新たな被害者を生まないだけでなく，「更生」とは何か，その回復に資するためになし得ることは何かを明確化した実践のほか，修復的司法の導入も課題となるだろう。

(2) Probation Office から Community Rehabilitation/Reintegration Office へ

　保護観察処遇は，本人が自律・自立的に社会生活を送り，再犯に陥らないよう，本人と環境，そしてその相互関係に働きかけることを基本的な枠組みとしている。その中で，的確なアセスメントを基に，RNR 原則や GLM の考え方を踏まえ，個々の特性や問題性に応じた指導，助言，援助等を行うことを原則としている。必要に応じ，動機づけ面接，認知行動療法に基づくプログラム等を駆使し，トラウマインフォームドケアやオープン・ダイアローグの考え方などの新たな手法や理論をこれからも貪欲に取り入れていく必要がある。

　同時に，住居や就労の支援を中心に，医療・保健・福祉・教育等につなげる多機関・多職種連携の枠組みは益々重要となっていく。更にその厚みを増すため，居住支援法人との協働や農福連携等の推進はもとより，民間実施の専門的プログラムの一層の活用や地方公共団体と協働した立ち直りを息長く支える事

業を推進していく必要があろう。

　令和3年に導入されたCFPは，個別処遇の実効性を高めることに狙いがあり，精緻化されたアセスメントに基づき，官民の各種処遇プログラムや多機関連携による多様な更生支援策等を駆使しながらオーダーメイドの処遇を行うことが期待される。将来的な処遇体制にあっては，行動連携を一歩進めた処遇のワンチーム化（虐待事案に係る児童福祉機関等との連携，DV・ストーカー・性犯罪等のハイリスク事案に関する警察との連携等）等も検討対象となり得る。

　保護観察所等の更生保護の組織は，令和3年1月策定の「更生保護行政における組織理念」の中で示された「安全・安心の地域社会」「誰一人取り残さない共生社会」を目指すという使命を果たすため，現状の保護観察中心の枠組みから脱皮し，時代の要請に応じて（1）のとおり社会内処遇の幅を拡充し，地域における総合的な更生支援の要の存在へと発展することが期待される。その際，諸外国において保護観察官が担っている判決前調査の仕組みの導入も検討されるべきだろう。

　なお，新型コロナウイルス感染症拡大を経験し，様々な分野でDXが加速化した。更生保護においても例外ではなく，対面接触の代替・補足手段，処遇関係者間の情報共有促進，人では見逃し易い情報の把握，ビッグデータ活用によるアセスメントの高度化，社会資源へのアクセス向上，リアルタイムな行動把握などの観点から，ICT化やAI活用等を含む科学技術の積極的活用による処遇の質的向上策を計画的に進めていくことが求められる。

(3) 市民のチカラとネットワーク拠点

　20万人以上の市民が保護司，更生保護女性会員，BBS会員等の更生保護ボランティアとして，それぞれ固有の強みを生かしながら安全・安心な社会作りを目指した活動を担っている点は，地域の力に支えられた我が国の更生保護の最大の特徴である。更生保護は，立ち直りに必要な「居場所」「出番」「見守り」の三要素を「保護司」と「更生保護施設」が一体的に担うところから出発し，その後各機能を多様に分化させながら制度的発展を遂げてきた。

　保護司は，犯罪者や非行少年と共に地域で生活する立場からその行動変容を支え，地域社会への橋渡しをし，また，人々の中の分断や格差の拡大が問題となる中で，人と人のつながりを作り，犯罪や非行を抑止し立ち直りを促すコミュニティの力を強めている。このような保護司制度は国際的に高く評価され，令和3年3月の京都コングレス・世界保護司会議を契機に，海外への普及や「世界保護司デー」の制定等に向けた動きが加速化している。

　他方で，保護司数の減少が続いており，制度の持続的発展が課題となっている。社会の高齢化は適任者を一定規模確保する上では追い風となるが，保護司の定年を前提とすると60歳以上で約8割を占める現状では減少傾向に歯止めがかかりにくく，今後は若手，女性，企業人その他多様な層からの確保が求められる。近年の減少傾向の背景には，人と人が支え合うコミュニティの弱体化，就業期間の延長，負担感の増大，魅力のアピール不足，ボランティアの孤立無援化などがあり，ICT化等の活動環境の整備，保護司活動への支援や"社会を明るくする運動"等による広報・啓発の強化が重要である。同時に，意識の変化や保護司人材の多様化なども踏まえつつ新しい保護司像を描いていく必要があろう。保護観察官と保護司の協働態勢は引き続き保護観察の実施体制の基本であるが，保護司との役割分担の在り方については，このような保護司像の在り方次第で変化することも考えられる。

　更生保護施設は，生活基盤を緊急的に確保するための施設として始まり，それに加えて地域で自立・自律して暮らす力をつけさせて地域に送り出す場へと発展してきた。さらに，地域に送り出した後も生活において直面する様々な課題を抱える者等に対してその解決に向けて伴走する機能を強化していく方向に進化しつつある。これらの機能を統合的に発揮することが，更生保護施設が犯罪前歴者のための地域における最後の砦として期待されるところである。

　立ち直りには，犯罪前歴者を一住民として受入れその福祉の向上を目的とする地方公共団体による息の長い支援が必須である。再犯防止推進法において，地方公共団体による再犯防止施策実施の責務が初めて法律に明記されたのはその趣旨による。一方，課題や社会資源等の地域性に配慮しつつ，社会復帰を支える共助ネットワークを一層厚く広くすることが求められる。この点で，保護司等の更生保護民間協力者が中心となり，地方公共団体と連携し，総合的な相談窓口を設け，元保護観察対象者やその家族，支援関係者等からの相談に応じて孤独・孤立を防ぐ活動が広がってきている。これらの拡充を目指し，地方公共団体による一層の参画を得て，地域の更生支援民間拠点のシステム化（社会福祉協議会の例が参考になる）を推進していくことが期待される。

（今福章二）

参考文献

吉田研一郎（2021）「更生保護の実務から見た社会内処遇改革の意義と課題」，『法律時報』40-45.

事項索引

執筆者紹介（五十音順）

	赤木　寛隆	法務省保護局更生保護振興課　法務専門官
	秋山　智子	法務省千葉保護観察所　統括保護観察官
	朝倉　祐子	法務省東京保護観察所　首席保護観察官
	有野　雄大	法務省東京保護観察所　立川支部　主任保護観察官
	池田　怜司	法務省東京保護観察所　立川支部　保護観察官
	生駒　貴弘	法務省東京保護観察所　所長
	井澤　哲	法務省保護局参事官室　法務専門官
	石井　周作	法務省保護局観察課　専門官
＊	石川　正興	早稲田大学　名誉教授
	石川　祐介	法務省静岡保護観察所　所長
	石田　咲子	信州大学先鋭領域融合研究群社会基盤研究所　助教
	石塚　伸一	龍谷大学法学部　教授
	稲葉　浩一	和光大学現代人間学部　准教授
＊	今福　章二	元法務省保護局　局長
	植松　俊典	法務省名古屋保護観察所　統括保護観察官
	宇戸　午朗	元法務省近畿地方更生保護委員会　第二部長委員
＊＊	蛯原　正敏	更生保護法人　日本更生保護協会　事務局長
	遠藤　薫里	法務省東京保護観察所　企画調整課　庶務係長
	大貝　葵	金沢大学人間社会研究域法学系　准教授
＊	太田　達也	慶應義塾大学法学部　教授
	大日向秀文	法務省近畿地方更生保護委員会　事務局次長
	大村　美保	筑波大学人間系障害科学域　助教
	岡田　和也	法務省那覇保護観察所　所長
	岡邊　健	京都大学大学院教育学研究科　教授
	岡本　泰弘	法務省保護局総務課　補佐官
	長舩　浩義	元法務省東京保護観察所　首席社会復帰調整官
＊	押切　久遠	法務省保護局総務課　課長
	小畠　秀吾	国際医療福祉大学赤坂心理・医療福祉マネジメント学部　准教授
	垣内佐智子	法務省長崎保護観察所　統括社会復帰調整官
	梶川　一成	法務省保護局観察課　調査官
	上岡　靖之	法務省金沢保護観察所　所長
	木田真矩子	法務省法務総合研究所　国際連合研修協力部　教官
	木下　大生	武蔵野大学人間科学部　教授

	調子　康弘	法務省近畿地方更生保護委員会　事務局長
	角田　　亮	法務省新潟保護観察所　所長
＊	坪井　龍太	大正大学人間学部　教授
＊	土井　政和	九州大学　名誉教授
	富樫　伸介	環境省大臣官房総合政策課　環境教育推進室　室長補佐
	富田　　拓	法務省網走刑務所　医師
	中臣　裕之	法務省保護局　参事官
	長崎　敏也	法務省松山保護観察所　企画調整課長
＊	西岡総一郎	法務省中部地方更生保護委員会　委員長
＊	西﨑　勝則	法務省保護局総務課　企画調整官
＊	西瀬戸伸子	特定非営利活動法人　日本BBS連盟　事務局長
	野村　祥平	法務省静岡保護観察所　統括社会復帰調整官
	浜井　浩一	龍谷大学法学部　教授
	林　　寛之	法務省奈良保護観察所　所長
	原　淳一郎	法務省保護局総務課　法務専門官
＊＊＊	藤本　哲也	中央大学　名誉教授
＊	本庄　　武	一橋大学大学院法学研究科　教授
	前川　洋平	法務省関東地方更生保護委員会　統括審査官
	正木　祐史	静岡大学サステナビリティセンター　教授
	増渕　達夫	帝京大学教育学部　教授
	松本　俊彦	国立精神・神経医療研究センター　精神保護研究所　薬物依存研究部　部長
	馬淵　伸隆	法務省保護局総務課　精神保健観察企画官室　法務専門官
	丸山　泰弘	立正大学法学部　教授
	御子貝知久	法務省大臣官房秘書課　企画再犯防止推進室　補佐官
	嶺　香一郎	法務省熊本保護観察所　企画調整課長
	宮本　理恵	法務省東京保護観察所　社会復帰調整官
	村上　明美	法務省名古屋保護観察所　統括社会復帰調整官
＊	森田　展彰	筑波大学医学医療系　准教授
	森久　智江	立命館大学法学部　教授
＊	守谷　哲毅	法務省大臣官房国際課　総括補佐官
＊	森山　一寿	元法務省広島保護観察所　次長
	山内　直也	法務省鹿児島保護観察所　保護観察官
	山口　直也	立命館大学大学院法務研究科　教授
	山口　保輝	法務省保護局観察課　観察係長（第二担当）

　　　山﨑康一郎　　日本福祉大学社会福祉学部　准教授

　　　山田　恵太　　Mieli 法律事務所　弁護士

　　　吉開　多一　　国士舘大学法学部　教授

　　　吉川沙都美　　法務省多摩少年院　法務教官

＊　　吉田研一郎　　更生保護法人　全国保護司連盟　事務局長

　　　鷲野　明美　　日本福祉大学福祉経営学部　教授

　　　綿引久一郎　　法務省水戸保護観察所　企画調整課　課長

＊＊＊：編集委員長

＊＊：編集幹事

＊：編集委員

更生保護学事典

2021 年 12 月 4 日　初版第 1 刷発行
2022 年 5 月 20 日　初版第 2 刷発行

編　　者　　日本更生保護学会
発 行 者　　阿　部　成　一

〒162-0041　東京都新宿区早稲田鶴巻町514
発 行 所　　株式会社　成 文 堂
電話 03(3203)9201(代)　　FAX 03(3203)9206
http://www.seibundoh.co.jp

製版・印刷　三報社印刷　　　　　　　　製本　弘伸製本
© 2021 日本更生保護学会　　　Printed in Japan
☆落丁・乱丁本はおとりかえいたします☆　検印省略
ISBN 978-4-7923-5341-4　C3532
定価(本体 2,800 円＋税)